沃顿商学院
最实用的谈判课

原书第 2 版

BARGAINING FOR ADVANTAGE

[美] G. 理查德·谢尔 著
G. Richard Shell

Negotiation Strategies for
Reasonable People
2nd Edition

林民旺 李翠英 译

机械工业出版社
China Machine Press

图书在版编目（CIP）数据

沃顿商学院最实用的谈判课（原书第 2 版）/（美）G. 理查德·谢尔（G. Richard Shell）著；林民旺，李翠英译 . —北京：机械工业出版社，2020.1（2023.12 重印）

书名原文：Bargaining for Advantage：Negotiation Strategies for Reasonable People

ISBN 978-7-111-63377-8

I. 沃⋯　II. ① G⋯　②林⋯　③李⋯　III. 商务谈判　IV. F715.4

中国版本图书馆 CIP 数据核字（2019）第 262736 号

北京市版权局著作权合同登记　图字：01-2013-6697 号。

G. Richard Shell. Bargaining for Advantage: Negotiation Strategies for Reasonable People, 2nd Edition.

Copyright © 2006 by G. Richard Shell.

Simplified Chinese Translation Copyright © 2020 by China Machine Press.

Simplified Chinese translation rights arranged with Penguin Books through Bardon-Chinese Media Agency. This edition is authorized for sale in the Chinese mainland (excluding Hong Kong SAR, Macao SAR and Taiwan).

No part of this book may be reproduced or transmitted in any form or by any means, electronic or mechanical, including photocopying, recording or any information storage and retrieval system, without permission, in writing, from the publisher.

All rights reserved.

本书中文简体字版由 Penguin Books 通过 Bardon-Chinese Media Agency 授权机械工业出版社在中国大陆地区（不包括香港、澳门特别行政区及台湾地区）独家出版发行。未经出版者书面许可，不得以任何方式抄袭、复制或节录本书中的任何部分。

沃顿商学院最实用的谈判课（原书第 2 版）

出版发行：机械工业出版社（北京市西城区百万庄大街 22 号　邮政编码：100037）	
责任编辑：鲜梦思	责任校对：殷　虹
印　　刷：北京联兴盛业印刷股份有限公司	版　　次：2023 年 12 月第 1 版第 5 次印刷
开　　本：170mm×230mm　1/16	印　　张：18.5
书　　号：ISBN 978-7-111-63377-8	定　　价：69.00 元

客服电话：(010) 88361066　68326294

版权所有·侵权必究
封底无防伪标均为盗版

BARGAINING
FOR ADVANTAGE

| 目录 |

译者序
赞誉
第2版序言

导言 / 1

第一部分　高效谈判的六个基本要素

|第 1 章| 第一个基本要素：谈判风格 / 8

谈判之路 / 10
我们都是谈判者 / 11
你的谈判风格是什么 / 13
五种策略和谈判风格：一种观念实验 / 15
合作风格与竞争风格 / 19
性别与文化 / 21
超越风格，实现高效 / 27
从曼哈顿到梅鲁山 / 30
小结 / 31

| 第 2 章 | 第二个基本要素：目标与期望 / 33

　　目标：如果你没有瞄准，将永远无法实现目标 / 35
　　目标与"底线" / 38
　　你真正想要的是什么 / 40
　　制定一个乐观、合理的目标 / 42
　　目标要具体 / 44
　　坚定目标：写下并讨论目标 / 45
　　带着你的目标进入谈判 / 46
　　小结 / 47

| 第 3 章 | 第三个基本要素：权威的标准与规范 / 49

　　两头猪的故事 / 49
　　从猪到价格单：标准的作用 / 51
　　心理事实：我们都想看上去合情合理 / 52
　　一致性原则与"规范性优势" / 53
　　注意"一致性圈套" / 55
　　利用观众 / 57
　　圣雄甘地坐上头等车厢 / 57
　　市场中的标准和规范 / 60
　　立场基调："兼职的美国无法运转" / 62
　　权威的影响 / 64
　　小结 / 67

| 第 4 章 | 第四个基本要素：关系 / 69

　　互惠原则 / 70
　　J. P. 摩根交了一个朋友 / 71
　　"最后通牒的游戏"：公正的考验 / 72

谈判计划中的关系因素 / 75
私人关系与工作关系 / 77
建立工作关系的心理战略 / 80
粗心大意者的关系圈套 / 82
小结 / 85

|第 5 章| 第五个基本要素：对方的利益 / 86

发现对方的目标 / 88
老练谈判者的准备行为 / 90
确定决策者 / 91
寻找共同立场 / 92
确定可能干扰协议达成的利益 / 95
寻找能够实现双赢的低成本方案 / 96
小结 / 97

|第 6 章| 第六个基本要素：优势 / 99

优势：需求和顾虑的平衡 / 102
人质劫持事件 / 103
谁控制现状 / 104
威胁：必须是可信的 / 105
时间对准更关键 / 107
创造动力：满足他们的简单要求 / 108
让对方知道如果交易失败他会遭受损失 / 109
三种优势：积极的、消极的和原则的 / 111
联盟的力量 / 115
对优势的常见误解 / 117
家庭、企业和组织中的优势 / 122

小结 / 124

第二部分　谈判过程

| 第7章 |　步骤1：准备策略 / 126

谈判的四个阶段 / 127

准备策略步骤1：情境评估 / 129

摩根先生，这一定有问题 / 130

除非您认为我可以用更少的钱养活自己 / 133

本杰明·富兰克林的伙食谈判 / 134

准备策略步骤2：谈判情境、策略和风格的匹配 / 136

准备策略步骤3：从对方角度来审视谈判情境 / 137

准备策略步骤4：决定沟通方式 / 139

综述：制订你的谈判计划 / 145

小结 / 146

| 第8章 |　步骤2：交换信息 / 148

目标1：营造友好气氛 / 150

相似性原理 / 152

营造和谐气氛的不足之处：过分或不尽 / 153

目标2：获得关于利益、问题和认知的信息 / 154

先调查，后发言 / 159

目标3：表明期望和优势 / 162

小结 / 165

| 第9章 |　步骤3：开始谈判和做出让步 / 167

讨价还价过程中的战术问题 / 168

为什么乐观的初始要求在交易型谈判中能发挥作用 / 172

乐观的初始要求的缺陷 / 173
不同情境中的让步 / 176
交易情境中议题交换策略和讨价还价策略的比较 / 180
平衡考虑情境中的让步策略 / 183
"红脸白脸"谈判程序简介 / 185
小结 / 186

| 第 10 章 | 步骤 4：结束谈判并达成协议 / 188

召唤野蛮人 / 189
结束阶段心理因素 1：用短缺效应制造紧迫感 / 191
回到野蛮人这里 / 196
结束阶段心理因素 2：对谈判过程过分执着 / 196
将趋利避害心理转化为自己的谈判优势 / 197
克拉维斯和 RJR 的最后结果 / 198
更温和的结束阶段战术：我们可以平分差距吗 / 199
如果中止谈判，会发生什么情况 / 202
快速启动谈判进程 / 203
不要满足于约定，要获得对方的承诺 / 206
四种程度的承诺 / 208
小结 / 210

| 第 11 章 | 与恶人谈判而又不丧失灵魂：谈判中的道德标准 / 212

谈判的核心道德问题 / 214
把道德摆在第一位，而不是最后 / 216
最低标准：遵守法律 / 218
法律之外的道德 / 226
谈判道德观的三种理论 / 227

道德理论的实际运用 / 233
同恶人谈判：自卫的艺术 / 235
那就是我的个人价格 / 236
报价战 / 237
应对不道德策略的技巧 / 238
无赖策略一览 / 242
小结 / 246

| 第 12 章 | 结论：如何成为出色的谈判者 / 248

关于有效性的最后分析 / 251
适合合作者的 7 种工具 / 251
适合竞争者的 7 种工具 / 254
最后的话 / 255

| 附录 A | 谈判风格测试表 / 257

| 参考文献 | / 272

| 致谢 | / 276

BARGAINING FOR ADVANTAGE

| 译者序 |

对我们来说，能够翻译理查德·谢尔的这一著作既是一种荣幸，也是一种挑战。

感到荣幸是由于谢尔本人的声望。理查德·谢尔是世界顶尖商学院——沃顿商学院的谈判策略研究专家，同时也是该领域著名的教育家，还是享有全球盛誉的"沃顿经理谈判研讨班"的学术主任，《商业周刊》曾三次将他列为全美顶尖的商学院教授之一。他为各个行业的企业或者个人提供谈判咨询，包括医疗行业、金融行业、高科技企业、家族产业、银行投资等，为通用电气、强生、花旗银行、摩根士丹利等著名跨国公司设计并讲授谈判培训课程。本书原版于1999年出版，到如今已经被翻译成十多种文字，好评如潮。

同时，翻译这本知名著作也是一个挑战、享受、学习的过程。由于它的全球影响力，我们在翻译中丝毫不敢懈怠，总是力图尽我们最大的努力使其保持英文语言的原貌。所幸的是，本书的语言平实而不失幽默，让我们在翻译过程中既享受了语言的美，也享受了谈判艺术的美。理查德·谢尔告诉我们，生活中到处都是谈判，谈判就是人生，人生就是谈判。翻译这样一本关于谈判的经典著作，本身就是对人生、生活的一种学习和领悟。我相信细心的读者一定会有相同的感受。

在翻译过程中，我们深深体会到了本书的优点，至少有两个方面是其他关于谈判的著作所缺乏的，或者是有所欠缺的，这正是我们将它推荐给读者的理由。

其一，本书的可读性。正如宾夕法尼亚大学教授朱迪思·罗丁所说，本书趣味性十足且充满智慧。书中结合了大量的名人事例，深入浅出地将谈判的学术概念、结论转化为日常的通俗语言。大量的谈判案例不仅读来轻松、有意思，而且也能给人留下深刻印象。最值得一提的是全书每个章节的安排和顺序，作者总是善于巧妙地用故事引出谈判的大道理，一开卷就似乎令人难以割舍。

其二，本书的实用性。第一部分是对谈判各个基本要素的分析，介绍了谈判风格、目标、权威标准和准则、关系、对方利益和力量优势等方面因素对谈判过程与结果的影响。作者分析透彻、细致入微，每一章节最后还做了总结，便于读者掌握整章的内容重点。第二部分则是手把手地、一步步地教人们如何进行谈判，包括如何准备谈判，如何交换信息，如何开局，如何让步，如何利用道德，如何达成协议，如何避免法律纠纷，如何发挥自己的优势而避免劣势等。这些建议不仅对接触谈判的新手非常实用，而且对谈判老手来说，也能使其从中学习到谈判的艺术。

正如一则赞誉中所说，对于有兴趣学习或者提高自己谈判技巧的读者来说，应该赶紧跑到最近的书店购买本书，而不应该慢慢悠悠地走着去。而我要说的是，对于想更好地与人沟通的读者来说，本书不失为良师益友。

最后想要说的是，感谢中国社会科学院研究生院的熊祥，他参与了本书的翻译，并且认真地做了校对工作。同时，感谢机械工业出版社华章公司的编辑为本书做出的贡献，正是在他们的帮助下我们才能够顺利完成任务。由于时间仓促，译文中的错误在所难免，希望读者批评指正。

林民旺
于外交学院

BARGAINING
FOR ADVANTAGE

| 赞誉 |

对于有兴趣学习或者提高自己谈判技巧的读者来说,应该赶紧跑到最近的书店购买本书,而不应该慢慢悠悠地走去……该书可列入谈判领域的实践者或教育者的任一必读书目之中,同时该书也非常值得推荐给大众阅读。

——《代替性纠纷解决方案报告》

谢尔教授的这一著作是任何商人都不能忽略的……不论你处于哪个行业,该书都是应该被反反复复利用的无价的工具书之一。

——《前沿》

不论你是在买车、哄孩子睡觉,还是要达成一项大买卖,该书都能教你如何从容自信地思考,并且找出与任何谈判对手达成协议的神奇方法。

——劳里·卡尔霍芬

The Money Book Club的编辑主任

这本新书能够实实在在地改变你对谈判艺术的认识,让你走出神秘感,给你一套取得成功的"工具箱"……它给了你直接而实用的基本原则,使你在任何情景中都能成为高效的谈判者。

——《商业文摘》

该书充满智慧,说服力强,完全具有可读性,为那些希望高效地谈判而又不想危害自己或者损害自己利益的谈判者提供了实用的建议。

——迈克尔·惠勒

哈佛商学院《谈判》杂志的编委会成员

理查德·谢尔的著作构思严密、趣味十足且充满智慧,对于任何想要对谈判艺术和科学有更深了解的人来说,这都是一本必读之书。

——朱迪思·罗丁

宾夕法尼亚大学校长,心理学教授

阅读理查德·谢尔的著作是让你信心十足地走向谈判的第一步。对于想要努力在谈判中取得成功的,并且有技巧和风度的任何实业家来说,他所提供的符合逻辑的、具体的建议都非常有帮助。

——希拉里·罗森

美国唱片行业协会主席和执行总裁

本书提供的实用方法正是我们康柏公司一直寻求的,这些方法能够帮助我们的经理更加高效地参与谈判和结盟。本书将成为康柏公司谈判培训中的奠基之作。

——迈尔斯·欧文斯

原康柏公司战略联盟与伙伴关系部主任

谢尔的学术见解以及作为世界最知名商学院之一的谈判教师的多年经验,都融合在这部可读性极强的著作中。本书文笔清晰,观点合理,论述精辟。该书丰富的、令人信服的观察和生动的案例,将谈判的学术概念与实际生活中的情形完美结合。

——罗德里克·克雷默

斯坦福大学教授

BARGAINING
FOR ADVANTAGE

| 第2版序言 |

    本书能够得以再版，确实让我感到很高兴。20世纪90年代末，因为对当时已有的一些著作不满，我撰写了本书。我希望有一本书能够探讨实际谈判中的各种情况，能够提供背景情况和达到谈判结果的社会科学基础，并且还要读起来很有趣。这个新版本的出现以及本书已被翻译成多国语言（最新统计有10种语言）的事实，表明本书达到了这个目标。

    那么为什么要修订这本已经不错的书呢？原因有四。第一，也是最重要的，新版本使我有机会和我的读者共同分享一种新的谈判风格评估手段，见本书的附录A。我相信，很多谈判者都有植根于个性的独特的天分、优势和劣势。这些特点并不会具体地表现出来，但是它们能够带来偏见和偏好，严重影响人们在谈判桌上的表现。我设计出这套谈判风格评估手段就是为了探究这种谈判天分。

    第二，不断发展的通信技术也促进了第2版的出版。在撰写第1版时，世界还没有像现在这样变得对互联网的电子通信系统（如电子邮件和即时消息）如此依赖。第2版使我有机会直接关注电子谈判的挑战与前景，这部分内容安排在第7章。同样地，在这一章中，我特别增加了新的一节，讨论在谈判过程中利用代理人的问题，我先前忽略了这个重要话题。

    第三，第1版出版之后，我越来越认识到作为谈判变量的性别和文化的重要性。因而在第1章中，我比先前更加详细地探讨了这些话题。2003年出版的琳达·巴布科克（Linda Babcock）和萨拉·拉谢佛（Sara Laschever）的《好女不过问：谈判和性别鸿沟》（*Women Don't Ask: Negotiation and the Gender Divide*）对我特别有帮助，有助于我阐明谈判中的性别问题。

第四，新版本使我有机会编辑并补充大量故事、研究成果和话题，使本书保持与时俱进。

许多读者和在课堂中使用该书的谈判教师们热心地为新版本提出了建议。我在沃顿商学院的一些同事，特别是马利斯·施韦泽（Maurice Schweitzer）、雷切尔·科罗森（Rachel Croson）、肯·施罗普希尔（Ken Shropshire）和詹尼弗·比尔（Jennifer Beer）教授提出了一些不同的观点与视角。德保罗大学（DePaul University）的爱丽丝·斯图尔马彻（Alice Stuhlmacher）教授慷慨地与我分享她在"性别与谈判"这个颇有争议的话题上的见解与研究。我同样也感谢斯坦福法学院（Stanford Law School）谈判教学人员的建议。硅谷的律师，同时也是我朋友的拉尔夫·佩斯（Ralph Pais）对我的帮助特别大。应该特别感谢的是西北大学的法学教授克里斯·格思里（Chris Guthrie），他给本书写了一篇很有影响力的书评，将该书介绍给了法学院的读者。法律谈判是谈判的重要内容，但是为了不偏离本书讨论的焦点，我没有对此进行相应的讨论。我建议想要了解这一领域内更加专业的知识的读者，可以参考法学教授罗伯特·H. 芒金（Robert H. Mnookin）、斯科特·R. 佩珀特（Scott R. Peppet）和安德鲁 S. 图卢梅洛（Andrew S. Tulumello）的优秀之作《超越胜利：在贸易与争议中创造价值的谈判》（*Beyond Winning: Negotiating to Create Value in Deals and Dispute*s）。

总而言之，我给大家呈现了这个新版本。我真诚地希望，它能够指导你享受生活提供的最有趣的（并且可能是最有收益的）旅程，让你在所有谈判中都能够实现高效。

理查德·谢尔

导　　言

我在沃顿商学院给世界上最优秀、最聪明的人——学生和经理人员讲授谈判学，同时，我曾担任高级管理人员谈判课程（被称作"沃顿经理谈判研讨班：谈出优势"）的学术主管。但是尽管如此，我不得不承认，谈判会让我有点焦虑不安。事实上，有时候我甚至根本没有意识到我正在谈判，等到发现时为时已晚。

例如，不久前，我正和家人一起吃晚餐，电话铃响了。我拿起电话，是邻居十几岁的女儿艾米丽打来的。

"我正在为我们学校垒球队集资，这样的话，这个冬天我们就可以出去参加联赛了。为此，我们现在正销售像橘子和柚子这样的柑橘类水果，你是否需要购买一些呢？"她解释说。

我们家和艾米丽一家是朋友，并且从她4岁开始我们就认识她了。很自然地，我想帮助她。

我说："告诉我你的水果怎么卖吧。"

她介绍了各种包装的水果及其价格：小盒装的是11美元，

大盒的是20美元，特大盒的是35美元。我很疑惑，家里哪里可以放得下35美元的大盒柑橘呢。

最后我说："行，我买一盒11美元包装的吧。"

正在此时，我的妻子罗比向我招手，她说："问问艾米丽豚鼠的事。"我没有明白她的意思。

我的大儿子本也加入进来，稍微大声地解释道："内德的豚鼠！看看她是否可以在这周我们出去的时候，照看一下内德的豚鼠。"我那个8岁的孩子最近弄到一只宠物豚鼠，即将到来的周末感恩节我们出去时，需要临时有人帮忙照看。

"啊！"我知道了。我又拿起电话，问道："这周末你在家吗？"

艾米丽回答："在家。"

"那么你是否可以帮忙为我们照看一下内德的新豚鼠？我们将要去纽约，需要有人照看一下。"

"没问题。"她爽快地答应了。随后，她不失时机地问道："如果是那样的话，你是否可以买一盒20美元的水果呢？"

这下轮到我表态了。我笑着说："当然可以，我们就要20美元的吧。"

谈判无所不包，从华尔街的大兼并到正在举行的预算会议以及我们每天在家里遭遇的事情都是谈判。由于它常常会有难以预料的变化，而且会涉及巨额的利益，因而美国许多职业学院现在开设了这方面的课程。事实上，在所有的课程里，谈判大约是最受欢迎的。为什么呢？因为进入职业生活的学生，不论是商业、法律、医药、教育、政治或者是公共管理，都很担心谈判，都想提高自己的技巧。他们知道，将来作为商业和职业的领导，将面临各种各样的谈判挑战，而且他们希望将来在谈判中能以更强的自信来取代焦虑不安。

这些学生这么做是明智的，因为焦虑不安必定会妨碍谈判的表现。它干扰了我们正常思考的能力,限制了我们对正在解决的问题的洞察力。最重要的是,焦虑导致许多理性的人试图给"我该如何谈判"这样的问题做出简单的回答。他们理解诸如"双赢"和"单赢"(win-lose)等短语的意思,希望以这些规则就能够解释谈判是什么。焦虑的谈判者寻找简单的、通用的战略,让他们有一种能够控制整个谈判过程的感觉。

这些简化谈判的努力并不能发挥作用。首先,所有达成的交易都是双赢的。只有当双方认为达成协议比无果而终更好的时候,他们才会同意一项提议。其次,"单赢"常常只是由于我们不喜欢对方对待我们的方式时,我们给交易结果的一个标签。最后,通用战略是一种幻想。经验丰富的谈判者知道,仅仅是一个战略要在所有情况中发挥作用就有很多环境和人的因素。

为了使自己在谈判中变得更为高效,就必须超越诸如此类对谈判的简单认识。你需要应对自己的焦虑不安,接受一个事实——没有两个谈判者和环境是相同的,并且要学会现实地、灵巧地适应这些差异,同时保持道德和自尊。为了实现这些目标,你需要的不仅仅是一些简单短语,你需要的是建立关于谈判过程可靠的、经过检验的知识基础之上的自信态度。

这些知识现在可以获取到了——在过去25年里,名副其实的谈判研究和著作大量涌现,但相对而言还是难以理解。谈判学者将他们对谈判的发现发表在学术著作和期刊里,而大部分实际从事谈判工作的人并不读这些著作,并且对于理性的人来说,难以从流行的谈判著作中选择出好的建议。如果一本技术性的著作对于运动名人或者好莱坞经纪人来说很好,但这并不意味着对你也是很实用的。

看看你的工具箱:应该行动了

这就是我为什么写作本书的原因。在沃顿商学院工作时,我仔细地研读了关于谈判的学术成果与通俗文献,以便找到有助于人们在谈判桌上实现最佳结果的值得信赖的建议和可靠方法，并且我以通俗直白的语言组织这些知识，让那些繁忙的人们都能够看得懂、用得上。

我的谈判方法首先要从人开始。我自己的经验以及大量研究成果告诉我，每个人身上都已经具备了成为合格谈判者的东西。在属于你自己私人的谈判"工具箱"中，已经拥有了一套工具。这些基本的沟通和认知技能帮助你达到目前位置——朝着你个人和职业的目标发展，也是高效谈判所必需的工具。每个人不论当前的技能水平如何，都能够找出自己的优势和劣势，更加细致地计划，并通过实践磨炼自己的工具，从而提高谈判水平。

许多人天性就喜欢迁就和合作，而另外一些人是喜欢竞争的，还有一些人采用这两种方法都一样有效。但是成功的谈判风格只有一个真理：要成功，你就要在谈判桌上展现自己，让你感觉不自然的花招和计谋并不能发挥作用。此外，当你担心下一个策略时，对方已经给你透露了至关重要的信息和线索，而你却忽略了。要想谈判出色，你并不需要耍花招，但提高警惕且小心谨慎对你是很有帮助的。最佳谈判者直率地进行谈判，询问大量问题，细心地倾听对方，并且将注意力集中于他们与对方都试图在谈判桌上完成的目标上。

谈判并不是精密科学，但也不能依靠简单的直觉。不论你是谁，你的直觉将会在重要谈判中让你失望。为了提高自己，你应该抛弃自己对谈判过程的先验假定，并且敞开心扉接受新观念。最重要的是，你必须学会认识到隐藏着的心理战略在谈判过程中发挥的重要作用。

例如，正如本书将向你展示的那样，熟练的谈判者看待谈判桌上发生的事情时，并不仅仅只是看到开价、议价和达成协议的举动。他们看到的是掩藏在表面之下的、心理的、战略的潜流。他们会根据互惠规则，注意谈判各方的立场。他们寻求机会利用心理学家所称的一致性原则来约束对方遵守标准，然后控制着对方遵守先前的声明或者立场，他们知道提议的时机和提议的内容一样重要。人们需要感觉到自己已经"赢得"对方的让步，即便当你愿意无偿地做出让步时也会这样。

这些知识以及包含在谈判过程中的其他模式，有助于经验丰富的谈判者构思自己的建议，并且预测对手下一步的举动。一旦你在谈判现场看到这些或类似的特征时，你也能够更精确地"读懂"谈判情势，并且更有信心地应对。

方法：以信息为基础的谈判

我将自己的谈判方法称为以信息为基础的谈判（information-based bargaining）。这种方法集中于谈判的三个主要方面：在你开始谈判前做好坚实的准备与计划工作，认真倾听以便发现对方真正想要的东西，一旦谈判开始要注意对方举动所发出的"信号"。正如其名称所表明的一样，以信息为基础的谈判要求尽可能多地获取关于谈判情势和对方的可靠信息。

我的方法集中在六个要素上，我称它们为高效谈判的基础。这六个基本要素构成了本书的第一部分，包括谈判风格、目标与期望、权威的标准与规范、关系、对方利益以及由多种要素构成的最重要的谈判资源——优势（这个概念在第6章中会详细地加以阐述）。有了关于这些基本要素的信息，你就已经准备好了，可以向谈判所遵循的确定的步骤迈进，从制订谈判计划到初步的信息交换，到明确的、来来回回的讨价还价，最后进入结束谈判并做出承诺的阶段。本书的第二部分将一步步地带你穿越这一"四阶段"过程。

以信息为基础的谈判方法属于谈判研究中的"怀疑派"（skeptical school）。它将你所面对的各种情势和人物都看作是独一无二的。它提醒人们，不要对对方所需要的或者激发他们谈判动力的东西做出过于确定的假设。同时，这种方法强调"不同情境中的策略"（situational strategies）要适应每种情形的实际情况，并没有一个简单的、通用的公式可以应用于所有情形。

为了能有助于你学习，本书讲述了历史上出现的一些最佳谈判者的故事，来阐明以信息为基础的谈判原则。你将会学习到来自许多文化和地区的成功人士所采用的谈判策略，包括索尼公司传奇的创办人盛田昭夫（Akio Morita），美国大亨摩根、老约翰·D.洛克菲勒和安德鲁·卡内基，现代产权交易商（modern deal maker）休伊曾加（H. Wayne Huizenga）和唐纳德·特朗普，历史人物如圣雄甘地和本杰明·富兰克林以及其他各类名气较小但是同样能干的商人和社会活动家。你将可以看到这些专家是如何成功的，同样重要的是，你将吸取他们失败的经验教训。

这些榜样可教会我们很多东西，但是比他们的经验更重要的是他们对谈判的态度。最佳谈判者严肃对待谈判，同时也具有职业眼光。他们总是能够轻易地获胜。他们能够保持平衡，不论对方做了什么，都能够及时对对方的举动做出反应，并且努力朝着自己的目标耐心而坚持不懈地迈进。

对于自己在谈判桌上的行为，最佳谈判者也有明确的道德准则，不管对方可能做出何种行为。他们知道哪种举动符合"游戏规则"，哪种行为超越了道德边界。要实现真正的高效谈判，你需要规划出自己的谈判道德原则。第 11 章为你开始思考这一重要主题提供了一个框架。

在实践中学习

在沃顿经理谈判研讨班里，我很喜欢引用纽约的一位律师，同时也是一位商人詹姆斯·弗罗因德（James C. Freund）的话。此人写了大量关于商业合并和谈判的著作。他曾经说过："归根结底，你不能从一本书上学到谈判，必须参加实际谈判才行。"

我同意这一观点。本书就是作为提高谈判实践的指南，而并非能够替代谈判本身。因而，从这里吸取你所发现的知识，建立自己的高效谈判风格的基础。将每次谈判的机会看作是提高自己技能的"实验"。随着你不断提高信心、增加经验，你将发现谈判不再饱含焦虑。相反，谈判将变成一种令人愉快且有利可图的挑战。

BARGAINING
FOR
ADVANTAGE

| 第一部分 |

高效谈判的
六个基本要素

BARGAINING
FOR
ADVANTAGE

| 第1章 |

第一个基本要素：谈判风格

有了面粉才能烤面包。

——丹麦民谚

在一月里一个寒冷的冬日，两个人走进纽约城列克星敦大道旁一栋办公大楼的会议室内。他们诚挚地互相问候，但是明显有点拘谨。他们分别在大会议桌的两边坐下之后，就开始讨论他们两家大企业的合并事宜。

谈判桌一方坐着彼得，他是美国一家著名出版社（简称HBJ）的总经理，现在该企业正挣扎在经济崩溃的边缘。作为企业创办人之一的儿子，彼得全力以赴地努力保护家族的遗产。谈判桌对面坐着史密斯，他是大众电影公司的企业领袖，进取心很强。该公司是一家庞大的资金充足的联合企业，正寻求能够在出版行业中取得一席之地的机会。在他们两人周围，是热切地期待着谈判的各类法律与金融顾问。

双方都细心地准备了首次谈判的"剧本"。史密斯是谈判的发起者。经过几个月的分析,他推断,对大众电影来说,HBJ是完全合适的兼并对象,但是他不敢肯定彼得是否也和他一样看到了摆在面前的机遇。史密斯设计了一份关于大众电影资金实力和声誉的详细介绍。他表示同情HBJ的不幸,并且愿意提供帮助。但是他的言行也很谨慎,不希望提高对方对其出价的期望。

彼得的谈判团队也对这项交易非常积极,已经准备让彼得扮演"听者"的角色。他们已经确定,大众电影给HBJ提供了企业生存的最佳机会。但是他们也建议要谨慎:彼得的态度应该表示出有谈判兴趣,但是他不能摊牌,并显示出自己的紧迫感。

根据预定的时间,史密斯开始了自己的谈判开幕词。但是几秒钟内,彼得就打断了他的讲话,而且HBJ的顾问也不安起来。这种情况在"剧本"里并没有考虑到,那么彼得想干什么呢?

正如彼得所说,他从大衣口袋取出一个小盒子,并且将它放在自己和史密斯之间的谈判桌上。他打开了盒子,露出了一块刻着HBJ的手表,他把手表推到了史密斯的那边。

彼得说:"我父亲总是在新的业务关系开始时将这样一块手表赠送给他的搭档,它代表着我真诚的信念,大众电影是HBJ合适的买主。"

这是一个冒险的坦白,他们两人都知道。会议室里焦虑不安的情势开始缓解了。这两个人以及他们的谈判团队,开始真诚地讨论如何能够达成这笔交易,一直谈到了夜晚。

漫天要价

许多年前,在数千英里⊖远的东非坦桑尼亚的一个峡谷里,代表阿鲁沙族不同分支的两位长者早晨在一棵茂密的大树下会

⊖ 1英里=1609.344米。

面。在长者身后的远处,赫然耸立着一座14 000英尺⊖的大山:梅鲁峰。两队人围在长者周围,在树下的空地上面对面地站着。

遮阴的大树成了非洲农村里的会议室。像成千上万棵靠近乡村的类似的树一样,靠近阿鲁沙村庄的这些树为人们从容地讨论重要事宜提供了一个集中地。今天,这些大树为一场谈判的开始提供了一个场地。

两位长者很正式地相互打招呼,描述了一下两个相邻农民之间的一场争议。每位长者各自都述说了种种委屈,并且对于各种错误要求得到补偿。两个农民都得到自己团体的响应,彼此大声拒绝了对方的要求,并且进一步详细阐述本方老者的理由。

每个人都声称拥有他们农场之间一块空地的所有权,这块地过去曾被一家占据过,但是这家人已经没有后代了。这场农民间的争论导致了一系列的意外事故:一个农民的儿子已经破坏了对方地里的灌溉水闸门,该灌溉水闸门的主人因为农民儿子的过错打了他。儿子被打的这个父亲跑到老者那里,要求举行一场正式会议解决争议问题。

他们进行的这一过程像镜子似地反映了非洲的情景。用阿鲁沙人在谈判开始时的话来说,他们是在"漫天要价"。并且即使谈判进展得很好,他们也将要用一整天时间来讨论这一问题,因而每个人都带好了午饭。

谈判之路

以上两种情形发生在两个团队、两种问题、两种文化里。然而,在这两种情形里,人们都在进行着一种被称为"谈判"的简单的、熟悉的过程——帮助人们实现目标并解决问题的人类行动。在以上案例中,正如我

⊖ 1英尺=0.3048米。

们稍后将看到的，这一过程最终成功地达成了协议。实际上谈判如何以及为什么能够实现这样的结果正是本书的主题。

在世界上的几乎所有文化中，人们通常都以相似的方法进行谈判，并且这一活动从开始之时就发生了。一位阿鲁沙族长者坐在彼得和史密斯会谈的纽约会议室里，他可能没法理解两人所说的话，但是他能够认识到彼得给史密斯的礼物的价值所在。阿鲁沙的谈判涉及的是一个争议，而不是一笔交易。但是正如我们将看到的，它最终以交换礼物的方式达成了协议。礼物是人类关系的通用语言的一部分，并且从根本上讲，谈判遵循的是这种关系中的互惠原则。

谈判是通过谨慎的、合作型沟通的形式来进行的，并且**谈判通常遵从可辨认的四个步骤：准备、信息交换、明确议价和达成协议**。在复杂的大城市商业交易中，律师和投资顾问都聚集在会议室里，细心参与准备开始谈判的过程。他们讨论议题，最后与他们希望达成协议的期望相比，他们通常要求得到更多好处，付出更少。在坦桑尼亚的例子中，阿鲁沙人制订了议程，列出了他们的要求，并且"漫天要价"，提出夸张的条件和反要求。他们也坚决地设定好达成协议的可能界限，并且观察对方发出的信号，了解什么是可能或不可能接受的条件。在这里，人们着手做出妥协并达成协议承诺。总之，谈判就是全世界到处可见的一种四步舞。如果双方都是经验丰富的舞者，那么它就能够运作得最好。

我们都是谈判者

我们所有人每天都要谈判好多次。作为孩子，我们与大人谈判，要求得到想要的东西：关怀、特别的对待以及每周增加的零用钱。作为成年人，我们谈判要求得到的东西更为复杂多样，如果你细细地观察一下，这些期望与作为孩童的我们谈判要求的东西并无差别。谈判是人类沟通的一种简单的、特别的形式。一个简单的定义有助于我们在谈判发生之前就了解它们，其定义如下：谈判是一个互动的沟通过程，只要我们想从其他人手上得到一些东西，或者是其他人想从我们手上得到某些东西，这一过程就会发生。

我们在厨房餐桌上所进行的谈判，与我们在谈判桌上的谈判一样频繁。但是我们的私人关系和职业角色常常使我们愿意进行完全的合作，甚至牺牲许多"正当"的要求，而不是诉诸谈判。当冬天的一场暴风雪破坏了我们所在社区的电力时，一个邻居呼喊着要大家的帮助，我们丝毫不会在与之讨价还价后才出来帮忙。如果我们的工作要求我们必须风雨无阻地给顾客提供服务，当顾客需要某些东西时，我们就会向他提供。

另外也要注意：即便是这些看上去明显不涉及谈判的情形，这其中仍存在互惠原则。如果我们的邻居总是在深夜大声狂欢，当我们要求他安静一些时他总是置若罔闻，那么在暴风雪之时，对于他的求助，我们就可能等到已经照顾好其他人之后，才会来帮助他。如果我们服务的顾客给了我们更多的业务，那么我们提供的服务也将会更好。这是一个交换条件。因而，事实上，涉及纯粹合作和牺牲而又不考虑互惠帮助的情形很少会发生。大部分时间里，我们涉及的都是广泛意义上的某种谈判。

并非所有谈判都是相同的。与家人和朋友在诸如行程、餐饮、义务和责任上的谈判，从本质上看更多的是解决问题，而不是进行交易。这是由于我们与所爱的人进行的谈判和与陌生人之间的谈判常常是不同的。

在这种最紧密关系的保护膜之外，我们面对的是与银行、商店、酒店、航空公司、信用卡公司、医疗护理机构和其他支配着我们日常生活的服务公司之间的谈判。在工业化国家里，消费者的许多谈判都由市场进行不偏不倚的调解，我们根据贴着的或者打印的价格标签来付账。然而，当美国消费者很快地学会了价格谈判后，与医院、百货商店和其他服务公司之间的谈判空间常常比我们过去所想象的更大。"顾客满意"的规则常常意味着，对于那些愿意按照价格标签所标明的价格付账的人来说是一个价格，而对于那些愿意谈判的人来说，还会有另一个更低的价格。

世界其他地方也采用一种明确的讨价还价的规则，来作为消费品销售的预期方式。去印度或者埃及的露天市场看看，你就可以知道商人是如何依靠谈判来实现最简单的消费品交易的。在这些社会里，谈判是个人表达，甚至是娱乐的一种重要形式，而不仅仅是一桩生意买卖。

最后，在工作和职业中，我们依靠谈判技巧与同事、老板、供应商以及最高层次的执行总裁和董事会共同完成一些事情。确实，在公司与机构内解决内部问题的谈判是许多人每天要面对的最普通、最麻烦的谈判。

尽管谈判如此普遍，但是正如我在导言中指出的，许多理性之人对于谈判还是有一种挑剔、不自在的感觉，对谈判忧心忡忡。人际冲突、"一无所得"的可能性、冒险，甚至是想到对方表现"太好"，这些都令人不安。

关于谈判过程和谈判策略的知识有助于我们减少这种焦虑，改善谈判结果。现在开始学习这种知识。**所有谈判开始的起点都是相同的：高效谈判的第一个基本要素——谈判者的风格和个性**。我们的研究也将从此开始。

你的谈判风格是什么

你的谈判风格是讨价还价中的关键因素。如果你不知道何种本能和直觉将会告诉你如何在不同条件下进行谈判，那么在制订高效战略和应对措施上你就会有很多麻烦。

史蒂夫·罗斯（Steve Ross）是华纳兄弟娱乐公司（Warner）非常有竞争意识的创办人，也是后来时代华纳有限公司（Time Warner Inc.）的执行总裁。有一次他乘坐华纳公司的客机去旅行，在途中和妻子以及另一对夫妇打起了桥牌。当飞机正要准备降落时，他在最后一局中输了，然后他就命令飞行员绕着机场飞，直到他能够赢得一局。这就是罗斯玩生意"游戏"的典型做法，和他谈判的人也要聪明地将他的这种个性纳入考虑之中。

相反，CNN访谈节目《拉里·金直播》的著名主持人拉里·金在娱乐圈里是享有最好声誉的人之一。在他的事业生涯中期，经纪人决定将他介绍给各类其他电视台，目的就是要让其他电视台竞相出高价，然后就可以从CNN的所有人特德·特纳（Ted Turner）那里要求增加几百万美元的报酬。

经纪人的计划做得不错，有7家各类电视台参与竞价，但是特纳没有改变态度。随后经纪人打出"其他竞价"牌，声称如果特纳不能够达到与之竞争的价码，那么金就会去另一家电视台。

特纳认识金已经有好多年了，知道他是一个忠诚的、合作的人，不是一个"没有感情"的谈判者。当经纪人坐在特纳办公室的时候，特纳拿起电话，直接给金打电话。和他聊了一会儿旧情，表达了自己对金个人的喜爱之后，特纳就在电话里提出自己的要求，他说："留下来，和我一起干吧。"

金很简单地回答道："好的，我会留下来的。"

经纪人目瞪口呆，但是金却很高兴。他对自己赚的钱很满意，他喜欢特德·特纳，并且特纳也欣赏他，这让他感到很高兴，而且特纳给他稍微提了点薪金。而对特纳来说，他取得了这场谈判的成功。

从上述材料中，我们得到的经验教训是：如果你基本上算是一个优雅的人，那么在谈判桌上像史蒂夫·罗斯那样行事并非是你真正的优势。你可以这么做，但是不能长期如此，它也不能带来别人对你的信赖。如果你基本上算是一个竞争型的谈判者，那么不论你多么努力地试图压制个性中的这一面，你的本能还是非常可能在谈判中表现出来。事实上，即便你确实讨厌谈判，如果你能够接受这个事实并且学会如何扬长避短，那么你也能在谈判中做得不错。

我曾经组织过的一个研讨会是由商界不少高级名人组成的，其中包括世界上最成功的网络公司之一的创办人和董事长。研讨会之后，他向我吐露，大部分谈判都让他很不安。结果，他尽可能地避开任何谈判，并且认为自己的谈判能力很差。我回答道，既然你能够挣得几十亿美元的资产，那么你的谈判能力还不至于那么差。他回答说，并非如此。因为他的成功是依靠自己的创新技能——设计出网络拍卖系统，这样就完全不用在销售过程中进行讨价还价，并且他将公司里真正艰难的谈判任务委托给其他擅长（并且也乐于）谈判的主管人员去执行。他擅长的不是谈判，而是业务上的协作，诸如制订战略，管理董事会，提高公司独一无二的网络拍卖经验。他能够取得成功不是依靠克服自己谈判能力的缺陷，而是勇敢地接受这些不足。

因此，我的建议是，**在开始学习谈判前，要好好地认识一下自己。对你来说，哪种策略是你最自然、最乐于采用的呢？**而且你如何能够利用自己的这些本能，将其作为实现目标的一套高效技能和战略的坚实基础？确定你自己真正的实力与才能，然后据此进行谈判，那么你将成为自己所能够成为的最佳谈判者。

五种策略和谈判风格：一种观念实验

在我们开始讨论你的谈判优势之前，试一试下面的测试。想象这样的情景，你和 9 个陌生人坐在会议室的一张大圆桌前，大家彼此都不认识。这时，一个人走进房间，并且说了这样的话："如果谁能够首先说服坐在自己对面的人，让他站起来，绕过桌子，并且站在你的椅子后面，那么我将给你们两个人 1000 美元的奖励。"

你心里可以想象得到那种情形吗？你是桌上的 10 个陌生人之一，你也可以看到坐在你对面的人，而且那个人也正瞧着你。两个人中谁能够首先说服坐在对面的人站起来，绕过桌子，并且站在你的椅子后面，那么这两个人可以拿到 1000 美元的奖励，其他人将什么也拿不到。

对于这种奇怪的奖励，你可能采用什么策略去应对呢？你需要快速行动，因为其他人也正在考虑该如何去做。

继续往下读之前，请你闭上眼睛，并想象自己可能做出的反应。请注意，你首先想到的是哪种策略，然后记下来。注意你所能想到的其他人的策略。这种想象有助于我在下面介绍五种常见的谈判策略，它们将依次带领我们更加深入地认识作为谈判变量的个性。

第一种反应是坐着不动，什么也不干，怀疑这只是一个恶作剧，或者担心为了拿到这个陌生人的奖励而在椅子边转来转去。你可能会说："我不喜欢谈判，除非我不得不去面对，否则我是不会去做的。"这是一种回避的策略，前面提到的互联网公司的企业家就喜好这种方式。一些人可能会说，回避谈判只是放弃逃避的行为，不是一种谈判策略。但是你不需要多费心思就能够注意到，许多重要谈判中有一方或者另一方故意不到谈判桌上来。许多年来，在民意中领先的美国总统候选人在他们的竞争对手想要增加总统竞选辩论次数时，常常拒绝谈判。总的来说，**当你对现状满意时，回避是一项不错的策略，但是这并不是谈判中的最佳方法。**

第二种反应也可能是最经常出现的，就是如果坐在你对面的人抢着跑到你椅子后面站着，就给他500美元，这是一个妥协的办法。每个人都同意平等地瓜分好处。妥协是一种简单、公正、快速的策略，能够友好地完成很多谈判。但是对于谈判要解决的问题来说，妥协是不是也是一个好的策略呢？你和搭档可能很快就达成平等分钱的协议，但是你们两人中由谁来跑、由谁坐着不动呢？就在你们花几秒钟时间解决这一问题时，其他人已经开始绕着椅子跑起来了。对于你们当中谁来跑的问题，却没有一个妥协的办法，因而简单的妥协并不能够完全解决谈判问题，还需要另一种策略。

第三种策略就是迁就。你只需要站起来，跑到你对面搭档的椅子后面就行。如果你这么做是由于你的搭档提出了平分奖励的承诺，那么你可以将这种承诺作为后面关于瓜分奖励的任何谈判中的议价标准。但是你也可能得不到奖励的钱，因为执行100%妥协策略的人一听到陌生人的奖励办法之后就开始跑到其搭档的椅子后面，这样就领先于你了。但是这也同样面临着一个问题。迁就策略的受益者现在幸运地拿到了1000美元，可是那个跑来跑去的人却一分钱也没有拿到。这些"迁就"的谈判者必须相信拿到钱的搭档会同他们分享，而不需要先前就如何分享该奖励做出承诺。而且请记住：桌上的每个人彼此都是陌生人，他们从不期待将会再次见到他们的搭档。

第四种反应是竞争策略。该策略的想法就是要获得这所有的1000美元，同时有权力决定如何分享这一奖励。一种方法是一开始承诺平分好处，但是后来拒绝这么做，背弃先前的承诺。这样明显是不道德的，但是一些人也可能这么做。毕竟，没有哪个法院系统可以以谁说哪些东西能够提起诉讼。另一个更为严重的方法就是撒谎，说你的一条腿断了没法动，求求你的搭档赶紧尽快跑。是否所有竞争策略都像这两个一样没有道德呢？并非如此。后面我们将看到许多竞争策略的例子，在任何道德系统下，它们都是完全有道德的。但是一个既道德又竞争的策略并不能解决谈判上的问题。而且，这种策略像妥协策略一样，执行起来可能耗时太长。

最后一种策略是最富有想象力的，以所提出的奖励为条件。你跳出椅子，开始边跑边喊："我们都到对方的椅子后面去。这样我们每个人都能得到1000美元。"如果你足够快，这样无疑是可行的。这就是协作（collaborative）或者问题解决（problem-solving）策略。采用这一策略的人不是通过试图想出如何瓜分1000美元的方法，而是很有眼光地看到有一种方法可以让双方在那种情形下都得到1000美元。

协作策略常常是最难执行的策略。它通过细致地分析并且公正地谈论双方的利益，寻求发现潜在的问题，在机智地想到的许多方案中找到最佳的解决办法，并且以公正的标准和准则来解决棘手的问题。在许多方面，它代表的只是一种理想。正如我们将看到的，问题解决策略在复杂的谈判中特别有用，例如外交官所面对的情形，或者是企业谈判者面对的兼并事宜。它们在家庭谈判中也起到很有益的作用，至关重要的是因为其避免了存在"赢家"和"输家"。但是也有许多障碍阻碍了协作策略的执行，诸如各方之间缺乏信任、贪婪、个性和文化差异以及缺乏想象力。

这五种策略你想到了几种？而且，同样重要的是，在这五种策略中你觉得哪一种会最自然地被执行呢？我们现在可以利用这五种策略的知识，来探讨作为谈判者的你的个性倾向和风格。

在附录 A 中，我给读者提供了自我评估测试表。我们将该表发给了沃顿经理谈判研讨班上的参与者，以帮助他们决定自己最偏好的谈判风格。你只要花大约 5 分钟就能够完成该表并得出分值，因此我建议你现在转到附录 A，完成谈判风格评估表。一旦你得到了测试结果，就可以跳回本章并继续读下去。稍后如果你想进一步了解各类风格以及它们之间如何互相影响，那么你就可以回到附录 A 继续学习。

你的个人谈判风格只不过是你谈判时采取某种行为的倾向或者喜好。这些倾向有许多来源——孩童时期、家庭、早期职业经历、导师、道德系统或信念等。并且随着你的谈判知识的增长，对更多方面的技能更有信心，那么这种倾向就能够随着时间而改变。但是我确实相信，我们大部分人都有一套核心的个性特征，使我们基本的谈判偏好难以发生根本性的变化。例如，我的父母很慈爱，他们会坚决避免在他们之间或者和三个孩子发生人际冲突。在谈判风格评估表上的"避免"类别中，他们的得分都非常高。他们的这一个性或多或少持久地影响了我。虽然由于终身的职业与个人经验的缘故，我变得更能够处理矛盾，但是直到今天我仍本能地、自动地努力避开与其他人在交往中发生冲突。我的这一特征只不过是我带到谈判互动中的谈判个性的一部分。在不同情形下，与不同的人，我的其他本能会起作用，但是我的这一特征一直藏于深处。

每个风格或者风格的结合会带来一类相应的才能。在特定情势下，有很强竞争倾向的人比其他人能更快地看到如何获得权力和影响力。并且在讨价还价的情形中，与那些只是稍微有点倾向于从价格方面来评估成败的人相比，他们能从好的价格中获得更多的满足感。这种人比我们其他人在更多情形下倾向于采用竞争策略。

有很强迁就倾向的人具有成为团队参与者，帮助其他人的才能，甚至在发生利益冲突时也是如此。他们关心的是交往中的人际关系，而我们其他人关注的则是钱。偏好于妥协的人与没有这种倾向的人相比，会更经常自动地寻求轮流减小或者平分差异这样简单、公正的方法，以便快速、公正地解决谈判差异，其谈判过程也更快。最后，强烈倾向于合作的人在谈判桌上会努力推动谈判进展，询问大量问题，制订不同的看待问题的方法，以满足尽可能多的需求，包括自己的需求。他们确实喜欢复杂的、长时间的谈判，这种方式是强烈倾向于简单妥协办法的人所不愿采取的。

谈判风格评估表是作为你理解自己谈判风格的很好起点，但是它只是作为谈判者的你寻求了解自己的一个数据起点。当你看到本书里的各种谈判以及生活中遭遇的各种各样的情形时，请注意：你乐于享受什么样的经历，什么样的经历让你压力重重。那些令你感觉很好的经历就表明你天生有这方面的才能。从这些经验中得到的见识，以本章开头引用的丹麦民谚来说，则是"用你的面粉来烤面包"。

合作风格与竞争风格

以上讨论的五种个人倾向可以归结为两个更基本的类型：合作风格与竞争风格。关于谈判中个性变量的大量研究都集中于这两个基本类型。根据情形的不同，每种风格既可能是高效的，也可能使持此种风格的人面对某些危险。在第12章中，我给出了一些具体的建议，如何弥补每种风格固有的不足。

许多研究者很困惑，人们在讨价还价中的基本取向是否更倾向于竞争或者合作。新闻、电影和大众传播媒体所描绘的典型的谈判者都是竞争型的，他们善于使用诸如最后通牒、退场、公开摆姿态和重击谈判桌等强硬的策略。鉴于大众媒体追求的是戏剧效果和娱乐，这一点并不值得惊讶，但是这并没有准确地反映普通的职业谈判者，甚至是普通职业人的实际行为。

关于谈判者行为的两项研究表明了普通职业谈判者是如何在谈判桌上更为复杂、更为精确地表现自己的。第一项研究对象是美国律师，第二项研究观察的是英国劳工的谈判者和合同管理者。

杰拉尔德·R. 威廉姆斯（Gerald R. Williams）发表了对美国律师谈判行为的研究，样本来自美国两个主要城市的律师。研究显示，占样本大约65%的人表现出始终如一的合作风格，而只有24%的人在谈判倾向上是真正的竞争风格（11%的人不符合这两类风格）。样本中大约一半的人可以根据其同伙的表现定级为"高效"谈判者。最有趣的是，"高效"谈判者团队中超过75%的人是合作风格的，而只有12%的人是竞争风格的，其余的高效谈判者属于混合策略的谈判者。

与典型的描述不一样的是，这项研究显示，至少在美国职业型谈判者的一个样本中，合作风格的谈判者倾向高于竞争风格。而且，利用合作策略比利用竞争策略看上去更容易获得高效谈判者的美誉（至少根据同伴的表现来定级是如此）。

第二项研究是英国的尼尔·雷克汉姆（Neil Rackham）和约翰·卡莱尔（John Carlisle）经过9年的研究，观察了实际交易中的49个职业劳工和契约谈判者的行为。他们著作中的一些结果将会在本书的第5章和第8章中进行讨论。这里我想说的是关于这些职业人所表现出来的风格。他们中最高效的谈判者都表现出独特的合作特征。

例如，研究考察了被研究者称为刺激物（irritator）的战术在谈判桌上的应用。刺激物指的是对自己出价的辩护、无理由的侮辱以及对对方提议的直接攻击——典型的竞争策略。一般的谈判者在每小时谈判时间内使用10.8个刺激物，而技能更高的谈判者平均每小时仅使用2.3个刺激物。

此外，老练的谈判者避免以下情况的发生：研究者所称的辩护／攻击螺旋、意气用事地互相找茬或者拒绝认错。老练的谈判者的话语中只有 1.9% 是属于这一类的，而一般谈判者容易引发或者加剧辩护/攻击螺旋，这类话语占了其发言的 6.3%。从这项研究中浮现出了高效谈判者的形象，他们似乎表现出了一套独特的合作风格，与传统的竞争特征恰恰相反。

从这两项研究中能得到什么结论呢？与流行的看法相反的是，完全理性、合作的人似乎具有很强的潜力成为最高效的谈判者。

性别与文化

谈判风格的偏好来自深层的心理根源，包括与父母的冲突解决模式、与兄弟姐妹和伙伴之间的早期经历以及我们事业之初学到的教训。这些早期形成的经历常常来自社会认同的两个更基本的方面：性别与文化。这两个话题是容易引起争论的，因此睿智的讨论很快就会陷入有害的（并且令人误解的）老套的观点中。但是研究者已经找出产生这些变量的可靠的原理，因而值得我们好好认识一下。

谈判中的性别差异

研究显示，男女在沟通方式上存在差异，特别是在工作之时。乔治敦的语言学家黛博拉·泰南（Deborah Tannen）已经在她的著作中，如《你就是不明白：对话中的男女》（*You Just Don't Understand: Men and Women in Conversation*）和《办公室男女对话》（*Talking from 9 to 5: Women and Men at Work*），证明了男人趋向于更果断，更可能打断对手的发言，更坚持自己的身份立场。与此同时，女人则比男人更善于倾听，更注意情感上的友好关系，发言时更注意轮流进行。虽然你可能知道很多男人是感性的，很多女人是身份导向的（status-oriented），但是统计数据支持了泰南的全部发现。那么问题就变成如何能够利用或者适应这些不同的行为趋向，使它们在特殊的专业背景下成为力量之源，而不是不足之处。

对美国女人的研究表明，性别差异影响谈判主要有两种方式。首先，有可靠的经验证据表明，在诸如工资和晋升等重要问题上，女人，包括高风险行业的职业女性，比男人在某种程度上更不经常选择谈判。以谈判风格的术语来说，女人的行为一般比男人稍微更合作一些。在卡内基梅隆大学（Carnegie Mellon University）商学院所做的一项研究中，琳达·巴布科克（Linda Babcock）教授发现，MBA的男女毕业生起点工资上的差异（男性比女性大约高了4000美元）可以从一个简单的行为事实加以解释：57%的男人在接受了最初的工资后会要求加薪，而只有7%的女人会提出这一要求。谈判加薪的人，不论是男是女，比不谈判的人平均高了4053美元。巴布科克的研究概括在她的著作《好女不过问：谈判和性别鸿沟》中，该书在大量研究和情形中证实了这种趋势。我的谈判课上的学生也提出了一条女人比男人更经常采取的做法：她们更依赖于"公平"的理由，认为对方将会对自己理性的、友好的方式做出回应。当然，她们这些策略能够得到回报，但是只有当对方对关系的态度变得与她们相同时才会这样。

我的一个学生马尔奇（Marci）的经历生动地说明了性别因素如何细微地影响谈判过程。在开始她的MBA学习之前，马尔奇在一家中等规模的计算机服务公司工作，并且是单位里唯一的女性。与巴布科克的研究一致的是，马尔奇从新雇主那里获得了这份工作后就没有谈判过薪金的问题。事实上，她只是觉得能得到这份工作就已经很高兴了。经过多年的努力工作，她逐渐担负起占公司收入30%的业务，而两个与她同时到公司的男同事则薪水更高，每个人处理的项目价值仅相当于公司收入的1%。于是，她开始想到自己应该要求加薪了。

然而，她提出加薪问题的方式从特征上看是间接的。她去见老板，要求对自己的表现做点评论。在课堂上，她告诉我："我原本认为这种方法很好,既可以让上级注意到我的成功表现,同时又不会显得自我吹嘘。我不希望表现得很爱出风头。"她的这个策略没有发挥作用,老板没有时间去评论她的表现。

许多女人可能就此罢休了,但是马尔奇却继续坚持。她跑去见公司经理,大胆地要求薪金提高20%,声称她的男同事工资比她高20%,可是管理的人和项目都更少。因而,加薪20%是"公平"的。这种方法也失败了。正如她所描绘的:"我不断地反复说'这是不公平的'。回顾过去,要实现公平,就要根据我的贡献同样提高20%的工资,但是我没有足够的信心提出这个要求。无疑,这种不安全感就表露出来了。"此外,正如她所说的:"鉴于我如此勤恳地工作,表现得对自己工作如此尽职尽责,而且似乎没有要寻找另一份工作的倾向,因而老板就没有那么必要听我说话了。"

最终,马尔奇加薪了,恰好是在她要拒绝的时候。当公司发现她已经获得沃顿MBA课程的许可并且打算要走的时候,给她加薪35%。但是这次马尔奇已经决定离开公司了。正如她告诉自己的同班同学:"不敢提出要求是女人最有害的特点。不要担心看上去会显得爱出风头。"

性别影响谈判的第二项研究与刻板印象有关,我觉得很有说服力。由于女性一般看上去比男性在某种程度上更合作,因而她们就将这种刻板印象带到谈判桌上,这样就夸大了这种差别,进而产生了要自我实现的预言,束缚了谈判的实际发展。这种印象对女性可能有利,也可能不利,关键取决于谈判者的经验。

研究已经表明,当女性恰好在交易之前被人告知这一性别的典型印象是消极、懦弱,那么她们的谈判效率就更低。似乎担心落下一个消极的女性的刻板印象,能够破坏女人的信心,进而破坏她高效地利用其风格的能力，不论她是怎样的谈判风格。甚至试图证明这种刻板印象是错误的努力也会产生相反效果，导致其产生过于攻击性的行为并且最终实现较次的结果。如果在谈判前女性被告知其给人的典型性别印象是积极的合作者，那么这种心理过程就可能使整个谈判截然不同。此时，这种自我实现的预言带来了好的谈判经验和更好的结果。但是由于世界上实际的刻板印象常常是消极的，而不是积极的，女人常常遭受学者所称的"刻板印象威胁"（stereotype threat）之苦。

同时，灵巧地操纵其他人对女人的刻板印象能够给女性谈判者创造明显的优势，如果她正确出牌。这种能力似乎来自经验。一个顶尖的女谈判者过去曾经在我的班级上讲过自己的冒险经历。当时她代表着一家面临生死存亡困境的企业。这个艰难的谈判发生在债权人和这家还不了债务的公司之间，谈判失败意味着公司可能破产，这是当时的情况。很少有女人敢从事这样的职业，而这位女谈判者却说，她的女性气质几乎总是在艰难的谈判中成为一种优势。她说："例如，不论何时当谈判桌上的对手对我进行人身攻击时，我从不大声地与其辩护。我等待着对方团队中能有男人为我辩护——总是会出现这种情况，然后我就有了一个盟友，能够分化他们的团队。这是一个优势。"另一个娇小的女人是一家制药大企业进行兼并谈判的领导，出生在波兰，后来在她还是小孩的时候就搬到了以色列。她也说喜欢在谈判中利用各种刻板印象。她解释道："在谈判之前，我总要找机会让对方知道我过去是一名以色列军官。我给他们留下一个强硬者的印象，然后就可以进入他们的心里，软化他们。因而，他们很放心，和我谈判得很好。当然，如果需要，我总是会求助于给他们留下的最初印象。"

性别不会成为谈判中的一个问题。但是聪明的谈判者会努力预计到自己和对手行为的每个方面，作为其准备工作的一部分。他们也需要注意自己的先入之见。因而，性别差异很值得成为完整的谈判风格分析的一部分。

不同文化的世界

如果说性别使谈判过程复杂化，跨文化问题就更是如此。在沃顿商学院，我们过去有一个小班的专业课程：国际商务。现在整个 MBA 课程都集中在全球商务问题上。而且在从事全球贸易时，对语言、习惯、社会期望和宗教问题是否敏感，就意味着可能带来成功的长期商务关系，也可能导致短期的、无利可图的交易。

看看下面的例子吧。

> 一位英国的 CEO 曾经告诉我，他在黎巴嫩第一次谈判的情形。开始时谈判进展得挺好，但是每次他做出一个让步，对方的要求却进一步升级，而不是相应地降低要求。经过几个月的多轮谈判后，他放弃了，告诉对方他非常厌恶他们的谈判策略，因而不想和他们联系了。几天后，他们打电话来，说现在有个"严肃"的提议要告诉他，他拒绝了。一周之后，他们又打来电话，做出了许多让步，而这些让步先前他们说是绝对不可能的。这位 CEO 重申没有兴趣再与他们做交易。故事说到这里时，他看着我，懊悔地说："整个事情实际上是我自己的错，后来我知道在黎巴嫩离开谈判桌是非常普遍的一种方式，以显示你的态度是严肃的。如果我退席两个月，他们就会表现得更好，并且我可能已经达成了这笔交易。"

文化同样也能够影响谁应该参与谈判的决策。例如，不同文化对谈判桌上的人的身份存在不同的敏感度。一些重视礼节的文化要求谈判人必须是相同级别的，而其他不太讲究礼仪的文化则是将职能知识和决策权力作为挑选谈判者的标准。这种差异能导致严重的谈判崩溃和误解。

在纽约一家颇有声望的律师事务所工作的一个女律师曾经跟随一家大客户的男性 CEO 到拉美谈判一桩复杂的交易。他们到了之后不久，有意向的拉美生意伙伴的领导人就建议，自己和 CEO 一起去讨论买卖问题，而他的妻子可以和这位女律师一起去逛街。这位女律师觉得被侮辱了，认为这是拉美性别歧视的明显表现。然而，在表达自己的反对意见之前，她给自己纽约的一个同事打电话。同事告诉她，他上次在该地区的谈判也从初步会谈中被驱逐出来。拉美的经理只是找了一个巧妙的方法把作为律师的她，而不是作为女性，排除在外。同事告诉她，这是拉美的本地做法，律师只能与对方的律师谈判，而不是与商人。如果这位女律师执意要参加谈判，那么她就可能影响交易并破坏自己的可信度。

这些例子以及数不尽的相同例子都证实了，文化是造成谈判风格差异的真正因素。非洲的阿鲁沙人聚集在树荫下进行讨论的过程，类似于纽约的商界大亨所采用的沟通过程，但是声调、速度、信号、暗示和关系的潜在前提（underlying assumption）都存在重大差异。由于全球经济有赖于跨越这些文化的分歧，所有书（我在参考书目中列了一些）都详细记录了世界上每个重要商业地区的谈判所具有的缺陷、机会和习惯。

在整本书中，特别是在讨论关系、交换信息和议价中，我将会谈到不同文化的各种做法。现在，我只想简单地指出重要的两点。

首先，文化问题常常与形式更有关系，而不是实质内容。也就是说，文化增加了人们沟通方式上的复杂性和潜在的误解，但是金钱、控制和风险仍然可能是谈判桌上最重要的问题，不论你在哪个国家。并且避免错误沟通的最佳方法就是根据你感到困惑的文化来准备谈判工作，雇用熟练的口译，并且利用文化联络员来帮助你避免跨文化的弊端。

其次，除了语言与风俗习惯的明显区别外，跨文化谈判的一个最重要的差异就是双方看待关系因素的方式。正如我在第 8 章中要详细阐述的，北美人和北欧人趋向于更快地聚焦在买卖的交易方面，而大部分亚洲、印度、中东、非洲和拉美文化更集中地聚焦在社交、关系方面。正如我的一个来自日本的 MBA 学生曾经所说："日本人更趋向于将谈判看作为一个'包办婚姻'（arranged marriage）的过程。而且他们的行为表现显得他们确实是处于这种情形中。"西方国家的谈判者在日本或者是其他以关系为基础的文化中做买卖，如果根据这种思维就能够做好谈判的准备工作。如果你想在关系文化中取得谈判的成功，那么就要有耐心，并且要认识到这个契约（如果能达成）只是未来更多业务往来中的一小部分。

超越风格，实现高效

人们将许多个人差异带到谈判桌上，但是对我们每个人来说，最重要的目标应保持不变，即如何将我们独一无二的个性与才能结合起来，尽可能高效地谈判。许多品质可能使你成为一个睿智的谈判者，包括诸如好记性、口头表达"快"以及处理压力得当等，但是高效率谈判既是一种态度，也是一种能力。最佳谈判者经常表现出四种关键的思维习惯，每个人不论风格、性别或者文化是什么，都能够利用以下这四种思维来改善谈判结果。

- 愿意做准备工作。
- 高期望。
- 耐心倾听。
- 坚守正直的人格。

这些习惯做法将构成本书的主题。让我们简要地看看每个方面吧。

愿意做准备工作

对准备工作重要性的研究已经非常多了，几乎每项谈判研究都认可它的重要性，这里有一个明证。

许多年前，我和一个同事正在研究使用计算机网络作为一种谈判方法。我们设计了一个计算机网络系统以帮助各方达成更好的协议，然后就进行测试。我们给几百名 MBA 学生四个相同的谈判议题，都是买卖交易。扮演"买方"的学生与扮演"卖方"的学生分别配对。我们指示一半的配对人员去读一读谈判议题，只要他们认为已经准备好了，任何时候都可以开始谈判——有些是面对面的，有些是使用电子邮件的。他们通常会花10 ~ 15分钟准备，然后就开始谈判。

我们要求其他组要仔细地在计算机上做好完整的个人准备工作，这通常会耗费30 ~ 40分钟。随后一些学生利用我们的计算机网络系统进行买卖交易的谈判，另一些人则是面对面地进行。

我们都对结果感到很惊讶。这种奇特的计算机谈判方法并没有什么作用，但是准备过程却发挥了重要作用。使用了正式准备系统的学生达成了更好的谈判结果——不论是面对面的，还是使用了计算机网络的，而且结果不仅对他们自己来说更好，对双方来说也是如此。

高期望

谈判研究揭示了一个显著的事实：期望更高的人通常得到的结果更好。我将在第2章中讨论制订目标的最佳办法。在制订高期望时，你必须结合具体的目标背景和个人表现的责任。期望来自你对要努力实现的结果的总体态度，以及来自未阐明的常常也没有辨识出来的关于公平、理性的结果的信念。许多人在准备工作中有一项很重要的疏忽就是没有制订明确的期望。

为改善你的谈判结果，你就需要养成习惯，去细心考虑一个特定问题的"公正、理性的"结果的所有范围，然后制订一个你应该实现的结果的期望。该期望要处于结果范围的高端位置。一场谈判结束后，你总要能够说出自己的期望实际上设定在何处。如果因为结果低于特定的水平而确实感到很失望，那么该位置就是你的期望所设定的地方。如果你确实感觉很满意，那么你就达到或者是超过了期望。一个高效谈判者就是要让期望高到足以成为一个真正的挑战，同时又不脱离实际，足以促进双方良好的工作关系的达成。

耐心倾听

想要不夸大谈判中倾听技巧的重要性很难。以信息为基础的谈判首先要知道的是，信息是权力。倾听使你获得信息。

如果说具有高期望常常是合作型谈判者的问题所在，那么对于竞争型谈判者来说，要做到善于倾听则需要做出特别的努力。积极的谈判者在谈判桌上的大部分时间要不就是在阐明自己想要的东西，要不就是想着下一步该如何构思巧妙的措辞，这样就可以使对方处于防守的状态。正如我们将看到的，最佳谈判者的做法则截然不同：他们提出问题，看看对方是否理解了，再总结讨论结果，并且总是倾听，倾听，再倾听。

坚守正直的人格

高效谈判者是值得信赖的。他们坚守承诺，不撒谎，也不提出一些不打算实现的希望。

这方面的研究结果让人可以放心。熟练的谈判者非常珍视自己正直地做买卖的声誉，这是可以理解的。假如可以选择，你是希望和可信任的人做生意，还是和可能试图欺骗你的人达成交易呢？

这个听起来很好，但是，是否真的需要在谈判中做到诚实呢？毕竟，大部分人并没有在谈判中正直地将自己所有的信息传递给对方。是否人格正直就要求你将自己的谈判立场表现出来？如果对方没有提出重要问题，那么你该怎么办呢？你是否有责任主动地告知答案？最后，你是否可能不顾你的真实感情，夸大自己方案的优越性，并且贬低对方目前的出价呢？

我将在第11章中重点讨论这些或类似的问题。现在，我只能回答说："视情况而定。"谈判中的正直只不过是一套规则，像高期望一样，它是一种态度。关系、社会规范、文化和谈判礼节都具有重要影响。因而，当我谈到谈判中应该坚守人格正直时，意思是说高效的谈判者利用一套深思熟虑的理由，在必要的情况下能够向对方做出解释并辩护，这样就能够始终如一地被信任。这种方法明显地给个人对关于什么是对的、什么是错误的解释留下了大量空间。这种差异是人类互动中不可避免的一部分，其主要的目的就是要注意保护好自己的声誉和自我利益，让自己成为别人可信赖的谈判伙伴。

从曼哈顿到梅鲁山

在我们结束本章之前，让我们重新看看一开始讲述的两桩交易。它们最后都得以解决了。当双方开始与对方共享信息时，故事也就要结束了。

彼得象征性地向谈判对手赠送礼物的姿态以及致欢迎辞，向史密斯传达了一个信息：彼得希望能够彼此合作，达成这项交易。史密斯得体地接受了手表和这种心照不宣的坦白：互惠合作的信号表明史密斯拥有最大的谈判优势。两个人及其顾问间的初次会谈就谈到傍晚，一直持续到深夜。由于彼得一开始的举动所建立的友好关系，加之谈判中的细心倾听，谈判进展得非常快。彼得和史密斯两人解决问题的谈判风格很相配，因而几天之内，他们就制订了合并协议，创办了一家新公司：哈考特通用有限公司 (Haucourt General Inc.)。

回到梅鲁山的树荫下吧！

两个农民整天反复地走来走去。最后，其中一位老者建议，沿着一条形成了天然边界的显眼的小道来划分有争议的土地。然后人群中有人叫喊："也许哪个人可以找一只羊来。"两组支持者一阵嘀咕，农民挤在一起商量。这样，达成协议的社会压力变大了。

然后，最早要求举行谈判会议的农民（就是儿子被打的那个人）站到人群中心，说为了友谊，他愿意拿出一只小羊羔作为礼物给他的邻居。还说道，他愿意赔偿邻居坏掉的灌溉水闸门，并且遵守新的边界。

于是，水闸门被破坏的农民回答，愿意给他的邻居一些"啤酒"作为礼物。同时，他也尊重新的边界安排。这样，双方达成了协议。公开的声明及随后庆祝仪式的盛宴，使两个村庄的每个人都记得这项协议，这样就有利于双方坚守承诺。而且，在必要的时候，也能够有助于协议的执行。

小结

所有的谈判都是从人开始的，因此高效谈判的第一个基本要素就是谈判者偏好的谈判风格——当你面对谈判时最有信心地与他人沟通的方式。你的成功取决于能够坦率地评估自己作为一个沟通者的优势和劣势。

一些参加谈判的人拥有更宽的"带宽"（bandwidth）。他们能够很容易地适应各种不同情况和对手。另一些人则更容易受自己情感因素的限制。在一些要求竞争的情势下他们的谈判能力可能相当强，可是在需要妥协或者迁就的情形中就相当弱了；或者他们可能在合作策略上能力很强，可是在需要强硬策略的情势里却很弱。

许多谈判专家努力教给人们一个简单的、通用的谈判公式菜单。我不认为这是有所帮助的或者是现实可行的。环境和人总是过于纷繁复杂，这样机械的建议是难以发挥作用的。

作为谈判者，你的工作是要理解自己的风格偏好，看看它们如何能够适应情势的需要（第7章详细地谈论了这一点），计划好通过谈判所遵循的四个步骤的路线，并且尽你最大的努力，通过前期准备、设定高期望、倾听对方及谈判过程中坚持的用正直人格行事来实现高效谈判。

以信息为基础的谈判过程，首先假定依靠不屈不挠地寻求谈判各方和情势的信息，就能够给自己带来好的结果，给依赖于你的人实现更大的好处。进而，你的成功显示了，灵巧地利用信息就能够推动谈判前进。我们已经考察了个人风格的问题，现在轮到关键问题：在谈判中你想要实现的目标是什么。现在应该探讨第二个基本要素——你的目标和期望。

谈判风格一览表

- 理解你的谈判本能，包括家庭、性别和文化如何塑造了你偏好的风格。
- 具备做好谈判准备的意识。
- 设定高期望。
- 耐心倾听。
- 信守人格正直的承诺。

BARGAINING
FOR
ADVANTAGE

| 第2章 |

第二个基本要素：目标与期望

功崇惟志。

——周成王（中国）（公元前1100年）

我认为人应该一直都有目标，并且要设定高目标。

——沃尔玛创办人山姆·沃尔顿

1955年，一家名叫索尼的日本小公司生产了一种新产品，即价格为29.95美元的小型晶体管收音机。该产品在日本的销路很好，但是索尼公司的创始人盛田昭夫并不满意。他想要把索尼的收音机销售到世界上最大的消费者市场——美国。于是，盛田昭夫到纽约去考察是否能够吸引美国的零售商来销售索尼的新收音机。很快，他就遇到了一个问题：这种微型收音机与美国人曾经见过的同类产品完全不同。正如盛田昭夫后来所写的那样，许多美国企业说："你们为什么制造这种微型收音机？所有美国人喜欢的都是大收音机。"

然而，盛田昭夫坚持自己的主张，很快就引起了当时电子产品市场最负盛名的企业之一宝路华公司（Bulova）的兴趣。宝路华提出购买索尼公司10万台收音机，通过其庞大的零售网络在美国销售。

盛田昭夫被这个数额庞大的订单惊呆了。因为以宝路华愿意支付的产品价格来计算，整张订单的价值是索尼所有流动资本的好几倍。这是一笔关乎企业前途的大买卖。

达成这笔交易只有一个条件：索尼在交易中只能以"原始设备制造商"（original equipment manufacturer, OEM）的身份出现。也就是说，由索尼来生产收音机，但是宝路华以自己的品牌来销售。这个条件直接与盛田昭夫为企业制订的长远目标——将索尼发展为以创新型高质量产品而闻名的独立的全球性企业产生矛盾。

盛田昭夫给日本总部的执行董事会（executive board）发电报，希望获得指示。执行董事会欣喜若狂地回电：别在乎品牌的问题，接下这个订单。

盛田昭夫认真地思考了整整一周，然后重新与宝路华谈判。他告诉宝路华，他想达成这笔交易，但是无法接受他们的条件。

现在，反而是宝路华的营销经理感到很吃惊，因为宝路华提出的条件在此类交易中是很正常的。

那位营销经理力劝道："我们公司拥有超过50年的知名品牌，而你们的商标无人知晓。为什么不利用我们的品牌优势呢？"

盛田昭夫平静地回答："50年前，你们的品牌一定也和今天我们公司的商标一样不为人所知。现在我们生产出一种新产品，在未来50年的征程中，我们正迈出第一步。我敢保证，从现在开始，50年内我们公司一定可以和你们公司现在一样有名。"盛田昭夫就这样放弃了公司历史上最大的一笔交易。确实，当他把决定告诉执行董事会时，大家都觉得很震惊，认为他一定是发昏了。

此后不久，盛田昭夫从另一位美国零售商那里接到一张数量不大的订单，但是该公司同意盛田昭夫在产品上打上索尼公司的商标，他很快就同意了。这种微型收音机及其上面的索尼公司商标吸引了美国公众的眼球。关于和宝路华的谈判，后来盛田昭夫写道："当时我就说，并且后来也常常这么说，与宝路华的谈判是我所做出的最大的决定。"

盛田昭夫冒着风险决定拒绝宝路华诱人的订单，但是他的谈判立场反映了他对索尼公司的发展所具有的长远眼光。盛田昭夫有一个目标：要在50年内使索尼这个名字成为世界上家喻户晓的高质量电子产品品牌。他没用那么长时间就实现了这一目标，并且在这个过程中也使自己成为商界的传奇人物。

有效谈判的第二个基本要素主要在于你的目标和期望。如果你不知道想要实现的目标是什么，那么就不知道何时应该说"可以"，何时应该说"不行"。对设定目标的研究表明了一个简单而有力的事实：你要实现的目标越具体，对这个目标越执着，那么你就越有可能实现这一目标。

正如盛田昭夫的故事表明的那样，目标常常指明了谈判的方向。宝路华的营销经理那天在纽约面对的是一个不同寻常的人，他对其雄心勃勃的目标有很深的感情，并且全身心投入，这使其与普通的商人大不一样。但是你不一定要成为下一个盛田昭夫，才能从他的经历中获得有益的经验教训。谈判研究证实，愿意耗时制订更高目标的人在谈判中的表现明显会更好，同时不会损害自己的声誉和与他人的关系。

目标：如果你没有瞄准，将永远无法实现目标

在刘易斯·卡罗尔（Lewis Carroll）的《爱丽丝梦游仙境》

(*Alice's Adventures in Wonderland*)中,爱丽丝发现自己处于妙妙猫(Cheshire Cat)现身的十字路口。爱丽丝问猫:"请问,离开这里我应该走哪条路?"猫回答:"这主要取决于你想去哪里。"爱丽丝说:"我并不在乎去哪里。"猫打断她的话,回答:"那么你走哪条路都无关紧要。"

要成为一名给人深刻印象的谈判者,你必须知道你想去哪里以及为什么。这就意味着你自己要投入到具体的、恰当的目标中,这也意味着你要花点时间将自己简单的目标(target)转变成真实的并且适当提高的期望(expectation)。

一个简单的目标和一个真实的期望之间存在什么区别呢?主要区别在于:你的态度。目标是我们努力实现的东西,通常它会超出我们过去的成就范围,诸如投资目标、减肥目标和体育运动目标就是其中的典型。我们设定目标以使自己的行动有方向,但是如果没有实现目标,我们也不会过分惊讶或失望。

与之相比,期望是对我们能够且理应实现的结果的一种判断,是经过深思熟虑之后才形成的。如果我们没能达到期望,我们会感到失望,非常失落。这种感觉可能产生不利影响。我们设定目标可能是让自己的孩子能够进入常春藤联盟(Ivy League)的大学,但是我们的期望是孩子进入某地的一所大学。我们对大学的期望影响到我们与他人(包括孩子)交流该主题时的方式。孩子开始与我们一样,认为只有上大学才会有前途,同时他们的行为也反映了这种想法。那么请你猜猜事实上是谁希望上大学呢?是上过大学的父母的孩子。期望获得博士学位的孩子也一直受到同样的影响。

谈判也是如此。我们的目标给了我们方向,而我们的期望使我们在谈判桌前的陈述得到重视,令人信服。当我们努力实现我们认为理应得到的东西时,我们是最有激情的。

我们为一场不寻常的谈判做准备,研究其他人在类似情形中获得的成果，收集信息以使我们更加相信我们的目标合理并且能够实现，在这些工作上花费的时间越多，我们的期望就越坚定。1955年盛田昭夫去美国时，想要实现两个有关索尼的重要目标：销售大量的收音机，以索尼的品牌销售收音机。由于他吸取了与宝路华谈判的经验，他知道"使用索尼品牌"的目标比"销售大量收音机"的目标更重要。当这一目标转变为坚定的期望时，他能够更清晰地与自己的董事会和潜在顾客进行沟通。

你在谈判中的目标通常就决定了你最后获得的结果。为什么呢？第一个理由很明显：你的目标设定了你将要求的结果的上限。从内心来说，你会在目标之外的任何问题上做出让步，因而你很少能实现比基准点更好的结果。

第二个理由是，对谈判目标的研究表明，目标能够激发强有力的"努力争取"的心理机制。运动心理学家、营销人员和教育家都证实了，设定具体目标能够激发人们集中注意力及其心理能量（psychological power）。

第三个理由是，与我们漫不经心地提出某个要求或者仅仅是对他人的提议做出反应的情形相比，当我们坚定信念要实现某个具体目标时，我们的话语将更具说服力，我们的执着是有感染力的，身边的人会感同身受，朝着这一目标前进。

美国总统约翰逊（Lydon Johnson）曾经说过："令人信服的就是信念（what convinces is conviction）。"精力充沛的美国企业家休伊曾加（H. Wayne Huizenga）认为，商业谈判成功的一个秘密就是对雄心勃勃的目标要抱有强烈的信心。这个特点能使高效率的谈判者在谈判桌上热情交流，交换建议。休伊曾加应该知道，在白手起家成功地创办了三家大企业的同时，他收购并建立了三个专业性的运动队——迈阿密海豚队（Miami Dolphins，橄榄球）、佛罗里达马林鱼队（Florida Marlin，棒球）和佛罗里达美洲豹队（Florida Panthers，冰球）。在本书的后面部分，我们将会讲述休伊曾加在谈判实践中一些有趣的故事。

我个人曾经在谈判桌和高级经理培训会议中观察商界一些顶尖的谈判

者，注意到了这种"目标效应"（goal effect）。努力实现具体目标的谈判者更活跃、信心更坚定、准备更充分并且更加坚持不懈。而且这种效应并不只是局限于经验丰富的商人，每个人在努力实现谈判中的某一具体目标时，都会获得明显的心理优势。

目标与"底线"

大部分谈判的著作以及谈判专家都强调设立"底线""突破口"（walkaway）或者"保留价格"（reservation price）的重要性。确实，"底线"是一个重要的谈判概念，大部分现代谈判理论正是建立在这一基础之上的。它是一场谈判中你同意达成交易所需的可接受的最低标准。根据其定义，如果你没能够达到底线，你宁愿寻求另一种解决办法来解决你的问题或者等待另一个机会的到来。如果双方的底线允许他们在二者之间的某一个点上达成协议，理论家认为他们存在"正和谈判区间"（positive bargaining zone）。如果双方的底线没能重合，理论家认为他们存在"零和谈判区间"（negative bargaining zone）。顾客的预算中没有足够的钱来满足销售员可接受的最低价格，就是这种情形。

一个明确的目标与底线有很大的区别。当我使用"目标"这个词时，指的是你应该实现的最高的合理期望。如图 2-1 所示，一个旧 CD 播放机的卖主的底线卖价至少是 100 美元，但是他根据相同的 CD 播放机在旧货市场中卖出的价格来计算，就可能把目标设定为 130 美元。底线对于谈判理论至关重要，但是在大部分谈判成功的故事中，设定一个恰当的谈判目标才是关键的因素。下面，我将解释一下其原因。

研究者已经发现，人们在诸如谈判这样复杂的、充满压力的情境中，保持注意力的能力很有限。因此，一旦谈判开始，我们会将注意力集中在某个我们心中认为最重要的问题上。只要大部分人在谈判中设定一个坚定的底线，它就会成为讨论过程中具有主导地位的基准点。他们可以用底线作为衡量成功或失败的标准。与之相比，以目标作为基准点会促使你认为任何低于目标的报价都将使你面对潜在的"损失"。我们知道，避免损失是一种激励作用很强的动机。当你仅仅关注底线时，这种激励力量并不会发挥多强的作用。

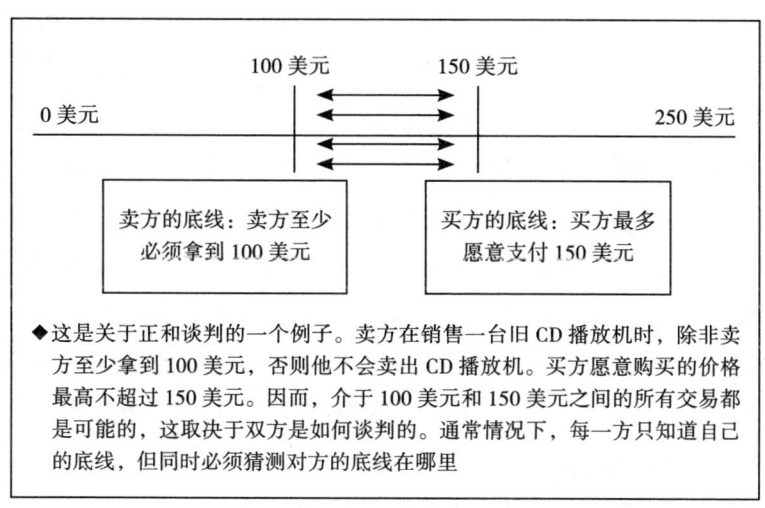

图 2-1　正和谈判区间

因而，如果你要卖旧 CD 播放机，决定以不低于 100 美元的价格出售，以便能够购买其他价格差不多的物品。一旦买主提出的价格高于 100 美元，你容易放松警惕。现在你可能不再寻求买主，心里开始盘算着你打算购买的其他物品。如果买主感觉敏锐（到了应该付账的时候大部分人都是这样的），他会察觉你情绪上有所松懈，然后停止付款。如果你根据商店里同类产品的相近价格，将 130 美元的价格作为努力的目标，而不只是围绕你的底线议价，你就不会这么快放弃询价的努力。而且，如果买主将他的底线定在 150 美元，那么最终的价格很有可能比你本来可能获得的价格更高。

将你的底线作为谈判中的主要基准点具有什么实际影响呢？在整个谈判过程中，你的最终结果通常仅仅局限在底线这样的可接受的最低水平之上。对于最理性的人来说，底线是最自然的焦点（focal point）。如果我们不能使对方同意满足我们最低的要求（通常由我们可得到的选择或谈判桌之外的需求确定），我们就会感到失望。如果是略微高于最低水平，我们就会感到满足。另外，其他更擅长驱使自己朝雄心勃勃的目标迈进的人获得的结果要好得多。不必惊讶，研究显示，在所有其他条件相同的情况下，有更高目标（但是仍然没有脱离实际）的谈判者会比目标较低的谈判者表现得更好。

为避免陷入将你的底线作为基准点的陷阱中，你应该知道自己的绝对底线（absolute limits），但是不能把注意力集中于此。相反，应该准备好你的底线，然后当你积极投入制订目标时，将其搁置一边。像盛田昭夫一样，试一试对方对你目标的反应。然后，如果有必要，慢慢地朝着底线下移，直到达到完成交易所必需的水平。如果经验丰富，你应该能够同时考虑到保持自己的目标和底线，而不丧失自己的中心目标。研究显示，最好的谈判者就具备这种能力。

如果制订目标对于有效的谈判准备工作具有如此重要的作用，那么你该如何做呢？请遵循以下几个简单的步骤。

（1）认真考虑你真正想要的是什么，记住金钱常常只是手段，而不是目的。

（2）制订一个乐观但合理的目标。

（3）目标要具体。

（4）坚定信心。写下你的目标，如果可能，与其他人讨论这个目标。

（5）带着你的目标进入谈判中。

你真正想要的是什么

开始准备谈判时，首先要考虑自己根本的需要和利益。在企业或者消费者的谈判中，一个好价格总是重要的目标，因为它明确且可以计量，不仅可以帮助你"坚守目标"（keep score），还可以衡量成功与否。但是人们容易忘记，价格通常只是用于实现目的的手段，而不是目的本身。目标是获得更高的价值或者利润，而不是在价格方面取得胜利。

这一点听起来好像自相矛盾，其实并非如此。如果你是买方，那么你希望价格与质量能够相配，物有所值，并不只是低价。卖方应该注意的是自己的销售能够为未来的生意创造条件。取消订单或只进行一次销售不会造就效益很好的企业，即便在任何特定销售中达成的价格看上去很不错。

> 创业之初，哥伦比亚广播公司（CBS）的创始人威廉·佩利（William Paley）在无线电广播市场上挣钱艰难。他与地方电视台就他们要播放的 CBS 节目的价格进行谈判，在这些谈判中，地方电视台完全占据主动权，因此，不必花钱就能播放 CBS 的节目。佩利认识到，节目价格只是手段，而不是目的本身，因而他对广播节目本身进行革新，并且创造了现代广播网。20 世纪 20 年代末期，他开始以 CBS 的广播节目交换在地方电视台黄金时段播放广告的权利。这个战略让他挣了数百万美元。后来，20 世纪 40 年代，佩利以暴风雨般的相似举动冲击了唱片行业：将唱片的主流价格降低了一半。

经验丰富的谈判者常常会说，与诸如控制权、势力范围（turf）、利己主义和声誉等虽不明显但是更具爆炸性的问题相比，解决价格问题相对比较容易。《门口的野蛮人》[⊖]（Barbarians at the Gate）中记载的关于 RJR 纳贝斯克公司（RJR Nabisco）收购案的传奇争斗就是如此，第 10 章对此做了介绍。亨利·克拉维斯（Henry Kravis）的一个竞争对手出价几十亿美元购买 RJR 却失败了，因为两家大投资银行——德崇证券公司（Drexel Burnham Lambert）和所罗门兄弟公司（Salomon Brothers）在关于哪个

⊖ 该书中文版已由机械工业出版社出版。

公司的名字出现在《华尔街日报》交易融资广告左边的问题上没有达成协议。对于金融界来说，广告中企业名字的位置将表明两家银行谁是交易中的"牵头银行"（lead bank），而这两家银行都不同意自己排在第二位。

因而，当你设定自己的目标时，要仔细考虑什么对于你而言是真正重要的。当然，钱无疑是重要的，但明确自己的利益和需要也同样重要。一旦谈判开始，谈判各方总是对诸如价格这样的竞争性问题非常关注，而忘记了什么才是他们真正想要实现的。

制订一个乐观、合理的目标

当你制订目标时，应该大胆而乐观地评估你希望得到的结果。不断地有研究表明，在谈判中，高期望的人比那些目标适中或者持有"我将尽自己最大努力"想法的谈判者表现得更好，而且最终得到的结果也更好，如果他们确实是认定了目标。

在一项经典的研究中，心理学家悉尼·西格尔（Sydney Siegel）和劳伦斯·福雷克（Lawrence Fouraker）做了一个简单的买卖谈判试验。他们允许谈判者持有全部利润，并且告诉试验对象，如果他们达到或者超过了某个特定的谈判目标，则有资格进行第二轮"使资金翻倍"的谈判。换句话说，西格尔和福雷克给了试验对象实现某个具体目标的明确激励，并且可能无意中暗示，给定的目标实际上是可以实现的（试验对象被告知可进行第二轮谈判，还有其他原因吗）。一组谈判者被告知，他们要达到适中的目标 2.1 美元才有资格进行追加的谈判。另一组被告知，他们要达到艰难得多的目标 6.1 美元。两组试验对象的底线是相同的：不能接受任何导致损失的交易结果。更高目标 6.1 美元的谈判者实现了 6.25 美元的平均利润，远远高于适中目标 2.1 美元的谈判者实现的 3.35 美元的平均利润。

我的研究也证实了西格尔和福雷克的发现。在我的一项试验中——与西格尔和福雷克进行的试验有所不同——谈判各方制订了自己的议价目标。

试验的区别在于，我并不是让他们将挣得的所有利润归为己有，而是给个人表现最佳的卖方和买方以 100 美元的奖励。然而，结果却是一样的。谈判前持有更高期望的谈判者比那些目标更为适中的人取得了更好的业绩。

既然我们提高期望就能够取得更好的谈判结果，为什么我们还是倾向于制订一个适中的谈判目标呢？原因是多方面的。第一，许多人制订适中的目标是为了保护自己的自尊。如果我们制订的目标较低，就不可能失败，因而我们可以"即兴表演"（wing it），告诉自己只要不触及底线就算是好的表现。因此，适中的目标可以让我们避免失败和遗憾带来的不愉快。

第二，我们可能没有足够的谈判信息，无法知道收益的全部潜在量。也就是说，我们可能没法正确评估所推销商品的真正价值，不知道应该采取何种标准来衡量，或者不知道买方对我们的商品需求有多么强烈。这通常意味着我们没有做好足够的准备工作。

第三，我们可能没有取胜的欲望。如果其他人比我们更迫切地需要金钱、控制力或者权力，我们就不大可能给自己制订一个高目标。为什么要在无关紧要的事情上找麻烦，和别人发生冲突呢？

研究显示，人们在谈判中制订低目标更大程度上是由自尊因素所致，这一点我们许多人都不太愿意承认。我们曾经听过一个谈判方面的演讲，演讲者认为许多理性谈判者的问题是将"双赢"（win-win）与他所谓的"软弱就赢"（wimp-win）态度混淆起来。软弱就赢型的谈判者只关注自己的底线，而双赢型谈判者则雄心勃勃。

在谈判课上，我对这个问题进行了更深入的探讨。在模拟谈判中，如果学生和经理开始为自己制订更雄心勃勃的目标并且努力去争取实现这一目标，通常他们会对自己的表现感觉更失望、更沮丧，即便客观结果变得越来越好。由于这个原因，我建议大家逐步地提高自己的目标，在一系列谈判中慢慢地加大风险和难度。这种方式可以使你保持谈判的激情。研究显示，那些成功地实现了新目标的人更有可能在下一次谈判中提高自己的目标，而那些失败的人则容易泄气，降低自己的目标。

如果你已经思考过乐观的、具有挑战性的目标应该是什么样的，那么就花几分钟让现实主义的思维来降低你的期望。乐观的目标只有在切实可行的时候，才是有效的。也就是说，只有当你相信这些目标，并且根据一些标准或者规范来看这些目标合情合理时，才能够实现高效率。正如我将在第3章中详细讨论的那样，谈判立场通常必须得到一些标准、基准或者先例的支持，否则它们就会失去可信度。不论你多么想，也不能使一辆使用了5年的旧车的价值高于同一车型的新车。你也应该根据谈判双方的恰当关系来调整自己的目标，这一话题我将在第4章中进行阐述。

做完前面这些工作，你要准备进入谈判过程，了解对方对此次交易价值的认识和他们的优先目标。除非你确切地知道对方的目标以及哪些目标是他们认为切实可行的，否则你就应该牢牢地盯住自己可防御的目标。如果你乐观的交易目标不大可能实现，对方会告诉你，即使你有正当理由支持自己的目标，也不要冒昧地要求对方接受你的目标。你可以礼貌地提出自己的想法，并且表示出对对方利益的关切。

目标要具体

关于如何制订谈判目标的著作都建议我们，目标应该尽可能地具体。清晰明了的目标可以使我们在谈判和其他许多工作中避免行动上的不协调。如果有一个确定的目标，你会调动心理上的各种机制来实现它。例如，当你找到一份新工作并和老板谈判薪金标准时，不能把目标定在"差不多"的层次上，要定位在具体的目标上——努力争取比你上一份工作的薪金水平高出10%。这个具体的目标将促使你开始考虑其他能够支付你目标薪金的同类工作，你将会注意到各种各样的市场标准支持该数额薪金的要求。

特别要注意的是，不能将目标定在"我将尽自己最大努力"，而最糟的想法是"我只是去瞧瞧自己能够拿多少薪水"。当我们带着目标进入谈判中时，我们真正应该说的是这样的话，"我来参加这场谈判可不希望扫兴而归"。担心失败以及避免失望与后悔的本能欲望，是我们心理上正常的自我保护机制，但是高效的谈判者不能让这些情感阻碍其制订具体的目标。

坚定目标：写下并讨论目标

只有当你坚定信心要实现目标时，它才有效。你可以按照以下几种办法来提高你心理上对目标的坚定程度。第一，正如上文中我建议的那样，你应该确定目标是合情合理的，有充足的理由支持它。你必须相信自己的目标值得努力争取。

第二，如果你花上几分钟生动地想象一下自己实现目标之后的感觉，那也是有所帮助的。这种想象让我们更加全身心地投入实现目标的过程，同时也提高了我们的自信和执着的程度。我的一个成绩优秀的MBA学生，是一个经由中国香港来到美国的印度小伙子，曾经向我透露，在向沃顿商学院递交申请之前，他曾来到费城，在学校的主要建筑里照了张相片。后来几年里他都将相片放在桌子上，鼓舞他投入所有专业精力来获得入学许可。在被拒绝了一次之后，他最终获得了入学许可。当他走进校园时，在相同的建筑里又照了一张相片，现在他将两张相片放在一起，获得了极大的满足。他将自己能够朝着目标努力归功于这种想象。这种想象的技巧对于谈判目标也有所帮助。

第三，心理学家和营销专家认为，将目标写下来的举动比仅仅只是思考一番更能够有效地使自己坚定不移地去实现目标。写下目标的这个举动使想法变得更为"真实"和客观，使我们更有义务去按照它执行——至少在我们眼里是如此。根据心理学家罗伯特·西奥迪尼（Robert Cialdini）的观点，成功的送货上门的销售公司常常要求所有销售代表要把销售目标写下来，在他们的培训手册上声明"写点东西能起到意想不到的作用"，从而改进销售员的表现。

你可以参考书后二维码制作谈判表，写下谈判目标。注意其中的空格是用来记录你的"具体的、乐观的目标"。在第 7 章中我会更加详细地讨论如何使用该计划表。

为了让自己更加投入实现目标中，你可以告诉其他人或者是向他展示你写下的目标。如果其他人知道了你的目标，你就会开始感觉要对这一目标能否实现负责。而且有研究显示，如果谈判者必须向人们解释为什么没能实现目标，那么他在谈判中就会更加卖力。劳工、体育运动和政治谈判家将这种作用发挥到极致：他们有时向媒体宣布自己的谈判目标，因而使得每个人（包括本方的成员和对方）都注意他们想要实现的目标。这种公开承诺的方式是将自己牢牢地束缚在目标上的极有效的做法。

当然，正如谈判中的所有其他方面一样，人们应该使用判断力来坚定自己对目标的承诺。如果双方都采用公开承诺的夸张形式，利用新闻发布会以及向他们各自的听众做出孤注一掷的声明，这样就将自己置于了无法逃脱的困境中。劳工罢工、政治摊牌和战争正是失败（而非成功）谈判的典型。

最后，你为实现目标而做的任何形式的物质投资都会大大增加你坚定目标的决心，因为如果你未能实现目标，这些投资就会白白损失。一家大航空公司最近宣布，它已签署一项协议购买多达 400 架的新飞机，以扩大并升级自己的机群。并且还说，如果在签订合同的截止期限之前未能与飞行员达成有利的工资协议，则不得不取消该订单。由于这一举动，这家航空公司获得了三项谈判优势：公开承诺已经声明的工资目标；与飞行员完成谈判的可靠的截止期限；最重要的是，谈判开始前就可以知道如果航空公司没有实现自己的工资目标，它（和飞行员）将遭受的损失。谈判最终在截止期限之前达成了，并且工资也被限定在航空公司已经设定的目标之内。

带着你的目标进入谈判

在谈判中，对方常常可以很容易地就使你放弃自己的目标。因而，你

沃顿商学院最实用的谈判课
BARGAINING FOR ADVANTAGE

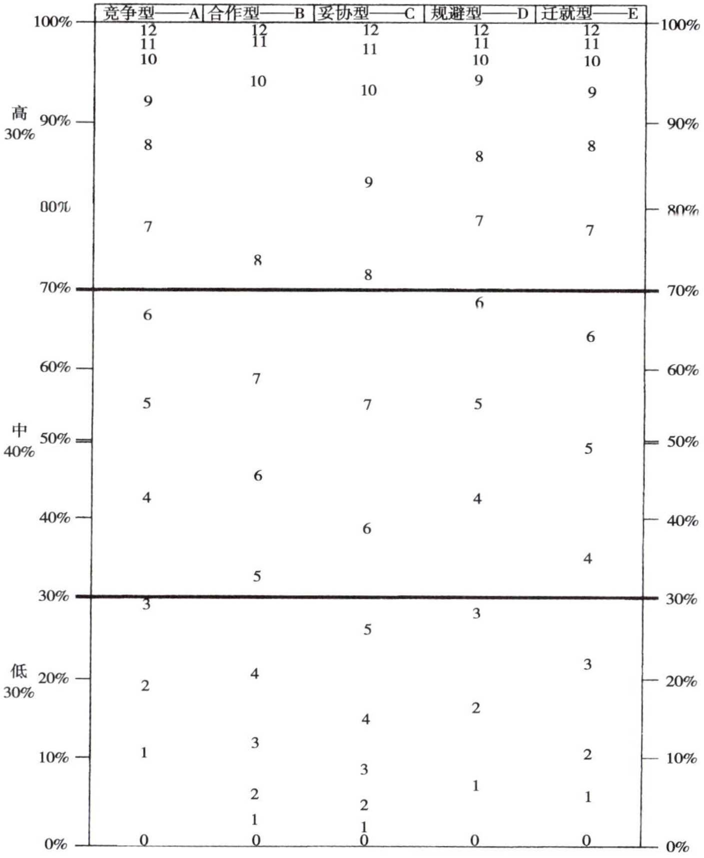

扫码测试
你 的
谈判风格

谈判风格坐标图

找出坐标图中与你每一个字母得分相待的数字，并划圈。将每列的带圈数字用直线连线，就生成了你的谈判坐标图。

得分在70%以上的是你的最强谈判风格，在30%分以下的是你的最弱谈判风格倾向。得分在30%和70%之间的表示适中的谈判风格倾向。得分越大，你在谈判中采用该方法的可能性就越大，反之越小。

迁就型

强迁就型谈判者

优点：善于建立关系，对情绪、肢体、暗示比较敏感，善于在团队内部协商解决问题，承担"与顾客关系管理者"的身份。

弱点：过多关注谈判者的人际关系，在竞争性更强的人面前显得脆弱不堪。

弱迁就型谈判者

优点：坚信所有问题都能找到"正确"的解决办法，使双方消耗大量时间考虑"最佳"的结果，导致谈判节奏延迟。

弱点：过于顽固，过多关注事，而不注重他人，因而降低了人们的合作意愿。

合作型

强合作型谈判者

优点：喜欢以融合互动方式来解决难题。擅长通过谈判发现冲突表象下隐藏的基本利益，致力于为所有人找到最佳解决方案。

缺点：为了表现自己的能力常常把简单问题复杂化，从而激怒别人。

弱合作型谈判者

优点：有条不紊，周密计划。喜欢在谈判开始前详细确定要面对的问题，按议程进行，抓住既定目标不放，每一步行动必定清晰明了。

缺点：当谈判复杂化时，缺乏临场应变能力，成为阻碍谈判进度的因素。

妥协型

强妥协型谈判者

优点：通情达理，很好相处。总是积极"弥合差距"，达成协议。

缺点：很少向对方提出足够的问题以获取更多信息，经常错失达成更有利协议的机会。

弱妥协型谈判者

优点：原则性强，热衷坚守原则和惯例。

缺点：喜欢对任何事情"上纲上线"，经常在别人认为次要的事情上争论不休，被别人视为顽固分子，更关心赢得争论，而不是完成交易。

竞争型

强竞争型谈判者

优点：喜欢赢，精力充沛，动力十足。对优势、最后期限、如何开局、如何提出最后方案、最后通牒有很强的直觉。

缺点：操控谈判过程，集中在定输赢，难以与对方建立关系。

弱竞争型谈判者

优点：将谈判看成双人共舞，很好相处，让人感觉特别轻松，容易获得信任。

缺点：涉及重大利益时，弱竞争型谈判者将处于劣势。

规避型

强规避型谈判者

优点：善于拖延和避开矛盾。熟练运用一些减少冲突的方法，如制定明确无误的规则。

缺点：当别人非常愿意满足我方需求时，却不提出请求，错失获得更好收益的机会。

弱规避型谈判者

优点：不惧怕个人冲突，完全能承受各不相让的讨价还价。

缺点：有时缺乏策略，对抗性过强。在官僚体系中，被视为拒绝墨守成规的惹是生非者。对官僚政治和办公室政治极为反感，与那样的环境格格不入。

更多测试风格详细说明请参见《沃顿商学院最实用的谈判课》（原书第2版）附录A

谈判计划表

I. 问题
问题陈述：我必须同什么人谈判，解决什么问题？

II. 目标和决策者

我方的重要目标

对方决策者

我方的底线

有影响的人（我应该先和这些人谈判吗）

III.（共享的 / 互补的 / 冲突的）根本需求和利益

我方的

对方的

IV. 优势

如果未达成协议，我方有哪些损失？

如果未达成协议，对方有哪些损失？

有哪些步骤或替代方案可以减少这些损失？

我可以影响他们的选择或者造成他们的现状恶化吗？

优势偏向：☐我方　　　☐对方　　　☐大致平衡
（如果达不成协议，哪一方会全盘皆输？）

V. 可行的提议
选项：发展共同利益 / 融合相互冲突的利益 / 提出创造性建议

VI. 权威的标准和准则

我方的：

对方的：

我方反驳的论据：

VII. 第三方的行动
我方可以用第三方作为优势筹码吗？或作为借口、见证人、盟友？

VIII. 谈判情境和策略分析

我方对情境的分析：

_____ 交易型 我的基本风格是 _____

_____ 关系型 因此在本情境中我必须更加 _____

_____ 平衡考虑型

_____ 默认协作型

对方对情境的分析： 预期对方的策略

_____ 交易型   _____ 竞争策略

_____ 关系型   _____ 合作策略

_____ 平衡考虑型   _____ 妥协策略

_____ 默认协作型   _____ 规避策略

             _____ 迁就策略

IX. 最佳交流模式

_____ 代理人   _____ 电话会议   _____ 电子邮件

_____ 面对面   _____ 电　话   _____ 即时信息

X. 总体立场
用简短陈述概括你在此次谈判中的根本目标。

扫码制作你的谈判计划表

有必要带着目标参加谈判，如果感觉自己动摇了，那么就休息一会儿，并且在继续谈判之前回顾一下自己的目标。我发现有时在衣兜或者钱包里装好简单概括自己目标的纸条，是很有帮助的。然而，即便你只是将它记在脑子里，也很有意义，它使你在实际谈判的混乱状况中不会忘记自己的目标。

巴里·迪勒（Barry Diller）是位成功的电视节目经理人和企业家，20世纪70年代早期他吸取了一个惨痛的教训，当时他陷入了电影《海神号》（*The Poseidon Adventure*）在电视上首播权的投标竞争中。迪勒代表美国广播公司（ABC）最终以330万美元赢得竞标，当时这个数额是类似的竞标价中最高的，远高于其他竞标价，导致他无钱建立电视网。为什么迪勒愿意付出这么高昂的费用，因为这是他愿意参与为电影的电视播放权而进行的第一次（对他来说，也是最后一次）公开拍卖。在随后狂热的竞标中，他忘记了自己最初的目标——获利，并且陷入了竞标对手哥伦比亚广播公司的一位经理人所称的为赢得竞争而产生的"狂热"中。

谈判学者在实验和实际生活中经常观察到这种现象，他们将它称为"不断升级的承诺"（escalation of commitment）。人们在激烈竞争的情形中往往忽略了自己的真正目标，并且为了获得宣布胜利的荣耀，损失了很多钱，浪费了大量时间，牺牲了许多其他利益。在这样的一场胜利之后，通常没过多久赢者就会后悔不已，明白准备好目标还是不够的——你必须在谈判中记住自己的目标。在拍卖的情境中，最后的投标人常常付出过高代价，经济学家将与之相伴的悔恨心理称为"赢者的诅咒"（winner's curse）。

小结

准备谈判中最重要的一步就是坚守住具体的、合理的目标。目的明确和乐观主义是目标制订过程中的关键心态。

首先，一个具体的、具有挑战性的目标将激发你的情绪。你常常会把低于自己目标的提议看作"损失"。此外，思维中的直觉部分——平日里你完成一些普通工作时，它们悄悄地发挥影响并自我强化——将成为强大的支持力量，帮助你解决困难。这样，你将会更加聚精会神、坚持不懈地实现目标，并且更有可能提出好的论点，想出如何获得你想要的结果的新办法。你还能避免陷入过早退缩到底线的常见陷阱中。这种"目标聚焦"（goal focus）过程使你获得普通人没有的重大优势，而他们更趋向于关注自己的底线，而不是其他单个谈判点（bargaining point）。

其次，如果你目标明确，对方能感受到你的自信和决心。你将会传达出这样的信息：你对自己及此次交易有很高的期望。对于那些知道自己想要什么和为什么应该得到这些结果的人来说，可能没有其他人格属性比源于自身的信心、自尊和执着这样的从容心态在谈判中更加重要的了。

制订高效的目标一览表

- 仔细思考你真正想要的是什么。
- 制订一个乐观、合理的目标。
- 目标要具体。
- 写下你的目标，并且坚守。
- 带着你的目标进入谈判。

BARGAINING
FOR
ADVANTAGE

| 第3章 |

第三个基本要素：权威的标准与规范

> 一个聪明的辩护者的首要任务就是让他的对手相信，他已经了解了他们的观点。
>
> ——塞缪尔·泰勒·柯尔律治
>
> 一个人对于自己所做的事总有两个理由：一个是好的理由，另一个是真正的理由。
>
> ——J. P. 摩根

除了目标明确具有重要作用外，还要在谈判中利用人性中最基本的心理动力之一：我们需要（至少在我们看来）言行看上去保持一致、公正。高效谈判的第三个基本要素就是要关注这种心理动力。我们开始讲述一个例子，看看与已有的标准——保持言行一致的需要实际上是如何影响所有谈判的。

两头猪的故事

1930年，人类学家巴顿（R. F. Barton）在他的著作《半路上的太阳》

(The Halfway Sun)中讲述了菲律宾部落居民的故事。巴顿与这些人一起生活了好多年。这个故事涉及两个家庭关于几头猪的谈判,告诉了我们一个关于标准和规范的发人深省的教训。

巴顿谈到,伊芙高族(Ifugao,部落的名称)的一个人曾经从邻居那借了两头猪。两年后,借出猪的一方要求对方偿还债务。他的儿子快要结婚了,因而需要猪作为婚礼上的礼物。随后,二者陷入争论,到底借方欠了多少头猪。

在该部落内,对于借贷动物有一个标准的"利率"。这个标准要求,根据借贷期间动物的"自然增长率"来偿还。通常的协议是,两头猪在两年的借贷期限内要求偿还四头猪——最初数额的两倍。

标准是这么规定的,问题是如何执行这个标准。贷方雄心勃勃,希望把婚礼办得奢侈一点,因而坚持认为借方总共欠他六头猪。他认为,在过去两年多里,其中一只特别的、产仔更多的猪应该采用更高的利率来计算。借方生气地回答,部落的每个人都知道应该偿还的正确数量是4。

由于被贷方的贪婪所激怒,借方随后将这场争论升级了。他突然回忆起来,许多年前贷方的祖父借了一只鸡,至今仍未偿还。他说,鸡的自然利率大约等于一头猪。因而他将自己应该偿还的猪从四头下降到三头,以抵消鸡的债务。贷方回应道,他只能接受五头猪,少一头都不行。

经过一番争论和辱骂,两家同意找一位受人尊敬的老者作为中间人。然而,在老者开始来回穿梭调解之后不久,贷方的儿子就偷偷溜进借方的茅屋里,偷走了一面祖传的锣,这可是借方最值钱的财产。整个谈判过程突然中断。

现在,双方的妻子也牵涉进来了。那面锣被认为是借方家中守护神的栖息之所，如果没有将锣放在家中的合适位置，借方的妻子甚至无法入睡。贷方的妻子也对争论厌烦得很。她的丈夫为了几头猪争吵不休，家里的地也荒了。两个女人都要自己的男人停止争吵，尽快解决这件事情。

老者最后提出一个方法。首先，贷方答应将锣还给借方。然后，借方答应取消鸡的债务，并且偿还给贷方所要求的五头猪。

另外还有点曲折：老者只将借方偿还的五头猪中的三头给了贷方，其他两头留给自己作为费用。因而，在这种巧妙的解决办法之下，借方以贷方最后要求的利率来赔偿猪（五头），贷方得到的猪也是借方最后提出来的标准（三头），而老者将二者之间的差异作为自己解决争议的报酬。

从猪到价格单：标准的作用

我们如何理解这个故事呢？现在很少有人会忙着借贷猪了。不过，像任何一种文化中的人一样，我们倾向于以权威的标准和规范来进行谈判。当谈判方严重背离了这些规范时，他们就面临着激怒他人的风险，并且可能给自己带来麻烦。一般认为这种人是不理性的。

与伊芙高族借贷动物的自然增长利率非常相似的标准同样在我们更为现代的世界中发挥了重要作用。全球金融市场为借贷资金设定了利率。旧车的买主向导购咨询车的一般价格，然后根据诸如车的实际状况、买主的预算和卖主对现金的需求等因素来谈判最终的价格。房地产经纪人谈论"同类交易"（comparable transaction）。而投资银行家根据贴现的现金流量和盈利倍数（earnings multiple）来评估一笔投资的真正价值。

此类古怪的术语和复杂的分析都只不过是帮助买卖双方形成关于合理价格的看法的技巧而已。这些标准与两头猪故事中的标准一样，都限定了谈判的范围，使所有谈判方在给定范围内能够谈论他们偏好的结果，而不会显得不合情理，至少在他们自己看来是这样的。

诸如利率和比较销售法（comparable sale）等市场标准并不是谈判中有分量的、唯一的规范说法和公式。当孩子们讨论谁可以玩玩具时，他们使用诸如"先来后到"或者"轮到我了"的准则来说服别人。当经理阐述企业战略时，他们使用"利润率""基准线"和"效率"这样的标准来讨论自己的立场。而当失业期逼近之时，人们使用"资历"和"生产率"来商讨谁将继续留下来，谁应该走人。最后，一个最常用的结束谈判的技巧是下面的分配公式：平分差距（splitting the difference）。

找出你在谈判中采用的标准，认真思考如何最大限度地利用这些标准，这将使你在谈判过程中"说话有分量"。在你对自己的需求做出自利性的评估后，还有一些东西值得讨论。这样反过来会给你积极争取的目标提供一个公平的基础，并且你最好准备好应对对方将提出的理由。如果你采用的标准可以有各种各样的解释（大多数标准是这样的），对方将准备采用对他们最为有利的解释。

总之，作为准备工作的一部分，你必须使用可以找到的最有说服力的标准来支持你提出的目标。那什么是最有说服力的标准呢？正如我在本章开头引用塞缪尔·柯尔律治的话所表示的，对方认为合情合理或者过去用来为自己谋利的论据在谈判中通常是最有效的。

心理事实：我们都想看上去合情合理

为什么标准和规范——特别是对方曾经采用的标准——是谈判中重要的组成部分呢？因为，在其他条件不变的情况下，人们希望自己的决策过程被视为一致的、理性的。

心理学家把这种"需要表现理性"的现象称为"一致性原则"（the consistency principle）。社会心理学家发现，当我们的行动明显地与先前说过的、长期持有的或被广泛认可的标准和信念不一致时，我们非常需要避免杂乱、不确定和不安的心理状态。

我们大部分人都有一个复杂的"一致性网络"（consistency web），它使我们的人格在许多层次上能够互相连接起来。因为我们喜欢保持这一网络的完整无缺，我们对自己的行为进行自我辩护以便（至少在我们自己眼里）它看上去是和先前的信念保持一致的。当我们看到对方提议的一种做法与我们已经采纳的做法一致时，我们更容易接受。

谈判过程非常适合观察一致性原则如何发挥作用。不论我们是否意识到，即使有时对方阐述的标准或规范与我们先前采纳的说法和立场一致，我们也很难同意对方。当对方正确地指出我们与先前的立场或者言论不一致时，我们也会感到不安（虽然我们可能不会表现出来）。总之，在谈判争论中，标准和规范不只是或者说可以不只是智力工具，它们还能成为谈判过程中强有力的激励因素。

一致性原则与"规范性优势"

一致性原则能够在谈判中赋予你一种被我称为"规范性优势"（normative leverage）的东西。规范性优势指的是熟练地使用标准、规范和一致性原则来获得优势或者捍卫立场。当你主张的标准、规范和谈论的话题在对方看来是正当的，并且与解决你们之间的分歧有关时，你就能最大化地利用规范性优势。

如果你将自己的需要、标准和权利作为谈判唯一合理的评论依据，那么你将无法达成协议。相反，你会因为与对方原则对立而不断地与其发生争吵。因而，最好的做法是预测对方偏好的标准，并将自己的建议限定在那些标准内。如果你无法做到这一点，那么就准备根据你的特殊情况来争取对方标准之外的一个特例。不到万不得已，不要采取批判对方标准的手段。

我们来看一些例子。

假设你参加一家医院系统的预算谈判。你是护士主管人员，要求医院能够提供更多的培训和护理服务经费；其他人要求得到更多资金，以便增加外科医生办公室的数量。如果医院高层决策者先前在政策讲话中谈到了在医院运作中"出色的病人护理"的重要性，那么你在这场争论中就拥有了一些规范性优势。

假如你做了准备工作，收集好数据，并且做了一个令人印象深刻的演讲，那么你的预算要求看上去更加有说服力，因为它们将与医院宣称的首要之事紧密联系起来。相反，外科部门的要求不能建立这种紧密联系。行政人员将会感觉自己被先前的政策言论束缚了，因而制订的决策要与这些已宣布的政策保持一致。虽然外科医生在医院里是很重要的角色，但是根据医院之前宣布的优先考虑事项，你准备充分的预算要求将会提高你实现自己目标的机会。

如果医院宣布了另一个不同的目标，例如"吸引最佳的内科医师"，那么你有必要预测一下外科医生会如何利用这个标准来申请经费。对你来说，最好的行动就是要表明，一个出色的护士团队如何比豪华办公室更能够吸引更多更优秀的内科医生。

现在看看另外一个更难的例子。假设你是一个企业部门的主管，管理的员工数量越来越少。每个部门必须削减10%的人员。你研究了形势，发现如果裁减10%的人员，显然人手不够，难以完成工作。一开始你可能本能地去找老板，向他表明如果按照公司的提议进行裁员就无法完成工作，请求他允许保留一些员工。

这种说法会有说服力吗？可能不会有多大的作用。每个主管都可以到老板那里这么说，如果每个部门都留下人员，那么老板就没法实现自己裁员的目标。他可能会针对你"没有足够人手完成工作"的说法，训斥你效率太低，要你回去找到提高部门工作效率的办法。

你如何才能够获得更好的规范性优势以实现自己的要求？推测一下在这种情形中什么标准和规范会被老板认为是有重大意义的，并且根据他的标准（而不是你的）来陈述你的理由。如果他正考虑提高工作效率，那么你就要根据这个标准来陈述理由。你可以告诉他，你估计了一下你的部门目前承担的各项任务，肯定你的团队能够以极高的效率完成第1、2、3项任务，而要完成任务4和任务5人手却不足。甚至在裁减了10%的人员之后，只要老板将任务4和任务5分配给其他更有能力处理这些问题的团队，即使大量增加任务1、2、3，你也能够完成。

同样地，你也可以努力证明，如果你的部门多保留些员工，而将其他部门人员多裁减一些，你如何能够大大减少横跨多个部门的整个业务流程的时间和成本。这样就节约了企业的资金——这正是裁员的根本用意，同时也使自己的工作表现得到更高的评价。

这种说法是否每次都能够取得成功？并非如此。但是与只根据你自己的观点所陈述的理由相比，这种说法更有机会实现你的目标。事实上，谈判中的六个基本要素中没有一个能够单独保证你取得谈判的胜利。但是注意，每个基本要素将会逐步提高你成功的机会。高效的谈判者是一步步行动的。

将自己的需要置于另一方做决策的规范框架内，这样就表示了你对他的尊重，而且，结果也会引起他的注意和同情。由于谈判中成败的差异常常是很小的，因此任何能够系统地增加对方同意你的谈判条件的机会，从长远来看都能给你带来好处。

注意"一致性圈套"

老练的谈判者知道，人都需要看上去能够保持一致，因而他们会尽可能地努力利用这一点。真正能够操纵他人的人不仅可以辨识对手用以确定目标的标准，还可以努力利用被我称作的"一致性圈套"（consistency trap）来诱惑对手。一致性圈套的目的就是事先引导你对一个看似合乎情理的标准做出承诺，随后在特定的情况下提出该标准逻辑的引申要求——事实上这种要求是与你的利益相悖的。这是智力强制（intellectual coercion）的一种形式，你应该准备好提防它。

为其他公司代收欠款的公司（collection agency）、信用卡公司和压力大的销售公司总是利用一致性圈套。他们的电话销售员在晚餐时间打电话给你，按照事先准备好的说辞做宣传，在那套说辞中就包含了一致性圈套。如果你知道他们的目的是什么，就能想到这其中包含了"一致性圈套"。其中的秘密就是，设圈套的人在告诉你他说的话为什么重要之前，努力让你同意一些说法。长途电话公司的营销人员问你："你想节约一些钱吗？"你回答："当然了。"突然地，对方开始设圈套了："根据您每月的电话使用记录，如果转向我们公司的服务将可以节约100多美元。现在就开始节约您的话费如何？"逻辑上看，你自然而然会说："行。"如果要说"不"，你不得不找出一些新理由或者借口，而电话营销公司早就准备好了回答你这些借口的答案。

在谈判桌上，一致性圈套是那些积极主动的、竞争型的谈判者所喜爱的一种手段。形式与电话营销员所使用的一样。操纵型的谈判者会努力让你对一个听起来合情合理的原则或者标准做出承诺（"这家公司的合理价格应该和其他公司的类似出售价差不多，你难道不这么认为吗"），然后他们布下圈套，声称你的谈判立场背离了你刚才认可的原则（"你提议的出售价比你刚才同意作为基准线的同类出售价格高了30%"）。

如何提防一致性圈套呢？提高警惕。在你还不知道谈判对手想要把你引向何处、他们就开始提出主要问题时，你应该放慢谈判速度，反击设圈套者。在对任何事情做出承诺之前，应该引出关于这些问题为什么重要的尽可能多的信息。不过，如果你被迫同意一个标准，那么也要以自己的话来描述或表达它，使用最模棱两可的词汇，给后面的解释留下足够大的空间。"我相信类似出售可能与我们的讨论是相关的，只是我不确定我们应该以什么时间范围或者什么行业作为参考。"你可以和竞争型谈判对手说，"为什么不给我看看你所有的数据呢？"

即便有了这些警惕，与一个坚定的设圈套者发生冲突也是很不舒服、令人不安的。你应该对你做出的每个举动保持警惕。如果你陷入不一致的窘境中，那么有两种选择，或者你可以调整自己的立场，遵守你已经同意采用的标准，或者保持自己的立场，承认你同意这个标准是个错误。后者会让你损失点面子，但是总比一场糟糕的谈判带来的损失更小。

利用观众

只要你能够将目标设定在对方的标准和规范之内，那么采用对方的标准和规范来制订自己的建议是很不错的。但是现在设想你做不到这一点。假设对方的标准直接与你的立场相矛盾，而且没有什么例外或解释能够挽救你的立场，那么你应该攻击对方的标准，并且努力改变对方的想法吗？你可以试一试，但是对方可能会坚守自己的信念。

在这种困难的情形下，你就需要诉诸明确的优势手段，并寻找盟友，即具备下面条件的第三方：认同你的标准，并且你的谈判对手应受其制约。一旦你能够找到这样的人，需要安排一下，在第三方到场的情况下或是在第三方的保护之下进行谈判。盟友可以作为观众或者证人，以确保应该采用的标准的应用是公平的。从本质上来说，你利用观众的一致性原则来绕开反对你目标的对手。

圣雄甘地坐上头等车厢

如何理解在谈判中观众能够帮助你提出自己的标准呢？方法之一就是通过案例进行理解。本书的这个案例来自现代印度之父圣雄甘地的生活经历，是其自传《我体验真理的故事》（*The Story of My Experiments with Truth*）中提及的一次坐火车的经历。

作为政治积极分子的甘地，早期在南非当律师，为该国的印度人争取权利。他在英国拿到法律学位，来到南非之后，准备利用自己学到的英国法律和英国社会规范帮助印度人争取公民权利。

南非法律要求印度人（南非白人称他们为"苦力"）只能坐三等火车厢出行，南非的印度人不愿意挑战这个规则，宁愿"忍气吞声"地与白人和平共处。甘地才到南非就亲身体验了这个规则。当时他试图坐头等车厢，却被赶出车外。这个经历是甘地人生历程中的一段屈辱史，给他留下了深刻的印象。更加不为人所知的是，甘地立刻寻找第二次机会，坐上从德班到比勒陀利亚的火车，挑战了这个规则。这次之所以能成功，原因在于他巧妙地利用了一个观众来迂回地说服谈判对手。

甘地在这场谈判中的标准就是"不论种族，只要穿着体面、举止高雅的人就可以乘坐头等车厢"。他估计铁路公司的标准可能是"苦力必须乘坐三等车厢"。这个法律对铁路公司是很有利的。可是，甘地逐步地实现了自己的目标，这是最困难情形下有效地进行准备和制订策略的经典案例。

第一步，甘地找到决策者，设法当面向其提出自己要求得到头等车厢车票的想法。他得知了德班（他将起程的城市）站长的名字，给他发了一封信。甘地写道，他是一个律师，习惯乘坐头等车厢。他说明天会亲自到站长办公室取车票。这样，甘地没有给站长留下回信的时间，因而成功地避免了被站长轻易回绝的可能。站长不得不面对面地和甘地讨论他的要求，而甘地知道如果他本人能够为自己的情况辩护，取胜的机会就比较大。

第二天，甘地穿着长礼服、戴着领带——甘地自己描述为"完美的英式着装"——出现在站长面前。他想要给站长留下一个印象，即基本的事实是：站长和甘地来自相同的社会阶层，即便他们的种族不同。

"是你给我写的信吗？"当甘地坐在他的椅子上时，站长问道。

"是的。"甘地说,"如果您给我一张票,我一定非常感激。今天我必须赶到比勒陀利亚。"

此时幸运降临到了甘地头上,而这一幸运的机会正是他坚持要面见站长才得到的。站长说:"我不是德兰士瓦人(Transvaaler,南非某地白人),而是荷兰人。我很理解你的感受,很同情你。"

站长说,他会给甘地车票,但是必须满足一个条件:如果列车员质疑甘地的车票,他不能让站长牵涉进去。甘地同意了,虽然这使得他没法利用上一个权威的盟友,而这个盟友本可以在后来的事件发展中发挥作用。

"祝你一路顺利。"站长说道,"我看你是位绅士。"

要开始面对更麻烦的事情了。甘地不得不想办法说服列车员,因为他可能不是与甘地来自同一社会阶层的,并且可能是个南非白人,不会允许他坐头等车厢。

现在看看甘地如何利用"观众"法则。他要找到这样的人,此人认同他的标准——"穿着体面、举止高雅的人就可以乘坐头等车厢",并且某种意义上列车员还要感觉受其制约。

于是,甘地在头等车厢的走廊里寻觅,直到他发现了需要的观众:一位独自坐在头等车厢的英国人,他的旁边没有一个南非白人。于是,甘地坐下,拿着他的头等座位的车票,等待列车员的到来。

列车员进来时,立刻发现甘地是印度人,生气地要求他撤到三等车厢去。甘地向他出示了头等车厢的车票。"这并没有用。"列车员说。

随后,甘地的"观众",那个英国人说话了:"你打搅一位绅士是什么意思?"他问道:"难道你没有看到他有一张头等车厢的车票吗?我一点也不介意和他一起乘车。"然后这个英国人转向甘地,说道:"您就坐在这里,别在意。"

"如果你想和一个苦力一起坐车，那我还介意什么呢？"列车员说。列车员败退了，而甘地完成了他在头等车厢的整个旅程。

甘地利用那位英国人作为观众来战胜（暂时地）南非法律中不公正的标准。后来，他还利用世界公众舆论作为观众，将大不列颠王国对印度人的不公正待遇暴露出来，并且赢得了印度的独立。

市场中的标准和规范

标准和规范在谈判中要发挥作用有赖于一致性原则。但是，一些标准和规范比另一些更有影响力，特别是在市场交易中。最强的市场标准在议价过程中是支撑点或者焦点。菲律宾部落居民中借贷动物的自然增长率标准就具备这种特征，它为其他的可谈判问题提供了一个单一的、决定性的解决办法。大部分市场标准没有具备这样的优先采用权，只是作为谈判工具，像测距仪那样，划定谈判区域，谈判方在这个区域内通过讨价还价解决争议。

在现代商业中，到处可以发现在谈判中优先采用称为规范的标准条款和规则。例如，在美国住宅房地产业中，房地产代理商可以获得所售房价的固定百分比（6%）的报酬；在文化与娱乐产业中，代理商可以获得版税或其委托人收入的标准百分比（通常是15%）的报酬；精装书的作者通常可以拿到书在美国的零售金额的15%作为版税。

从金融角度来看，这些标准完全是武断的。房产经纪人、书商和出版商本可以根据各自不同情况为费用报酬谈判，有时候它们在非常特殊的情形下也确实是这么做的。但是每笔交易都这么谈判就很耗时间和精力，最后的结果就是：每个行业在支付标准上达成一致，就没有必要进行谈判了。

接受制度化的谈判标准是一个特定行业或团体的社会成员的特征。如果谈判要求与标准存在分歧，那么就会令人稍微有一种被侮辱或者被欺负的感觉。标准与团体成员身份之间的这种联系又进一步巩固了标准，因为

(part-time America won't work)。美国联合包裹速递服务公司的18万名工人和送货卡车司机中有许多人都是兼职员工，这些员工都希望公司将自己转正为全职员工。这一立场基调在这些工人以及全美对被迫接受兼职工作感到不满的其他工人中间得到了响应。工会使谈判表现出这样的性质，即谈判中所有的问题都是与UPS不断增加兼职员工有关的。

UPS试图通过自己的立场"我们必须保持企业的竞争力"来应对工会的这一基调。但是UPS无法抗衡工会精心准备的进攻所造成的影响。"兼职的美国无法运转"这一说法到处出现：在成千上万个布告中，在报纸评论和报道中，在电视新闻节目里的批评家口中以及互联网上。这个短语团结起18万名UPS的罢工人员（是个不小的壮举）并且诉诸舆论的支持，而正是舆论成了随处可见的罢工的重要观众。罢工阻碍了美国正常的商业活动，给普通美国人带来了很多不便。

卡车司机工会从这个很有说服力的立场基调中获得优势，最终为他们赢得了谈判桌上的胜利。UPS公司同意增加工资，放弃对工人养老基金的控制，并且同意在数年内将兼职人员中的1万人转为全职员工。正如罢工结束之后UPS副总裁及战略家约翰·W. 奥尔登（John W. Alden）懊恼地说道："如果我早知道……（我的）立场基调将从为UPS谈判转变成为兼职的美国工人谈判，我们本该可以采取不同方法应对罢工。"

人们通常认为口号（slogan）和基调并不是谈判中的重要组成部分。然而，实际上它们是至关重要的，不仅在诸如UPS员工罢工这样的随处可见的事件中，而且在更为普通的谈判中也是如此。给我们的需求和利益做出令人信服的定位有助于我们组织自己的思维，不断进行沟通，并且调整我们的信息以便对方最大限度地同意我们。如果对方确信你的立场始终如一，他们会对你的这种态度表示敬佩，而你也将获得重要的规范性优势。

权威的影响

除了一致性原则外，还有第二种心理手段可以使标准与规范具有说服力，这就是人类都有服从权威的倾向。在谈判中，这种倾向能够以多种方式影响谈判交流的过程和结果。标准与规范之所以在谈判中有重要影响，部分是由于它们传递出市场、专家和社会的权威信息，这些信息确定了什么是公平合理的价格或做法。此外，我们大部分人在谈判中都扮演了各种各样的社会角色。我们也许会强烈地感觉到，我们的行为必须与我们认为这些角色应有的言行保持一致，包括服从那些看上去具有更高身份地位的人或者是更为人所接受的原则。

心理学家已经发现了人性中的一个确定无疑的事实：我们倾向于服从权威。一些文化比另一些文化更强调服从权威，即便是推崇高度个人主义的美国人，在很多场合也会服从权威。在绝大部分情况下，服从权威是很有益的。如果我们总是不停地质疑老板办公室装饰的品位，或者拒绝相信每天都要遇到的各种各样的"待修"或"请勿进入"的告示，那么整个社会就无法运作了。

在谈判中，在下列两种情况下权威也会成为一个问题。第一，其他人可能利用我们服从权威的天性，向我们提出以权威来当作掩饰的不公平条件。第二，我们对权威的服从常常不恰当地妨碍了我们坚持自己合理利益的能力。让我们简要地看看这两类权威问题。

经验丰富的谈判者使用大量策略，将标准的利用和我们服从权威的意愿结合起来。他们给我们提供大量看似权威的、以不太聪明的法律措辞写作的、标准形式的契约，还举办专业讨论会解释什么是他们所称的交易惯例。你是否听说过一些与你谈判的人根据公司政策、标准程序以及其他诸如此类的解释来证明自己的立场是正当的？这就是以标准为基础的观点，结合权威策略能够获得额外的影响力。

赫布·科恩（Herb Cohen）在《谈判天下》（*You Can Negotiate Anything*）一书中生动地说明了，利用我们对权威的服从如何能够轻易地操纵我们。

电视节目《公正的摄影机》（*Candid Camera*）利用一个隐藏着的摄影机来观察普通美国人对设定好的某种情形的反应。它曾经将一个巨大的户外公告牌放在费城、宾夕法尼亚以及邻近的特拉华州威尔明顿市之间的高速公路上，牌上写着"特拉华州段道路已经封闭"，然后安排一个人在公告牌附近提着灯，意在警示车辆放慢速度。

然后，隐藏着的摄影机记录下人们驱车经过该公告牌时的情形。一些人不理会牌子上的内容，直接驱车经过，而另外一些人停下来并询问情况，那个工作人员只是向人们指示了一下公告牌。一个失望的司机甚至恳求："你认为什么时候那个道路会重新开通？我住在特拉华州，而且一家人也住在那里。"这就是印刷文字的力量所在——当你把文字打印成像公告牌上的字一样大时。

下一次当你要签署一个租约时，如果你不理解或者没听清楚一个所谓"专家"的不合乎道理的说法时，请记住这个有趣的故事。对方可能正在告诉你"特拉华州段道路已经封闭"，希望你毫不思索地就接受他的不公正或不必要的要求。

我们对权威的服从也并不一定会干扰我们发起谈判或者表达符合组织内部规则的观点的能力。例如，像护士这样的卫生护理人员有时盲目地服从药品部门医生的诊断，有些指示她们明知是胡说八道也会执行，比如将耳药水滴到病人的眼里。事实上，等级制组织内任何有正式职位的人必须无时无刻地保持警惕，以免自己对权威的服从可能阻碍自己正确履行职责。

还有一种情况更严重。我将说明一下，我们与社会角色和惯例保持一致的需要如何影响我们的沟通能力，并最终阻碍我们有效地谈判。我用一个悲剧性的例子来说明这种情况。该例取自佛罗里达航空公司（Air Florida）的一次航班上的机长与副驾驶员的真实谈话。这架飞机从华盛顿国家机场起飞,当时天气寒冷,下着大雪。驾驶舱内的谈话被飞机上的"黑匣子"记录了下来。这次对话由于坠机事故发生而结束,后来内容得到了复原。

(飞机在仓库门口等待着批准起飞。一场大雪降临了)

副驾驶员:看到机顶上的那些冰柱和其他东西了吗?

机长:是的。

(时间一点点地过去,飞机还继续在登机舱口等待)

副驾驶员:伙计,想要除去那些冰必定是不可能的了。它造成的唯一影响就是让你有一种不安全感。

(时间又一点点地过去了,雪还在不停地下着)

副驾驶员:我们都已经坐在这里等了一会儿了,我们再检查一下机翼吧。

机长:我想我们立刻就应该起飞了。

(飞机开始向跑道滑行)

副驾驶员(指着引擎指示仪):这个看上去似乎不正确啊,你看?(停顿了一会)啊,情况不对劲。

机长:没问题。显示的是80(指着一台仪器)。

副驾驶员:不,我认为有问题。(停了7秒之后)啊,可能确实没问题。

机长:120。

副驾驶员:我不知道。

(飞机起飞了,挣扎着升空,随后开始向下朝波托马克河坠落)

机长:拉里,我们正在下坠,拉里!

副驾驶员:我知道。

(传来撞击的声响)

这个例子中的副驾驶员没有在这种情形下摆脱对权威的服从，因而导致惨剧发生。该飞机上的 74 人中有 69 人都死了，包括机长和副驾驶员。后来政府对这一事件的调查证实了副驾驶员是正确的，引擎的指示数确实是不正常的，机长本应该取消起飞的。部分是由于这个事故以及类似的事件，现在一些航空公司给它们的机组人员进行特别的培训，指导他们如何以更直接有效的方式就飞机的安全问题进行沟通。

在启动谈判之前，或者是在一场持续进行的讨论中表达自己的真实观点之前，如果你感到要"服从权威"，那么在决定是否服从权威之前应该仔细地研究一下形势。一定要根据基本的以利益为基础的正当理由，而不仅仅是你对手的头衔或者地位来确定你是否服从或者让步。

小结

关于标准、规范、立场基调和权威的论据是谈判中的支柱。但是，实际上本章引用的所有案例都说明了另一个关于公正和一致性的标准的重要道理：除非议题相对较为无关紧要，或者谈判者具有极高的社会地位，否则仅凭权威标准和简洁的立场基调，很难战胜雄心勃勃的谈判者。

当涉及重大利益时，人们做出让步，倒不是因为被对手发现他们的说法前后不一致，也不是因为他们认识到对方的观点更有说服力，而是因为经过仔细的权衡之后，他们认定让步的幅度在力所能及的范围之内，并有助于他们实现自己的目标。本章一开始引用的 J. P. 摩根的说法就总结了这一点：人们做事通常有两个理由，好的理由和真实的理由。

换言之，一个支持你立场的合理观点能使你的要求看起来合情合理，并且能够得到对方的关注，但是仅仅是这个理由本身还不足以实现谈判的胜利。你的要求也必须处于另一方的能力和利益范围之内，而且你应当采取有说服力的方式向对手表明你希望采用的标准。总之，必须要两种因素必须共同发挥作用，才能决定一个合理价格：买者愿意支付的价格和卖者愿意接受的价格。

在两头猪的例子中，谈判中一个非常重要的部分就是盗窃了祖传的锣。由于锣是重要家神的栖息之处，这种行为无异于是贷方儿子采取的劫持人质行为，由此提高了借方解决争议的紧迫感。然而，这种盗窃行为也使贷方在调解的老者前丢了面子。正是这两个因素促使争议得到最后解决，借方偿还了对方要求的五头猪，而贷方最终只得到三头猪。

甘地在南非与火车列车员的争论也并非是甘地成功的全部原因，英国人的存在使甘地获得了优势。列车员面临着让他不安的选择：要么将甘地赶出车外，使自己与一位高贵的并且可能有权势的英国公民发生口角；要么对这种情况置之不理，然后再抱怨某人非法地将头等车厢的票卖给了苦力。总而言之，正是列车员从自己的利益考虑才接受了甘地可以乘坐头等车厢的理由，并且避免了一场公开冲突的麻烦。

获得规范性优势一览表

- 研究可以应用的标准和规范。确定对方会认为是合情合理的标准。
- 准备好支持你方观点的数据和论据。
- 预计对方可能提出的理由。
- 准备好自己的立场基调，并预计对方的立场基调。
- 如果有必要，可以考虑在同情你方立场的观众面前提出你的观点。

BARGAINING
FOR
ADVANTAGE

| 第4章 |

第四个基本要素：关系

> 如果你公正地对待别人，那么别人也将公正地对待你，至少 90% 的情况是如此。
>
> ——富兰克林·罗斯福

> 留下好名声，将来总会有回报。
>
> ——肯尼亚民谚

谈判是人和人之间关于目标、需求和利益的活动。因而在谈判桌上培养并处理好人际关系是高效谈判的第四个基本要素。好的人际关系可以提高人与人之间的信任度和信心，减少不安，便于相互间的沟通。

关系有助于我们实现目标，也可以促使我们改变目标。例如，我们大部分人向一家大公司索取的一项专业服务的要价，与向好朋友索要的价格是不同的。在本书导言中，我讲了一个简单的谈判例子。邻居的女孩为了凑钱参加学校的远足活动而销售柑橘，我和她之间进行了一场谈判。为什么我会买下所有水果呢？其原因在于我们两家之间的关系。

人类关系的核心是脆弱的人际动力（interpersonal dynamic）：信任。

双方如果互相信任，交易就能达成。反之，买卖谈判就更加困难，交易就更加难以执行，并且随着环境和动机的变化，交易也变得更加脆弱。

那么，创造并维持谈判中的信任的秘密何在呢？源于人类行为中一个简单而又普遍的规范：互惠原则。

互惠原则

阿尔文·古尔德纳（Alvin Gouldner）博士将通常的互惠义务描述为："人们之间彼此欠下的义务，它并不是作为人类，或者作为一个集团的成员，或者甚至是一个集团内各种社会身份的人所应该承担的义务，而是由他们先前的行为造成的。我们欠其他人某些东西是由于他们先前为我们所做的一些事情，是由于先前与他们互动的历史过程造成的。"

心理学和人类学对互惠原则的研究已经证实了它在所有种类的大大小小的交易中的影响力。人们更可能向首先给他们发贺卡的人寄圣诞贺卡，给向他们赠送小礼物的组织捐赠慈善捐款，给那些先前向他们做出让步的对手做出谈判让步。

当我们彼此互惠，留下的这种记忆就会很长久。两个事业搭档在许多年里常常都会互相帮助对方的工作。1985年，墨西哥城遭遇了一次严重的地震，之后埃塞俄比亚向其捐助了大额救济金。为什么呢？因为1935年当意大利侵略埃塞俄比亚时，墨西哥支持了它。作为回报，埃塞俄比亚现在也大力支持墨西哥。

我们也保持短期的互惠关系。通常的商业谈判中，我们总是一点点地透露自己的信息，并且逐步调整自己的目标。我们可能会说："我已经向你透露了一点自己的要求，那么现在应该让我们听听你的要求了。"或者我们会说："我已经做出了最后让步，现在轮到你了。"

守旧的经济学家常常难以理解交换关系中诸如互惠规则之类的作用。他们认为，每个人总是全力以赴地从每个交易中得到自己所能得到的最大利益。老练的谈判者和商人对此却理解得更深。他们知道,基于互惠的稳定关系和可靠的交际往来是经济利益和个人满足感的巨大来源。业务伙伴之间一点点的个人信任比得上正式合同和履约保证中上千磅的价值,而且如果被其他人当作一个值得信任的人,也会为我们获得未来更多的商业机会,同时也让我们赢得了自尊。

J. P. 摩根交了一个朋友

美国商业史中一个很简单的例子可以帮助我们理解互惠原则在谈判中发挥的作用,这个例子就是两个美国商业大亨安德鲁·卡内基(Andrew Carnegie)和J. P. 摩根的故事。

卡内基是19世纪末伟大的钢铁大亨,他在自传中提到了与银行家J. P. 摩根的一个故事。这个故事是关于两人在事业初期时,摩根如何与卡内基建立"特殊的"商业关系的。

在1873年的金融恐慌中,卡内基急需现金来偿还自己的债务。摩根察觉到这个可能有利的谈判机会,因而询问卡内基是否愿意以合作的形式出售股份,而摩根家族先前已经进入了卡内基的企业中。

身无分文的卡内基很快就答复了,愿意"为了拿到现金将任何东西卖掉"。摩根问其价格,卡内基说他很乐意以合作的"名义"将价值5万美元的股份售出,此外再加上1万美元的利润。摩根同意了,两个人就此达成了协议。虽然6万美元与两个人在市场交易中的百万美元买卖相比差距巨大,但是在1873年这一数额还是非常大的,等同于现在的几十万美元。

第二天,卡内基拜访摩根,要取走自己的钱。令其吃惊的是,摩根给了他两张支票,一张是6万美元,另一张是1万美元。

看到卡内基一脸惊奇的样子,摩根解释道,他自己看了合伙企业的账户情况，发现卡内基在自己拥有的"股份"上犯了错误——"股份"值6万美元，而不是5万美元。因而，摩根除了为"股份"支付6万美元外，还要加上前天同意的额外1万美元的利润。对此，卡内基感觉很不安。

"好的，你是个值得敬重的人。"卡内基说。当他将1万美元支票还给摩根时说："请你接受这1万美元。"

"不，谢谢你。"摩根回答道，"我不能这么做。"于是卡内基收下了这7万美元。

摩根使卡内基避免了1万美元的错误，这件事情给卡内基留下了深刻印象。在自传中，他继续写道，从那时开始他就决心"不论是摩根本人、摩根父亲或者他的儿子，还是他们的房子，永远都不会遭受到痛苦，因为他们有我这个坚定的朋友的保护"。

摩根可以完全合法地以5万美元买下卡内基的股份，但是他拒绝这么干，为什么呢？因为他看到了一个机会，可以将他和卡内基的关系建立在特殊的基础之上，这个基础高于市场上"各顾各"的契约模式。

这里，请注意人际关系的动力：摩根没有像一个热情的、有人格魅力的人一样，做了任何事情来增进自己和卡内基的感情。他只是利用机会向卡内基传递了一个信息：他是值得信任的，给卡内基两张支票以着重表明自己在做事上也是值得信任的。1873年之后，这两个人共处了好多年，在商业事务上他们能够互相信赖，由此所赢得的好处远远高于那天所交换的额外的1万美元的价值。

"最后通牒的游戏"：公正的考验

谈判中的互惠原则归根到底可以等同于一个简单的、三个层次的行为准则。第一，你应该总是让别人觉得可以相信、可以信赖。如果你自己都没能做到这一点，那么就没有什么权力要求别人如此。第二，你应该公平地对待那些公平待你的人。这个简单的规则能够维持大部分颇有成效的谈判关系。第三，当你认为其他人对你不公正的时候，你应该让其他人知道。不公正地对待、忽视或者不给予报答都会带来自私的利用行为，随之而来的就是彼此的憎恶和关系的彻底瓦解。

我来说明一下这三个规则在谈判中作为"公正行为的规范"所起到的作用有多大。谈判研究者经常用到一个简单的试验，即"最后通牒"来证明人们对谈判关系中的平等和公正的观念有多么敏感，步骤如下。

假设你正在酒吧，身边坐着一个陌生人。进来了一个人，交给陌生人100美元。并且告诉你们两人，如果你们同意分这笔钱，那么你们都能够得到想要的数额。规则如下：陌生人必须先给你 0 ~ 100 美元的任何数额的钱，然后你要么接受，要么拒绝——不允许讨价还价。如果你接受了，那么这 100 美元就按你同意的数目进行瓜分。如果你拒绝了，那么你们两个人都将拿不到任何钱。在第一轮的游戏之后，陌生人将再拿到 100 美元继续玩这个游戏。

现在假设给你选择的数额如下：陌生人要拿到 98 美元，你拿到 2 美元。你是拒绝还是接受呢？虽然 2 美元比什么都没有拿到更好，但是在谈判试验中——即便是只有一轮这样的游戏——许多人都拒绝这种明显不公平的分钱方式。事实上，一些人一直拒绝接受总数额的 25% ~ 30% 的分钱方式，为什么呢？因为这种分法不是"公平"进行的，通过"拒绝"接受就可以惩罚那个提出不公正出价的人。确实是这样，当你拒绝了 2 美元时是损失了一些钱，可是对方损失了 98 美元。许多人认为，为了坚持"公平"而损失一些钱是值得的。

在两轮的游戏中，人们趋向于坚持公平的这个结论得到了事实的进一步支持：我们在第一轮游戏中的行为影响到对方在第二轮游戏中对待我们的方式。假设你在第一轮中接受了陌生人提出的 2 美元，现在这个陌生人（不再是陌生人了）又拿到100美元，你认为在第二轮中他会给你多少呢？很可能是2美元。但是如果你在第一轮中拒绝了他的出价，那么在第二轮中他可能怎样出价呢？可能多于2美元，并且有可能多达50美元。在第一轮中，如果你坚持公平，将会为未来回合中你们之间建立公平、平等的规范奠定基础。

现在想象一下，如果陌生人并不贪婪，而是很公平，给你的出价是50美元。几乎每个人都会乐于接受这种分钱方式。将100美元对半分明显是公平的，因而赢得了积极的响应。你和陌生人可以一直继续将这个游戏玩到夜晚，一直到供应钱的人疲倦不堪地回家。

最后，假设陌生人将100美元中的55美元给你。本质上看，这正是1873年金融恐慌中 J. P. 摩根为安德鲁·卡内基所做的事情。你可能像卡内基一样，努力回报5美元给你这个慷慨的新伙伴，以保持双方的公平、平等。但是游戏的规则并不允许你回报对方，因而你不得不接受55美元。

你可能也开始思考与其他一些略微有所不同的人之间的关系。你可能"欠"那个人一些东西。在 J. P. 摩根为卡内基挽回了1万美元的错误后，卡内基面临着需要找到一种同类的互惠方式来回报。由于没有直接的机会，因而他决定将摩根作为将来的一个坚定的朋友。

从以上互惠原则如何发挥作用的例子中，得到的经验是很清楚的：你在某种情形下拥有的权力并不意味着你能够聪明地利用它。事实上，J. P. 摩根的做法是更加聪明的一种做法，把这种情形当作一个建立未来长久关系的机会。慷慨带来的是慷慨，公正带来的是公正，不公正的做法会带来一个有力的回击。这就是关系中的互惠原则。你也可以通过依靠互惠原则来帮助你在谈判中交流信息和做出让步，但是总要一步步地来。在你采取了一项行动之后，要等到对方做出互惠行动之后，才能够继续采取行动。互惠原则是谈判桌上恰当行为的可靠指导。

谈判计划中的关系因素

人的行为总是复杂的、难以预测的。不论你与对方的关系有多么稳定,在谈判中你必须每时每刻牢牢地抓住信任的问题。这就意味着你必须养成习惯,回顾把关系因素作为高效谈判计划中的一个常规部分。

那么如何能够做到这一点呢?一个人的生活经验可能有助于说明这点。这个故事涉及一个美国商人——我叫他巴里(Barry),他参加了沃顿经理谈判研讨班,并且后来我向他提出过一个关于复杂的全球贸易买卖的建议。为了保密,我得改一改这个故事的一些情况,但故事本身是真实的。

巴里仅 35 岁,是俄亥俄州一家资产达 2500 万美元的化学工程的家族企业董事长和首席执行官。他精力充沛,很有干劲,并且有极强的竞争意识。在他的领导下,公司发展得繁荣兴盛,而且规模不断扩大。

巴里给我打电话是因为他正和一家瑞士大企业商讨可能建立一家合作企业,需要一些谈判的建议。这家瑞士企业希望利用巴里公司开发的一种独特的化学配方,创造出一种完全新颖的产品生产线。这种产品拥有巨大的全球销售潜力。如果这笔交易能够达成,那么将会令巴里目前的生意相形见绌,而且很快就能够带来不少于 1 亿美元的利润。

巴里对于这笔交易是否能够达成很着急,但是在推动谈判进展上他也有困难。他特别关心的是,是否应该首先给公司的化学配方开价,或者是等待瑞士公司提出它的估价。

巴里将他和瑞士公司之间的信件以及多次面对面会谈的记录给我看,然后我们就当前的形势长谈了几次。这笔买卖中存在许多有意思的交易条件、价格争议和可能的结构。但是当我研究了形势之后,得出的结论是,最重要的战略问题是在双方的关系上。

首先,巴里和他的对手——年纪稍微比他大的一位瑞士经理——在瑞士公司向巴里公司咨询该技术之前,彼此是陌生人,没有打过交道。当我翻阅他们的信件时,我感觉很震惊,因为瑞士经理——我叫他卡尔

（Karl）——几乎在所有书信和谈话中都包含着要求平等的语气与"我们能够自己设计出配方"的意思。相反，巴里的回应中充满着竞争和提防，主要集中在诸如将来可能出现的争议问题以及瑞士公司可能盗窃巴里公司技术的风险上。从研讨会开始我就知道巴里是个竞争型的谈判者，而且他的行为表现也确实如此。

此外，巴里的记录反映出他的挫折感源于没能够使卡尔在各种会议中谈论交易的具体问题。他怀疑瑞士公司行为诡秘，可能还有其他不可告人的目的。

我并没有忽视这种可能性：瑞士公司一方也可能正产生怀疑，但是像巴里这样的竞争型谈判者难以在面子上给对方做出让步。虽然人们知道行为审慎一些是值得的，却常常习惯于按照过去的方式行事。我详细地询问了巴里：当他和卡尔在非正式谈话和社会情形中，卡尔的行为表现如何。随后我根据大量信息，猜测卡尔是个既公平又具有创造性的人，如果巴里能给他一次机会，那么他会是一个真正想解决问题的人。

我建议巴里放轻松点，要像对待一个可能的同伴一样，而不是像对待潜在的扒手一样来接近卡尔。

我怀疑巴里正面临的谈判拖延可能正是卡尔所需要的：要构建出更好的人际关系，为长期的业务创造机会。由于巴里只关注目前的交易，因而未能察觉到这个未来可能的瑞士朋友向他发出的大量信号。

虽然我能认识到这点是很重要的，但是交易中最重要的关系问题仍然摆在前面。和巴里的四次谈话中，有一次他提及的某些事情促使我问他：你和公司的首席执行官以及公司主要所有人你的父亲之间的关系如何。由此，我才知道了巴里的诸多挫折与焦虑。公司的创办者巴里的父亲与巴里相处融洽，但是在重大的业务问题上他不会放弃自己的控制权。

当争议问题出现时，巴里父亲避开这个话题，对需要解决的配方问题提出过高的、不现实的期望，以便从配方中得到的资金能够"在我去世之后照顾好你母亲的生活"，并且微妙地暗示，他并不是非常相信巴里能够谈判出最有利的交易结果。

无疑，这就出现了巴里与家庭关系中的一些复杂的、重要的争议。很明显，即便瑞士公司开出的价格很优惠，但是由于巴里的父亲可能担心会丢失公司的控制权而导致交易落空。当我和巴里集中谈论这个问题时，我们都认为，如果没有理清家里的关系，那么与瑞士公司达成交易的概率很低。

有趣的是，当巴里的父亲正避开与瑞士公司现实地讨论这笔交易时，巴里自己已经避开与父亲在潜在的控制权问题上对抗。商业中的家庭关系既可能是最值得信赖的，也可能是人们所能想象到的最能引起激烈争论的关系。巴里的家庭已经形成了一套微妙的争议避免机制，意志坚定的家长会尽可能地将引起激烈争议的风险保持在最低。

大约在接下来的一个月，交易谈判开始有所进展。巴里去了一趟欧洲，与卡尔谈了几天。这次他开始与卡尔发展个人关系，而谈判正是在这种情况下进行的。着实让他吃惊的是，在即将结束欧洲之行的一个晚宴谈话中，卡尔临时将巴里公司配方的可能价格范围缩小。经过一段时间的讨论，双方达成的价格比巴里先前想象的要高得多。

与此同时，在家庭关系方面，巴里与其他家庭成员和一个委托的财务顾问谈话，讨论父亲拒绝接受这场交易对于公司产生的后果和影响。巴里认识到，在推迟控制权的问题上，他和父亲一样负有责任，但是他决定将问题向前推进。当母亲私下同意应该做点什么时，巴里也就获得了一个重要的支持者。

总之，巴里的谈判问题既是谈判桌上的，也是谈判桌外的重要关系问题。只有当巴里开始在交易的资金条件和"人"的问题上同样重视时，才能够取得真正的进步。对许多重要的谈判来说也是如此。

私人关系与工作关系

在1873年金融恐慌事件之后，J. P. 摩根和安德鲁·卡内基之间的关系有了一定程度的互信。但是这种关系是个人之间的友谊还是工作关系呢？那么巴里和卡尔之间的关系呢？工作关系和私人友谊之间的细微差别能够对谈判方式产生重大的差异。

由于谈判研究项目的需要，我曾经采访过一位投资银行企业的领导人。此人在加入该公司前是一名企业家，在其事业生涯中曾经亲自做成了成千上万次交易。我问他什么方面的因素是令他感到最头疼的。

他想了一分钟之后回答道："走进谈判地时，发现谈判桌对面是你的朋友。"

我很吃惊于他的回答，问道："为什么这会是一个问题呢？你们互相了解不是对谈判很有帮助吗？"

那位银行家回答："我的工作就是为客户挣尽可能多的钱。看到一个朋友坐在谈判桌对面让你担心其他事情——友谊。当你担心失去一个朋友时，你就很难干好你的工作。"

研究证实了这位银行家的直觉。事实上，两个谈判者之间的私人关系越紧密，就越有可能根据一些简单的、大致平等的妥协，来最小化彼此的冲突从而达成交易。

许多年前，三位教授做了一项谈判研究，以观察约会双方（dating couple）是如何进行讨价还价的。他们还把同样的讨价还价问题——购买转售的三种不同电器，给 74 对正在约会的朋友以及 32 对陌生男女。

在谈判风格上，约会的朋友比陌生男女更为"温和"：他们开始谈判的目标更为适中，做出更大让步，更少发生争论，他们更经常地告诉对方谈判的真实立场。总之，与陌生男女相比，他们对对方更好，并且也是靠直接的、简单的妥协来达成协议。

然而，他们这种"温和"的风格也要付出一定代价。他们在找出潜在的、相互有利的交易结果上，比陌生男女取得的谈判成功更小。为什么呢？因为与更具竞争性的陌生人之间的谈判相比，他们在所有问题上都集中于一些简单的、平等的妥协，很少去解决问题和探索解决谈判的优先问题。正如在第9章中我们将看到的，高效的谈判者很在乎"公平"，但是他们也同样坚持自己的目标。他们推动对方帮助自己找到最佳的解决方式，而不仅仅是最简单的妥协。

第二项研究证实，当朋友之间开始谈判时，彼此都更为"温和"。这项试验是让试验对象说出他们会为诸如旧电视或者音乐会门票等商品支付的价格。在每个试验中，要告知试验对象所销售商品的公平价格的范围（例如，试验对象被告知，他们想得到的或者想卖出的音乐会门票的公平价格为10～26美元）。在某些情形中，他们被告知其商品是卖给他的朋友；在另一些情形中，则被告知是卖给陌生人。

试验结果证实了我们的直觉，关系因素导致了结果的重大差异。向朋友销售商品的开价趋向于比"公平价格"（fair value）更低（价值10～26美元的音乐会门票以15.50美元售出）。当试验对象从朋友处买来一些东西，则其购买的价格处于中间值（如上面的音乐会门票以17.50美元购买），而试验对象也预计谈判会更放松，不会拖延不决。而与陌生人的谈判价格要么非常高（如上面的音乐会门票以24美元售出），要么非常低（以14美元购买到音乐会门票）。很明显，试验对象预计谈判工作将更为繁重。

因而，当我们在谈判遭遇战中应用利益分配原则时，与他人的关系发挥着重要作用。如果我们与谈判对手的关系紧密，就会促使我们采用"平等"或者"均等共享"（equal sharing）规则。如果面对的是陌生人，则导致我们预计并且表现出更具竞争性的自私行为。

另外是否存在介于朋友和陌生人之间的某种关系呢？答案是肯定的。在这两个极端之间，存在着所谓的工作关系，也就是日常业务往来中的交换关系。这种关系是基于一定程度上的信任和互惠，并且都基于谨慎的考虑：双方寻求的是自己的最佳利益。工作关系在某种程度上比友谊更为正式。这一关系在相对较重要的利益上存在明确冲突时也能够得到维持，它们的存在更少地取决于情感上的支持和"喜好"上的相似，而更多地取决于一系列交换中明确的互惠往来。根据我的猜测，J. P. 摩根和安德鲁·卡内基之间正是形成了这种高度信赖的工作关系。

建立工作关系的心理战略

人如何才能建立为发展工作关系所必需的互信呢？许多战略都有助于达成互信，但是应该记住：行为上的真诚是高效地达成任何这类工作关系的关键。如果人们认为对方正在努力操纵他们，则不可能做出善意的回应。

相似性原则

从最表面的层次上看，一个简单的心理事实是：我们更趋于相信那些更频繁地出现在我们面前、更为熟悉的人——那些与我们行为相似，与我们有大致相似的利益和经验，并且与我们共同认同于相同群体的人。

是否还记得第 3 章中圣雄甘地在南非乘坐了颇有争议的头等车厢的故事？站长给了甘地头等车厢的票，并说："祝愿你旅途顺利，我知道你是个绅士。"

甘地与站长之间并没有私人关系可以使他排除获取车票上的困难，但是他确实利用了相似性的基本原则来帮助自己。相似性原则可以应用在诸如沟通风格以及外貌和群体的成员身份等谈判方面。在我指导巴里如何更好地与卡尔建立关系时，我主要的努力就是让他同卡尔建立合作型沟通的方式（强调交易的积极方面，并且努力谈论共同利益）保持一致。只要巴里能开始压制住自己更明显的爱好竞争的行为，转而采用合作型的沟通，那么交易的谈判就能取得进展。第 8 章是关于在谈判的信息交换阶段如何建立亲善关系的，其中更加细致地探讨了相似性原则。

礼物与善意的作用

要鼓励建立工作关系中互信的微妙过程，另一种久经考验的方法就是，给对方某些作为善意（favor）象征的东西。回顾一下本书一开始就讲述的两个例子。第一个是关于哈考特·布雷斯·彼得和大众电影之间的买卖。正如你所回忆的，谈判开始就遭遇了一点惊喜：HBJ 的首席执行官彼得给大众电影的迪克·史密斯一件象征性的小礼物——一个刻有 HBJ 的手表。更重要的是，他给了史密斯某些信息——彼得承认大众电影是收购其公司的"恰当的"买主。虽然这种举动会带来一些风险，但是其意义更为重大。

第二个例子是关于坦桑尼亚两个阿鲁沙族邻居的领土争议的解决。谈判一开始，双方就提出极端的要求并严厉谴责对方。以阿鲁沙人的话来说，这两个邻居是在"漫天要价"，但是谈判最后以交换礼物——一头小羊羔和一些自制的啤酒而结束。

在这两个谈判中，礼物促进了双方重要的沟通，有助于建立互信，它们是双方潜在关系的象征。HBJ 手表有助于彼此陌生的商人之间开始发展关系，而羊羔和啤酒则有助于两个邻居重建长期关系的秩序。

J. P. 摩根给安德鲁·卡内基的好处就是使他避免犯下 1 万美元的错误，这也是一种礼物。并且与礼物一样，摩根的这种善意就促使双方的互惠关系开始运作起来。

行为经济学家认为，这种礼物，特别是不相关的陌生人之间的礼物，常常是愿意为未来关系投资的一种信号。从某些动物的求爱行为到像 HBJ 的例子等商业兼并中的赠送礼物，它们都被看成是此类意愿的信号。礼物、善意和体贴地关照其他人的感情都是有助于建立并维持紧密私人关系的方法。这种相同行为在谈判桌上也有象征意义，即便这种关系在性质上比私人关系显得更具职业性。

信任与关系网络

要在谈判桌上建立一定程度互信的第三种方法就是通过关系网络的运作,这种关系网络常常有助于我们获得渠道和可信度,然后影响我们试图影响的那些人。一个起码的事实是:我们与对手彼此认识可以使我们看上去更为熟悉,并且能够建立最低程度的互信。如果我们的对手知道某些人特别能够证明我们的可信度,那么这将促使他们更有信心地认为我们将会公正地对待他们。

世界上的许多文化都有关于关系网络运作的、明确的、高雅的观点。日本人第一次遇到潜在业务客户并交换名片时,都有一套礼仪规则。双方都要鞠躬,并以某种方式持着名片,而且严肃地对待此事,因为这能够促进双方根据互相尊重的互惠姿态开始建立关系的过程。

当我研究日本人的谈判做法时,了解到日本企业常常将它们年轻的经理派出一些时日去搜集尽可能多的名片。为什么呢?因为一旦交换了名片,未来双方都可以随意地给对方打电话,而不会遭遇尴尬。亚洲人的关系网也伴随着义务性的相互馈赠的小礼物,这样就加强了这些关系的互惠特征。日本甚至有送礼顾问,即帮助人们决定哪种礼物在某种商业情形下是否合适的职业。一旦送礼成功,谈判就只是双方长久发展关系中的一个小插曲,各方不再需要太担心信任的问题。

关系最强的含义体现在家庭方面。但是,它从这个核心含义向外扩张,包括了所有承担互惠利益和义务的任何关系。

粗心大意者的关系圈套

关系能够以我所谈到的所有方式对谈判成功起到关键作用,但是它们也会给谈判带来巨大的风险,特别是公正、理性的人会在谈判桌上陷入"骗子"设置的花招和圈套中。当涉及的利益很小时,被这些花招欺骗能够让你从中学到一些简单的经验：就当给自己犯下的错误留个教训，下次就会更细心。然而，当涉及重大利益时，你可能就没法承受这种教训了。下面就是一些应该注意的常见圈套。

很快就信任对方

合作型的人认为，大部分人和他一样都是公正、诚实的。由于他们不想表现得很贪婪或者多疑，因而在谈判冲突中过早地愿意承受很大的风险。当另一方谈判者首先提出大量资金或者履行承诺的要求，同时却没有对自己履行谈判承诺做出足够的保证时，就会发生这种情况。

这里提供的解决办法就是你要慢慢地、一步步地和对方建立信任关系。如果你能够利用关系网制约对方退出谈判，那么这种办法就会很有帮助。如果不可能实现这一点，在你冒着很大风险做出重大让步之前先做一点儿小的让步，看看对方是否会基于互信在一些需要他们履行的小事上做出回报。如果对方通过了这一考验，那么你就可以据此采取下一步行动了。

互惠圈套

骗子能够操纵互惠的规范，引起好心人的义务感。我们很多人平日里遭遇各种各样的诈骗高手时都经历过这种情况。对于机场里给了你一束花然后要你施舍一点财物的人，你怎么办呢？你可能试图把花还给他们，但是他们坚持让你收下。虽然你很生气，但是你也感觉自己背负上了义务。这只不过是一个精心设计的互惠圈套，用来骗取远远高于花的价值的施舍。

在谈判桌上，要注意那些做出一点让步，然后要求你作为报答而做出更大让步的人。同样地，要警惕那些透露了自己一点点的信息，而要求你泄露整个投资方向（position）和成本结构的人。

很明显，这些都是不公平的交换，但是由于互惠的规范如此强烈地深入我们许多人的内心，以至于我们做出回应的交换内容更多。一旦对方向我们做出点合作的举动，我们就感觉不得不给予回报，我们常常没有停下来考虑他们关于如何做的建议是否真正明智或者合适。

如果当你感觉到被迫需要回报对方而同时又感觉有点不太对劲时，那么休息一下，在做出下一步之前考虑总体的状况。是否你真的欠了对方一些东西或者是你陷入了互惠的圈套？

在利益攸关时与朋友谈判

正如先前提及的，在利益攸关时与朋友和爱人谈判是一件糟糕的事。亲密关系的人趋向于依靠平分规则（equal-spirit norm）来分配利益。在100美元的"最后通牒游戏"中，他们每一场都是以50美元对50美元的方式进行利益分配的。

正如许多关系破裂的商业搭档的情况所表明的，非常高的利益能够带来亲密朋友或合作伙伴之间的欺骗。假设在最后通牒游戏的最终一轮中，游戏的资金被提高到1000万美元。现在你的朋友面临着选择如何给你出价。你认为他会因为考虑到你不会拒绝钱的这种分法，并且决定为了900万美元而舍弃你们的友谊，而给你出价100万美元或者50万美元吗？可能此时很难就人性说些什么了，许多人可能就会被引诱上钩。

当涉及的利益提高，给亲密关系的人最好的建议是在谈判艰难的分配问题时能够寻找帮助。平等的规范（诸如"根据投入分配好处"或者"根据风险分配好处"）可能相对于平分来说是更恰当的分配规范。

即便双方都是善意地参与谈判，但是平等的规范可能无法开发大量领域内的潜在价值。积极地解决问题比只是妥协往往能带来更多的收益机会。如果把双方关系的考虑置于谈判之上，那么将无法收获这些潜在的收益。

然而，当利益攸关时，将谈判任务委托给专业的顾问常常是一种明智的办法。如果这种办法听起来显得双方关系过于对抗了，那么找一个双方都信任的顾问作为协调者或者中间人，可能会有所帮助。这样的中立方能够确保双方调动起所有的智慧来使交易最大化，同时不伤害两者之间的未来合作。

小结

关系因素是你作为谈判者能否取得成功的能力中的关键变量。以下一些提示有助于你从每次谈判的关系中获得最大收益。

关系因素一览表

- 通过关系网获得渠道和可信度。
- 采用诸如礼物、善意、透露或者妥协等小步骤与谈判对手建立工作关系。
- 避免互惠与关系的圈套，诸如过快信任对方、让对方使你感觉内疚以及将私人友谊和大宗买卖混淆在一起。
- 一直要遵守"互惠原则"。
    - 要让别人觉得你可靠、值得信任。
    - 公平地对待那些公平对待你的人。
    - 当对方对你不公平时，要让他们知道这一点。

BARGAINING
FOR
ADVANTAGE

| 第5章 |

第五个基本要素：对方的利益

> 我们之所以有饭吃，并非因为屠夫、酿酒师或面包师的仁慈，而是因为他们自己的利益。
>
> ——亚当·斯密（1776）

> 如果说成功有什么秘诀的话，那么就在于具备吸收其他人的观点以及从自己和他人的角度来看问题的能力。
>
> ——亨利·福特

高效的谈判者都表现出一个非常重要的特点：具备从对方的角度看待问题的能力。如果想要在谈判桌上取得胜利，你必须学会反问自己，什么样的立场才能符合对方的利益，以便有助于你实现自己的目标。然后，你应该找出对方拒绝你的立场的原因，这样就可以尽可能地排除对方的反对。理解对方真正所需要的东西是以信息为基础的谈判（information-based bargaining）中的关键，这一点听起来容易，做起来却难。

我过去曾经给一家美国医院提供过建议。该医院正为一家国外制药公司的新药做临床试验。只有经过美国食品和药物管理局（FDA）的测试，该药才能在美国使用。这家国外制药公司拒绝按照 FDA 的要求来进行试验，而 FDA 希望能够采用其规定的供参加药品试验的病人所使用的表格，该表格包含大量的意见信息。可是国外公司却固执己见，偏要采用自己的表格。它们之间的争执威胁到整个项目，因为如果采用的是错误的表格，FDA 则可能最终拒绝接受试验研究中所有的发现结果。

由于医院与这家国外企业之间存在着共同的巨额利益，因而这个争议就显得更加离奇。双方都希望项目能够取得圆满成功，可是这种争执却可能导致上千万美元利益的损失以及双方专业声誉受损的危险。

谈判一直都表现出将要失败的迹象，直到我询问医院的研究主任：这家国外医药公司里有权力说"不"的具体决策者是谁。这个问题促使主管将注意力集中在了具体的某个人身上，而不是"客户"身上。结果发现，这个人原来是一个没有美国医疗经验、国外公司自己培养的内科医生。随后，我就问为什么这个特殊的内科医生会说"不"呢。

突然间，他们就找到了大量的理由。首先，这个国外的内科医生有与本国食品和药物管理局打交道的经验，而本国的 FDA 不会由于表格这类问题拒绝接受试验的最后结果。其次，在谈判中，医院方的代表是一位中层的项目经理，此人不是内科医生，并且与国外医生之间没有建立职业上的诚信度。内科医生在职业上存在等级制，而国外内科医生的国家文化巩固了这种趋势。最后，研究主任推测，国外公司想要采用自己的表格，其原因是如果使用此类表格，企业在试验研究中能够招来病人，这是一个关键要素，至少在内科医生的心里是这么想的。

从这些想法上看，没有任何一个理由一定会导致各方之间的冲突，这些理由也提出了一些推进谈判的建议。现在的问题是要如何说服制药公司。应该要有足够具备说服力的理由让这个为客户工作的内科医生信服，因而这个理由的来源一定是可靠的渠道（最好是来自一个对美国医药批准流程熟悉的本国内科医生），要让他知道 FDA 对这项要求的态度是很坚决的，而这家医院与国外的内科医生有着广泛的联系。这样，谈判就又开始启动了，谈判的僵局也就打开了，也就有了继续推动谈判的战略。

发现对方的目标

美国一家发展最快的银行的执行总裁曾经解释道，准备谈判的最好办法就是："你得跳出自己的需要和需求，并且要知道对方在乎的所有东西，这些东西并不总是指钱。"企业家 H. 韦恩·休伊曾加也持相似观点。正如休伊曾加的一个同事描述他的谈判准备过程："他善于取得谈判成果，是因为他知道如何对待别人。他常常会研究或思考谈判桌上的对手，并且可能因为考虑到对方的利益所在，就在一两天内改变主意……"

高效的谈判者能够学习到各种各样的技巧与才能。从高效的领导者那里，他们学会要给自己设定具体的高目标；从优秀的辩护者那里，他们学会根据标准和规范来阐述自己理由的技巧；从高效的销售员那里，他们知道了要重视培养关系，并且要努力寻找自己与所要影响的人之间的相似之处。研究显示，具有理解谈判对手观点的能力是所有这些技巧中最重要的，而且也是最难在实际中使用的。

为什么理解对方观点会如此之难呢？有三个原因。首先，大部分人都或多或少地有一个共同的人性上的不足：我们总从自己的利益角度出发来看世界。如果我们支持福利改革，那么我们就趋向于注意到人们是如何利用福利系统来获取好处的。如果我们反对这项改革，那么我们就会关注到无家可归的人是多么的悲惨，以及如果福利政策改变，他们的状况将如何变得更加恶化。

谈判理论家称这个为成见（partisan perception），这也正是医院临床试验的医生的主要问题所在。他们认为自己是"对的"，而客户是"错误的"。其实，他们应该退后一步，寻找一下自己没能够理解顾客想法的原因所在。不论谈判的是什么问题，通常情况下如果双方都能够理解对方，则容易取得谈判成果。

其次,即便是宽容大度的人,在谈判中也会带有某种程度的竞争姿态。说得通俗一些就是,在谈判桌上存在利益冲突。这就使我们在准备过程中相当自然地关注利益的差异,由于带着竞争性去看待彼此的利益,因而不会去考虑对方所说和所做的事情。医院的主管认为,一定是某种利益的冲突才导致对方坚持自己的立场。由于他们无法想到是什么利益上的冲突,因而就觉得很震惊。只有当我问了他们一个宽泛的问题"为什么他们会拒绝"时,他们才开始去找出引起谈判拖延的人的利益所在。

谈判学者马克思·巴泽曼(Max Bazerman)在一系列研究中证明了,人们在谈判中趋于把利益固定在竞争的方面。巴泽曼及其同事的研究已经表明,人们认为谈判主要是在瓜分一块固定大小的蛋糕。然而,通过寻求共同立场和不冲突的利益,谈判中常常有可能将蛋糕做大。第 1 章中双方以协作方式解决椅子的情况(chair situation)就是把蛋糕做大的好例子。由于超越了将 1000 美元进行瓜分的这种明显妥协的方法,只要双方行动得足够快就都能够挣得 1000 美元,问题解决者正是这样为双方都创造了价值。在第 8 章和第 9 章中,我将阐明议价的过程,这有助于你在谈判中为双方创造更大的价值。

最后,一旦讨论开始,推动谈判进程的动力本身常常会阻碍双方去找出共同利益所在。利·汤普森(Leigh Thompson)和一个同事为了发现人们是否善于在复杂谈判中找出共同的优先事宜和利益,分析了 32 个不同谈判的研究,其中涉及 5000 多人参与。结果非常令人吃惊:至少在实验情形下,人们在 50% 的时间里没能够在谈判中找到共同的目标所在。

由于在谈判过程中双方都欺诈对方,实际上得到了自己确实想要的东西却假装是在做出妥协,因而对共同目标的困惑就会大量出现。另外一些困惑来源于人们并不确定自己的真正利益和动机。在这种情形下,需要从对方那里来积极寻求共同立场。例如,人们几乎难以料想到,以上的案例中的国外内科医生会说:"由于你没有恰当的文化与身份证明以满足我的高标准，因而我不会听你的，不想和你谈判。"美国人要解决这个难题就需要好好地思考一下，需要注意到自己的挫折所在，看到国外内科医生表现出的不满，为了解释他的行为就需要推测。许多人都不愿意付出这些额外的努力。

除了所有这些障碍外，人们在谈判中难以一直关注着对方的利益，这一点并不令人吃惊。是否值得为了能够经常找到双方共同立场而付出大量的努力呢？大量研究结果表明，只要在你饱含热情地与对方相处之时没有忘记自己的目标，那么这种努力就能够得到丰厚的回报。

老练谈判者的准备行为

第1章讨论了拉克姆和卡莱尔对英国谈判专业人员的研究。他们的研究支持了这一观点：谈判者越老练，他就越有可能在制订计划时集中于各方可能的共同立场，包括解决办法的可行方案。这项研究结果是不同寻常的，因为它是研究者亲临了51个不同谈判者在实际交易中的计划制订的56个实际会议。先前，研究者就将研究对象确定为具有很丰富经验和谈判技巧的人。然后，将技术熟练的谈判者与被同行认为水平较为普通的谈判者所领导的计划制订会议进行了比较。

值得注意的是，普通水平及熟练的谈判者在关注自己目标和与对方发生潜在冲突方面，要比他们寻求如何能将蛋糕做大花费更多的时间。但是老练的谈判者集中在对所有可能的共同或者互补利益——谈判双方相同或者至少不冲突的立场上的计划制订会议的时间比普通水平谈判者高了4倍，占总时间的40%。较不老练的谈判者关注共同立场的时间只占了总时间的10%，其余90%的时间花在想出如何提出或者抵制需求，而这些需求正是由于诸如价格、权力或者控制等问题上的冲突立场引起的。

老练的谈判者关注的是双方共同的立场，因为这能导致结果的重大差异。与那些较不老练的谈判者相比，他们在规划阶段制订的解决方案的数量是前者的两倍，并且在预测对方将提出的方案上表现得更为努力。这两类人没有差异的地方是所受的正式教育水平，也就是说，这些谈判团体中都没有多少人获得商学院或法学院的高级学位。总之，要成为一个老练的谈判者并不要求教育程度多高。相反，要求的是经验、判断力和想象力。实验研究已经证实，能够更准确地判断对手利益的人与那些只关注自己目标的人相比，通常都能够实现更好的结果。

鉴于关注对方利益对于创造出更有利的交易机会具有重要作用，那么人们该如何去做呢？以下步骤将有助于你把自己的注意力放在对方想要实现的利益上，以及这些利益如何能够被利用于实现你的目标。

（1）确定决策者。

（2）寻找共同立场：它们如何才能服务于对方的利益，以便帮助你实现自己的目标？

（3）确定可能干扰协议达成的利益：为什么对方会说"不"呢？

（4）寻找既能够解决对方问题，同时也能够实现你的目标的低成本方案。

确定决策者

要理解对方需要的是什么，首先你必须确定谈判桌上的对手是谁，也就是决策者是谁。企业和机构有自己的政策、目标和关系，但是正如以上医院与临床药物实验客户之间争议的例子所表明的，谈判是人与人之间的活动。因而决策者的需求，包括他们的身份、自尊和自我实现的利益，将会推动谈判。我很吃惊地看到，人们在开始谈判之前常常会忘记找出这些关键人物。

在商学院，每个进 MBA 课堂开始两年学习的人都有一个简单的目标：毕业后能找份好工作。学生在第二年常常忙于面试，全国到处跑，并且总是在春季学期里才能够确定一个具体工作的待遇条件。

每年都有大量忧心忡忡地忙于最后阶段找工作的学生来咨询我。他们想得到一些关于如何解决诸如薪金、奖金、安家费等诸如此类的谈判议题的建议。

我的第一个问题就是"和你谈判的人是谁"。时常，他们是与企业中普通的岗位人员谈话，诸如人力资源总监或者部门招聘协调员，而执行招聘决策的是另外一些人。然后我就问："在招聘公司知道并且想要你的人中，是否有不仅仅只负责招聘的拥有更高决策权的人呢？"他们的眼睛立刻亮了。他们明白了，在谈判过程中需要采取主动，选择与能够制订或影响决策的人谈判，这些人对他们的工作有一个具体的需求。

许多年前我的一个 MBA 学生听从了我的建议，成功地说服了他的新雇主——一家美国南部的企业，帮助他付清在商学院的所有费用的债务，以作为他加盟公司的报酬的一部分，而该公司过去从未招聘过 MBA 的学生。他之所以能谈判成这笔非凡的交易，是因为通过安排直接与该公司的所有者在机场休息室内进行交谈，唤起了这个企业家当年作为债务沉重的学生经历的共鸣，并且他还表明，如果公司能够帮助偿还债务他将更加投入地为公司工作。他的要求之所以看上去很有说服力，是因为他费尽周折能够亲自与最终的决策者谈话，并且从对方的经验和利益角度来表达自己的要求。

寻找共同立场

当你清楚地知道对方是谁，那么就应该仔细地思考他的需要和利益是什么。你们之间是否存在共同利益之处？为什么能实现你目标的一项建议对于对方来说也是一个好的选择方案呢？

考察对方利益的一个好方法是利用一种被称作"角色互换"（role reversal）的技巧。例如，你正和老板谈判提拔问题。按照角色互换的方法，你可以暂时假装自己是老板，然后叫你的配偶、同事或者朋友来扮演你的角色。在向你的朋友简单地介绍了这个问题之后，你可以举行一个模拟会议以讨论晋升的问题。当你坐在"老板"的椅子上，就要问自己："提拔这个雇工如何能够服务于我的利益？"当这种角色扮演能够帮你得出很自然的结论后，写下理由为什么从老板的角度来看提拔你是合情合理的。然后与你的同事讨论这个结论，看你是否能够发现老板真正考虑的东西。

通常，必须有共同利益的牢固基础才能够支持一项有说服力的建议。事实上，即便是最有争议的情形也隐藏着一个令人吃惊的共同利益或冲突利益的核心。

我认识的一个经理最近涉入英格兰的关于许多医疗系统的一个兼并事宜的艰难谈判中。在首次会议上，谈判一方带了一把大斧头，并且放在谈判桌上，说道："如果我们能做成这个买卖，那么我们在竞争中将使用这个。"这是美国健康护理市场残酷竞争特征的写照，而斧头被看作是一个共同利益，但是这种姿态使谈判偏离了大家关注的起点。

以消费者的情况为例。我们大部分人都认为，向我们销售商品和服务的企业与我们在价格问题上存在利益冲突。我们希望支付的钱少一点，而卖者希望我们支付的钱多一点。事实确实如此，但是这并不是事情的全部。令人吃惊的是，许多消费企业还有其他利益，这些利益常常高于它们挣取更高利润上的利益：希望消费者一直是对企业满意的客户。这就是你和企业共同的利益所在，而且这个利益使你有机会要求得到各种各样的优惠。

我的一个谈判学生最近做了一项有趣的实验。在听完我关于共同利益的讲座之后，他给所有自己订阅的杂志打免费电话，并且要求能够打折。请注意：他并没有威胁杂志社要退订杂志，而只是要求得到杂志社给其他消费者一样的最低折扣。许多情况下他都需要向主管提出这一要求，最终所有杂志社都愿意一视同仁，给他折扣。因为它们都希望让顾客满意。

当他在课堂上报告自己的成功时，另一个学生提到，他也做了相同的实验，但是只在梅西百货商店做了该实验。当时他匆匆忙忙地去买领带，最后在梅西百货商店找到了一条。他是该店的常客。由于记得我在课上要求他们买东西时要"讨价还价"，因而他指出领带起皱了，要求打 9 折。店员看上去有点担忧，说店里没有打折的规定。但是我的学生非常机智地坚持要求，并且很快就以9折买了下来。随后，第三个学生主动说自己的妻子过去曾经在布鲁明戴尔百货店当店员。她说底层的店员如果为了让顾客满意需要打折，有权力给许多高档商品打5%~15%的折扣。

到学期末，这个班级就好像竞赛似的，看看谁能够在购物中，商家为了让顾客满意打了最多的折扣。课堂上的一个女学生取得了最高成绩，她在一家高级婚纱小商店购买的结婚礼服打了350美元的折扣。

在商家和顾客之间的业务-业务关系中，让顾客满意这一原则的应用甚至能让顾客取得更高的回报。《商业周刊》（*Business Week*）杂志最近报道，商业买主正变成日益精明的谈判者，要求并得到长期"不大幅提价"的保证，提高质量的同时不增加收费，提供自由的市场服务和升级以及更优惠的理财方式。在竞争市场中，让顾客满意的这种共同利益是利润的重要来源，它促使该杂志将"索要折扣并且也应该打折扣"的文章列在头条。

从这些故事里能学到什么经验呢？首先，在美国（以及全球的其他地方）许多东西都有两个价格。对于那些不喜欢谈判、容易满足的顾客来说是全价，而对于愿意讨价还价的顾客来说则是折扣价。那么你属于哪一类人呢？

其次，由于你没有认识到，对于许多企业来说，你的满意是你和企业之间的一种共同利益，而不是冲突的利益。因而，你有权利得到更多的顾客满意度，而不是像你目前这样仅仅获得一点的满意。事实上，生产最佳产品的最好企业一般也是对顾客的满意程度最感兴趣的。请注意，你不需要过于积极或者咄咄逼人地满足自己，只需要礼貌地提示一下："如果你能够……那么我将非常满意。"

如果说杂志出版商、百货商店和其他服务提供者与它们的顾客拥有共享的重大利益，那么人们与其工作的企业之间有多少共同利益呢？你希望晚点才去新工作上班，而不想立即去工作吗？可能你的雇主正等着要设立一个办事处，或者想让下一季度支付的薪金更少，因而更喜欢你迟点去工作。那么你为什么不问呢？你想让你的新顾客早点支付巨额账单，而不愿意迟些时候结账吗？可能购买东西的部门正试图在新一轮预算开始之前将预算拨款花出去，因而可能乐于支付账单。如果你没有提出这些问题，那么你就永远无法知道。

共同利益是"谈判的万能药"，能够解决你和对方真正有分歧的问题，而且隐藏在所有谈判情形中的这种共同利益是你提出自己建议的基础。

确定可能干扰协议达成的利益

为了能够准备充分地满足对方的目标，你必须确定能引起对方抵制或者拒绝你建议的冲突或附属利益所在。在谈判中，你希望以你们的共同利益引导谈判，但是需要预测到反对意见和问题，这样你就能够建设性地做出应对。

在你准备谈判过程中的换位思考时，应该花点时间问问自己，为什么对方可能拒绝你的建议。你对这个问题的回答常常为达成协议提供了突破性的见解。

当然，由于在你们利益直接冲突的问题上你无法提供给对方足够的利益，大部分情况下对方会对你说"不"：你的价格太高了或者你的出价太低了。这些反对意见是可以预测的，你做出的反应应该基于诸如力量（第6章）、普遍标准（第3章）或者关系（第4章）等基础上。

然而，令人吃惊的是，许多谈判情况是由于你先前没有预测到或者甚至没注意到的理由而导致转移的。通常这些理由与谈判桌上更明显的制度和资金问题没有关系，而是与谈判中涉及的个人自尊、身份和其他非金钱的需求有关系。一旦你公开提出这些理由，那么你就得着手处理好它们。

例如，许多年前，第一联邦银行（First Union Corporation）以超过160亿美元的价格兼并了中州金融集团（Core-States Financial Corporation）。当时，这是美国历史上最大的银行兼并事件。在谈判即将结束前，很明显，中州金融集团的执行总裁特里·拉森（Terry Larsen）正犹豫着是否要接受这个买卖，即便第一联邦银行的爱德华·克拉奇菲尔德（Ed Crutchfield）已经做出很大让步以满足拉森在资金上的要求。正如结果所表明的，问题并不是在价格上。拉森深深担心的是第一联邦银行这个北卡罗来纳州的企业将会放弃他和公司在宾夕法尼亚州、新泽西州、特拉华州和中州金融集团的经营领域内许下的许多关于慈善事业的承诺。这样将会伤害当地公众，并且使拉森被人谴责卖掉了他起家的地区。

这两家公司有不同的慈善捐赠政策，但是在支持公益事业上两个企业存在共同利益。一旦克拉奇菲尔德能发现这个问题，他就可以设立一个由拉森组织的1亿美元的独立社区基金会。该基金将会在兼并后还在中州金融集团的经营领域内提供捐赠，而这1亿美元的额外支出仅相当于160亿美元收购价格的0.5%，对于达成这个交易的关键条件来说，这只是个相对很小的变动。如果让拉森掌握一个基金会，他就会成为兼并的支持者，并且向中州金融集团的董事会建议通过这项交易。最终这笔交易顺利成功了。

寻找能够实现双赢的低成本方案

一旦你已经确定了对方可能拒绝一个协议的一些不明显的原因，那么你要考虑既能够解决对方问题，同时也能够实现你的目标的低成本方案。我们再一次假设对方会说"不"是由于我们双方需要的是相同的东西——金钱、权力、降低风险等。优秀的谈判者会努力克服这种假设，并且寻找出能够促成买卖的其他次要利益。

我最喜欢举的一个例子就是，一个有魄力的谈判者以低成本涉入加利福尼亚州的海滨城（Oceanside）垃圾业务。这个名字叫凯利·萨伯（Kelly Sarber）的年轻女人，代表一个亚利桑那州的垃圾公司去谈判，试图能够获得运输海滨城垃圾的合同。面对其他许多运输公司的艰难竞争以及一场投标战的可能，她成功地使海滨城接受了她每吨43美元运输该城垃圾的投标，虽然她的出价只比竞争对手高出 5 美元。那么她如何能够在出高价的同时还保证有利可图呢？

萨伯闲暇时热衷于冲浪，她敏锐地认识到海滨城的海滩是旅游和房地产收入的主要来源，但正慢慢地被侵蚀。她的公司垃圾倾倒地是在亚利桑那的沙漠上，如果说沙漠富含什么东西，那就是沙子。萨伯以高价赢得海滨城的这个合同，是因为预计到她的卡车不仅将垃圾运到城外，而且返回时可以载着干净、清洁的亚利桑那沙子，将它们倾卸在海滨城正逐步失去的海滩上。海滨城官员希望有人提供廉价运输垃圾的服务，而萨伯能够以高价赢得这个合同的同时，还表明她理解该城的海滩和旅游者的问题所在。

萨伯女士的故事对我们很有教育性的另一个原因是，如果你能够确定对方的利益，那么你就能很具体地了解到你所能够提供给对方的需要。正如下一章中我们将看到的，对方对你拥有东西的需求程度越高，当你终止交易时对方感觉损失越大，因此你就有了更大的胜算，可以坚持让对方同意你的条件。

小结

要找出对方担心的问题听起来很简单，但是我们对谈判的基本态度使得我们要做到这一点变得异常困难。大部分人趋向于假设对方的需要与自己是冲突的，他们也限制自己对所遭遇的困难问题的考虑范围，忘记了对方常常根据自己的世界观而拥有的一些问题。

最佳的谈判者能克服这种认识，一直好奇地关注对方真正的动机。确实，研究显示，与普通谈判者相比，老练的谈判者在战略性地思考对方的想法上所花的时间是前者的 4 倍。

从中得到的经验教训是很简单的：找出能够推动对方谈判者同意你建议的共同利益，并且找出他们可能说"不"的原因。对这些问题的研究将会让你知道谈判中该提出什么问题。把谈判向双方的共同利益之处引导，然后寻找并且一步一步地做出最低成本的妥协，以满足对方的目标。当谈判进入双方有真正的重大冲突的地方时，你就会获得所需要的动力来推动谈判继续进行。你也将处于有利位置，能够利用下一章中我们探讨的主题：优势。

探究对方的利益一览表

- 确定决策者。
- 如何能够既服务于对方利益又帮助你实现自己的目标。
- 为什么对方会说"不"？
- 什么样的低成本方案将排除对方的反对？

BARGAINING
FOR
ADVANTAGE

| 第6章 |

第六个基本要素：优势

对方希望或需要达成协议的任何理由都可以转化为我的优势，前提是我知道这些理由是什么。

——鲍勃·伍尔夫

到目前为止，你对于理解谈判应该有了新的信心吧。前面学习了关于个人谈判风格、目标、关系和利益的知识，但我们还没有接触利益攸关的谈判中最重要的因素，这就是高效率谈判中的第六个要素：优势。优势作为你的一种力量，不只有助于达成协议，而且还可以让你按照自己的意图签订协议。研究表明，即使是一位平庸的谈判者，只要拥有优势，就可以表现得非常出色；如果没有优势，只有极为老练的谈判者才能实现自己的目标。占据优势的一方信心十足；没有优势的一方通常紧张不安，对结果感到忧虑。我们从几个简单的谈判故事开始，来说明优势意味着什么。

例1：改变需求平衡

美国的一家大型航空公司曾经遇到过这样的问题：公司里的飞机日渐老化，必须购买一些最新的大型喷气式客机。困难在哪？这家公司最近为了一笔资产收购大举借款，没钱用于购买新飞机。这一时期，两家美国飞机制造商——波音公司和麦道公司实际垄断了美国的飞机销售，没有兴趣同这样的穷光蛋客户做业务。

就在问题出现几个月后，这家航空公司的总裁骄傲地宣布，他的公司将获得50架最新的大型喷气式客机，这笔交易总价值接近10亿美元。他如何实现这样引人注目的成就呢？

答案是：作为世界第三大飞机制造商的欧洲空中客车公司，准备销售新的大型喷气式客机，但一年下来没有售出一架飞机。更重要的是，空中客车的领导人认为美国市场对它未来的发展至关重要，因为其他国家的航空公司都以美国的顶级飞机买家为榜样。

当那位总裁对空中客车表示出兴趣时，双方排除一切阻碍，达成了一笔具有创新意义的借款交易。在这笔交易中，一家美国银行、两家法国银行、通用电气（该企业为空中客车制造发动机）及空中客车自己将向那家美国航空公司提供借款。法国政府甚至拿出价值数百万美元的出口信贷补贴这笔交易。简而言之，空中客车提供的不仅是那位总裁所需的飞机，而且包括购买这些飞机的一切费用。这位总裁——东方航空公司（Eastern Airlines）的弗兰克·博尔曼（Frank Borman），得到了想要的飞机，他考察了知名的飞机供应商，终于找到了一家卖主，这家卖主急切需要买方，甚至超过买方需要飞机的急切程度。在这笔交易中，他使"需求平衡"向有利于自己的方向变动，从而获得了优势。

例2：对方自身利益带来的优势

在娱乐业中随处可见这样的例子：交易参加者的个人利益需求常常像企业需求一样为对方提供优势。好莱坞出现过的最著名也是最臭名昭著的电影制片人是彼得·古博（Peter Guber），他原为美发师，后改行做制片人。古博在职业生涯早期做过一生中最好的交易之一，当时他获得了一家事业蒸蒸日上的唱片公司20%的股票，这家名为"卡萨布兰卡唱片"的公司之前归尼尔·博加特（Neil Bogart）所有。作为交换，古博所付出的不过是他下一部电影——《鬼门关》（*Jaws*）的续集《深渊》（*The Deep*）——收益的 5%。他通过什么方法达成这笔有利可图的交易呢？

和许多游走在好莱坞边缘的人一样，博加特渴望合法地成为"电影业巨头"。他的一位合作者评论说："尼尔最想做的事就是进入电影业，为达到这一目标他可以付出一切。"古博知道博加特抱有成为电影业巨头的梦想，于是提供机会让博加特在《深渊》的制作过程中承担一部分工作，为此博加特的唱片公司付出了巨大的代价。博加特的自身需求为完成这笔交易提供了全部动力。事后证明，对古博来说，这笔交易的收获是双倍的，因为卡萨布兰卡唱片公司的王牌签约歌手唐娜·莎曼（Donna Summer）与公司关系融洽，为《深渊》演唱了片头曲。这部电影的配乐专辑由卡萨布兰卡唱片公司发行，销量达 200 万张。

例 3：制造竞争压力

得克萨斯州休斯敦市经营公用事业的休斯敦电力照明公司（Houston Power & Lighting Company）每年向伯灵顿北方圣太菲铁路运输公司（Burlington Northern Santa Fe）（简称北伯灵顿公司）支付 1.95 亿美元，将煤运送到其巨大的发电站。这家公司的采购主管珍妮·米查姆（Janie Mitcham）对这种令人难以接受的价格及糟糕的服务厌烦透了，但她也无可奈何。北伯灵顿公司垄断了通向发电厂的铁路，而可以供应发电设备运转所需大量煤炭的运输方式只有铁路。珍妮试图指出他们的行为是不公平的，以此为基础与铁路公司就降价问题进行谈判，并呼吁双方建立友好关系，但她得到的只是北伯灵顿公司领导层的一笑了之。

于是她想到下面的办法：修建公司自己的铁路，与 10 英里之外的联合太平洋公司（Union Pacific）的铁轨相接，这家公司与北伯灵顿公司互为竞争对手。作为最后一次努力，她向北伯灵顿公司提到了这个想法，希望对方降价。但北伯灵顿公司没有在意，他们的管理人员认为这是一次蹩脚的威胁,因为这项工程的投入将超过 2400 万美元,休斯敦电力照明公司会望而却步。甚至米查姆的下属也表示怀疑,称她的构想为"梦中的铁路"。

但米查姆没有气馁。在老板对这项工程表示同意后,她制订出计划,开始修建这段被戏称为"珍妮铁路"的 10 英里长铁轨。这可不像郊游那样轻松:北伯灵顿公司把她告上法庭,并向铁路监管部门抱怨此事;她不得不挖掉 30 万立方英尺⊖的土,重新安置周边的墓地和历史遗迹,还要忍受沿途居民的怨声载道。但最终她完成了这项工作,"珍妮铁路"成为现实,联合太平洋公司在运输业务上的报价比北伯灵顿的报价低 25%。除去成本,目前珍妮每年节约 1000 万美元,但在不久的将来,每年将节约 5000 万美元。

此时米查姆获得了新的权力,在不同公司间择优而用。例如,当时联合太平洋公司有一部分货物的交付期延长了,珍妮就把一些运输业务又转回到北伯灵顿公司,这促使联合太平洋公司的官员以个人身份拜访珍妮,道歉并承诺今后不再犯同样的错误。简而言之,珍妮·米查姆跳出了思维的束缚,创造出新的选择,增强了自己的优势,解决了货运问题。"珍妮铁路"为她的运输业务引入竞争,使她在新老运输服务供应商面前都拥有优势。

优势:需求和顾虑的平衡

我们在第 5 章中谈到,老练的谈判者十分关心对方的需求和利益。不过,我们必须保持清醒:他们这么做是有目的的。他们可不是为了解决别人的问题而谈判,而是为了实现自己的目标。在谈判桌前达到自己的目标最可靠的方法就是获取和运用每个人都想要但只有谈判"天才"才理解的东西:优势。优势来自谈判桌上表现出来的需求和顾虑。

⊖　1 立方英尺 =0.028 316 8 立方米。

尽管优势十分重要，很多人还是不能确切地说出什么是优势以及如何运用。他们在面对下面这一事实时也显得不知所措，即谈判中的优势是动态要素，而非静态的，时刻在变。

要检验自己对优势的理解达到什么水平（我们且称之为你的"优势智商"）最好的方法是，分析一个利益攸关的艰难的谈判案例，设想自己努力完成谈判过程，每个阶段都要问自己"谁占据优势""在目前的优势对比中，双方下一步应该怎么做"？如果能理解在这样的真实情景中优势如何发挥作用，你就可以开始分析日常商务谈判和工作谈判中的优势了。

为了说明优势的动态性，我选择了一种危机情景作为例子，这种危机情景甚至让谈判专家都会惊出一身冷汗：劫持人质事件。许多人认为同劫持人质者谈判开了不好的先例，我要大胆地说，这些批评者自己幸好没有成为人质，否则不会说出这样的话。而且，尽管劫持人质情景具有不可比拟性，但它在优势方面给我们的启发可以广泛地运用于某些商务或私人谈判情景，在这些情景中，一方似乎拥有绝对主导权，控制着你的每一步行动。阅读下面的故事时，仔细分析，警方如何逐步介入完全失控的局面，通过三个来源建立起优势，小心翼翼地扭转形势，这三个来源是：对方的需求信息（明白无误的和含糊不清的都有）、使对方陷入窘困境地的能力及对方信奉的准则和价值观。

人质劫持事件

1977年3月，12名全副武装的人员占领了华盛顿特区三座建筑物，这些人是一个不太知名的宗教团体的成员。他们杀死了1名电台播音员，还打伤了许多人，扣留了134名人质。这三座建筑分别是哥伦比亚行政区市政厅、犹太人组织圣约之子会（B'nai B'rith）的全国总部及马萨诸塞大街的伊斯兰清真寺和文化中心。

该宗教团体的首领哈马斯·阿布杜尔·卡利斯（Hamaas Abdul

Khaalis）此前遭到了一群暴徒追杀。当时规模最大也是最有势力的组织派出杀手，闯入卡利斯在华盛顿的寓所，枪杀了他的5个孩子和几名住在那里的妇女。这个组织的7名成员因这起杀人案接受审讯，其中5人被判有罪。但卡利斯对此并不满意，在其手下突袭圣约之子会的总部后，他宣称："他们杀了我的孩子和女人。现在他们该对我俯首听命，否则你们将看到人头落地！"

华盛顿警方封锁了这三座建筑物，联邦调查局接到命令全力警戒，各家媒体蜂拥而至，在这一切发生后，卡利斯向媒体宣布了自己的要求。

他要求完成三件事：第一，全美各影院立即禁放安东尼·奎因（Anthony Quinn）主演的电影《上帝的信使穆罕默德》（*Muhammad, Messenger of God*）；第二，向卡利斯归还750美元，这些钱是他在审讯伊杀手期间因行为不当而交纳的罚款；第三，将被判定杀死他孩子的5个人交给他处置。这个不知名宗教团体的成员在各自占领的建筑中设置障碍，继续恐吓人质，并宣称愿为捍卫信仰而死。

这起事件发展到这里，相关各方暂时没有新的举动，我们也暂停讲述。假设你是联邦调查局和华盛顿警方首脑的顾问，必须决定下一步行动。如何行动？突袭被占领建筑，解救显然处于严重威胁中的人质？用5名杀手换取134名人质的性命？打电话给《上帝的信使穆罕默德》的发行商，要求他停止上映该电影？不论你的答案是什么，都与你如何理解此时对峙双方的相对优势密切相关。下面分析一下形势。

谁控制现状

首先，知道谁控制现状——如果的确有人，谁想要改变现状，会对我们的分析有所帮助。优势通常倒向对现状控制力最强的一方，而且也最顺应现状。在占领三座建筑之前，现状对不知名的宗教团体不利。他们是边缘团体，最多只是偶尔受到当局的监控。

人质事件完全改变了形势，现在不知名的宗教团体控制了现状。事实上，在此次事件的优势方面，不知名的宗教团体行动的核心本质是重要组成部分。这起事件并非随机的暴力行为和拙劣的抢劫尝试。卡利斯劫持人质，正是为了获取优势，这种优势既用于吸引他所渴望的注意力，也用于获得他在交易中的筹码。卡利斯敢于杀死别人，也愿意自杀，但他扣押人质的目标既非杀人，也非自杀，而是为达到特定目的建立优势。

因此，不知名的宗教团体组织控制现状，至少在短时间内获得了优势。现在是什么情况呢？双方都是全副武装，都能用武器伤害对方。通过夺走对方拥有的东西（在这起事件中生命本身就是这样的东西），将使对方形势恶化，这种能力是优势的重要来源。

威胁：必须是可信的

威胁是很多谈判的要素之一，有时清晰可见，但通常模糊不清。实际上，任何时候你提出危及对方现状的建议供其选择，尽管他们通常只是将这个建议当作重要参考，但仍然会感觉受到威胁。在多数谈判中使用威胁犹如玩火，对所有相关人员都是危险的。在劳资谈判中，你告诉工会不会提高工人的医疗福利，也许仅仅是激起强烈反对，而取消任何形式的现有收益，你将面对的很可能是经过周密组织的罢工。

关于威胁的第二点是：只有可信，才是有效的。这意味着谈判对手必须认同你的假定，即将威胁付诸实施会使他们陷入不利境地，而且他们必须相信你有很好的机会采取行动实现威胁。如果这么做你的损失和对手一样大，甚至更大，你的威胁就缺乏可信度。

在人质劫持事件中，哪一方能做出可信的威胁？不知名的宗教团体立即显示了他们的威胁是可信的。他们杀了一人，打伤了很多人。

警方存在可信度的问题。他们不可能在确保人质安全的情况下使用武器，这个步骤是他们不愿实施的，因为人质数量多，且处于不同位置。这些大大减少了警方使用威胁的优势。

此外,不知名的宗教团体宣称已做好被打死的准备,这加强了他们的优势地位。他们中至少有一部分人很可能的确有这样的想法。这一点为什么很重要?因为如果警方的武器不能使不知名的宗教团体产生恐惧,那么它们就无足轻重。而不知名的宗教团体的武器仍然是重要因素,因为它们既能杀死人质,也能击伤警察。

即使所有这些还不足以表明形势的严峻,还有让警方更头疼的,这就是各种有关胁持和使用武力的法律,这些法律限制民政当局在劫持人质情景中的权力,对普通商业纠纷中的双方权利加以约束。例如,警方不能闯入卡利斯的住宅,扣押其亲朋好友作为本方的人质。又如,威胁对方如果劫持人质并杀害他们将承担法律后果,显然这么做太晚了,无济于事。最后,采取断水断电的行动让三座建筑里的人的生活陷入窘困境地,对人质的影响不比对不知名的宗教团体的影响小,甚至更大。简单地说,警方削弱利斯优势的能力十分有限。

不知名的宗教团体控制了现状,在使用威胁方面的优势明显。如果你的第一感觉就是让突击小组强行闯入那些楼房,解救人质,还请三思而后行:在这种情境中,此时优势的对比状况不利于采取武力行动。

不过,在人质劫持事件中,警方的武器在一个方面能发挥作用。由于完全包围了不知名的宗教团体占据的建筑物,警方一定程度上恢复了对局面的控制。卡利斯逐渐意识到,他自己也是人质。在38小时的煎熬中,有一次卡利斯甚至要求警方检查他的住宅,确保妻子和余下的家庭成员安然无恙。

总之,考虑到过去大多数人质危机中的优势对比状况,冷静思考后采取的行动才是最佳的:你应该承认劫持人质者的影响力,向他表明自己已将目前局面的控制权拱手相让,并且听起来也许有些古怪,伺机与其建立工作关系。

时间对准更关键

在这个情景中，仔细思考优势变量时，还有什么是我们能想到的？时间是又一个值得考虑的问题。时间对哪一方有利？你也许认为时间偏向不知名的宗教团体这一边，其实并非如此。卡利斯需要时间传递信息，判断离目标还有多远，他也知道自己不能永远保持对现状的控制。

心理学家被人质劫持情景中一个有关时间的事实所吸引：预测人质保住生命的可能性时，即使一小段时间的流逝，其意义也是完全不同的。有经验的人质谈判专家介绍说，如果人质在开始的15分钟煎熬中活下来了，生还的机会就非常大。

为什么会这样呢？首先，劫持人质者"要么照办，要么杀人"的决心会被时间慢慢磨平。一位评论家解释说："当抱有必死念头的人在很长时间里反复思考这一问题时，会对原来的想法产生厌恶心理。"

其次，即使人质劫持者严守自己的准则，有时他们会和被劫持者产生友谊，使得他们更加难以冷酷地杀死人质。后来发生在秘鲁首都利马的日本大使馆人质危机中似乎就出现了这样的关系，这场危机持续了4个月，最终在一片枪林弹雨中结束，140名警察突袭大使馆内的14名叛乱分子，他们扣押了72名人质。当时的秘鲁农业部长报告说，在政府下令攻击使馆建筑的最后时刻，过去担任他警卫的一名叛乱分子用枪指着他，然后只是垂下枪，转身走出去面对死亡。

因此，时间对人质劫持情景中的警方是有利的。但人们如何从像卡利斯这样紧张不安的宗教狂热分子手中争取时间呢？方法是建立沟通渠道。

卡利斯本人在意沟通渠道。他让女婿与一名从非洲移居美国的电视台记者联系，报道不知名的宗教团体的各项要求。这名记者在整个危机中自始至终担任信使的角色，警方用录音机记录他们所有的谈话内容，仔细分析，为下一步行动做准备。

创造动力：满足他们的简单要求

由于沟通渠道发挥作用，警方试图了解卡利斯的需求，确定哪些需求是警方可以满足的，以此树立他们的优势地位。注意限定语"可以满足的"。人质劫持情景中最棘手的问题之一是人质劫持者常常提出不切实际的要求。例如，卡利斯要求将5名杀死他儿子的凶手交给他处置。警方根本不可能同意这样的要求，因此他们只是敷衍卡利斯，转而谈论其他能够做到的事情。警方的目标是让卡利斯感觉像是游戏的参加者，保持与警方的交流。

同许多谈判者一样，卡利斯的谈判议题混合了明确的和含糊的要求。他的行为和沉默表达出各种想法，和他的语言一样。从最早的几个电话开始，警方逐渐推测出哪些让步举措可能是卡利斯看重的。

为打破僵局，警方同意满足卡利斯的两个要求，这个决定对全局具有重大意义。首先，他们设法让全国的电影院停止上映《上帝的信使穆罕默德》；接着，市政府的官员将确认过的750美元支票送至卡利斯的家中，他妻子在电话中证实了政府这一姿态。警方通过这两个让步举措争取到时间，树立了可信度，然后研究下一步如何行动。

有一件事令人奇怪，卡利斯为什么要占领伊斯兰清真寺和文化中心。警方监控卡利斯的电话交谈时发现，卡利斯有成为宗教领袖的抱负。当卡利斯要求与大使接触以讨论宗教事务时，政府看到了一丝机会。

让对方知道如果交易失败他会遭受损失

在艰难的谈判中，向对方表明你可以满足他的需求，这还不够。他几乎总是会对你的表态将信将疑，并提高要求。为了获得实际的优势，最终必须说服对方相信，如果无法达成协议，他在此次交易中将遭受重大损失。在人质劫持情景中，随着局势的发展，谈判的焦点逐渐从人质身上转移至卡利斯的自我形象、自尊及对伊斯兰教规的兴趣上。警方想让卡利斯认识到，要成为领袖，最有希望的做法是成功地解决这场危机，而不要使它以悲剧结束。

危机的第二天，卡利斯要求和巴基斯坦大使在圣约之子会大楼的主楼面对面交流。警方听到这个消息，顿时情绪高涨。如何回答卡利斯的要求？单独一人进入他的团体严密防守的大楼，显然有风险，很可能在被劫持的人质中增加一名高级外交官。但是，巴基斯坦大使认为他已和卡利斯建立起友好关系，决定前往。最后警方提议，三位大使在两名未携带武器的警官陪同下与卡利斯举行会谈，后者同意了。此次面对面交锋将成为这场谈判的转折点，所有的参与者都表现出同样的诚实和信用。

警官们和卡利斯坐在一楼走廊的折叠桌旁。在三个小时里，各位大使和卡利斯讨论了很多关于宗教的问题，强调同情心和怜悯心是一位领袖的基本素质。接下来，危机第三天的午夜刚过去一会，大使要求卡利斯释放30名人质以表现自己的仁慈。

"为什么不全部释放呢？"卡利斯问道。至此谈判出现重大突破。

由于紧张气氛缓和下来，讨论的话题转向人质释放。卡利斯的行动失败了，为挽回面子，他要求警方后半夜起诉他之前，应在无须交纳保释金的情况下放他回家，他将在家中等候传讯的消息。卡利斯说，如果警方答应这个条件，他就结束危机。

最后时刻出现这样意想不到的要求，很好地说明了优势是如何在谈判的结束阶段支配谈判者最后行动的。尽管卡利斯此时显然放弃了自己的优势，表示愿意结束这场危机，但他的下属仍然控制着警方想要的筹码——人质。他提出最后这个要求，愿意把对手想要的一切给他们，只要对手做出比较小的让步作为回报。卡利斯拥有满足对方要求的能力，这使他在交换中处于有利境地。如果警方说"不"，他还会释放人质吗？他没有说。事实是卡利斯最后的要求结束了这场谈判，这证明面对面交流拥有巨大影响力。政府相信卡利斯会信守承诺，而卡利斯也认为政府是守信的。

美国首席检察官从电话中得知此事，经过激烈讨论后，当地一名法官获准接受卡利斯的条件。他的团体平静地放下武器，深夜2点18分，人质得以释放。让一些人感到吃惊和沮丧的是，政府遵守承诺，让卡利斯当天早上回家，软禁在寓所中等待传讯。不过，他再没制造麻烦。几个月后，陪审团判决卡利斯及其下属犯有谋杀罪、绑架罪及其他相关罪行，他要到96岁才能出狱。

优势方程中出现了什么变化，使得卡利斯突发慈悲？其一，尽管他采取恐怖主义行动来恐吓民众，但他逐渐明白，靠暴力强撑下去会造成人员伤亡，他的损失要多于和平解决危机后的损失。大多数人质劫持者都有同样的认识变化过程，因逃跑路线受阻而在慌乱中胁持人质的罪犯尤其如此。

其二，政府巧妙地利用谈判过程让卡利斯感到他的要求受到重视。至少在那几天的时间里，他使那部有冒犯意味的电影停止上映。政府还归还了侮辱性的750美元罚款。也许最重要的是，大使让他觉得自己就像世界上的重要人物，即使身陷囹圄也能带给世界启示。另外，攻击平民的暴力行为也许会使他的热情和需求被复仇的怒火掩盖。卡利斯同大使在圣约之子会大楼交谈后，就已经放弃了包括将杀害他孩子的凶手移交给他的全部要求。

许多人对人质危机的解决方式表示不满。当时的公职官员因为决定让卡利斯回家而不是在危机解决当天早上逮捕他而遭受强烈批评，这些批评者可不管这是警方在圣约之子会大楼里承诺过的。毕竟，在那样的强迫状态下做出的承诺几乎没有约束力。而且，未能将卡利斯逮捕入狱，这个决定开了危险的先例。

但谁能说出到底是什么动机促使下了决心的人质劫持者停止行动？既然已经抓住了人质，为什么不杀死他们？此类案例也许不能用以往事件的通用规律来解释。另外，在本案例中，除了一人外，其余所有人质在劫持发生38小时后都走出了被占领的建筑物，而作恶者将被长期关押在监狱中，这是值得肯定的。掌握决策权的官员在这种生命受到威胁的混乱情景中显示出对优势地位对比和谈判过程本身的非凡理解力。

三种优势：积极的、消极的和原则的

现在从人质劫持的故事中走出来，再次从整体上来研究优势这一问题。我们可以从很多角度思考优势，常见的一种是从面对的选择出发来考虑。罗杰·费舍尔（Roger Fisher）、威廉·尤里（William Ury）和布鲁斯·巴顿（Bruce Patton）在《达成一致》（*Getting to Yes*）一书中讨论了谈判各方掌握的"谈判协议的最佳替代选择"（best alternative to a negotiated agreement，BATNA）。正如这些作者所述，"BATNA 越好，优势越强。"

他们举了一个劳资谈判的简单例子。假设你同有意向的企业主就工作机会问题谈判，如果你还有另外两个机会，而不是一个机会也没有，在谈判中就更有优势。如果企业主拒绝满足你的要求，在还有其他机会的情况下，你的 BATNA 是选择其他工作机会；在没有任何机会的情况下，你的 BATNA 就是待业。

用 BATNA 概念来表示优势颇具启发，因为如果你有藏而不露的替代方案，就能在谈判中增加信心，但替代选择并非优势的本质。卡利斯劫持人质，并没有增加本方筹码，而是使当局的处境变得窘困，从而吸引人们的注意。除与卡利斯达成协议之外，当局的替代选择是突袭不知名宗教组织，这个方案非常糟糕，而且从未变动过，即使后来谈判有了进展，政府的优势地位加强，他们也没能制订出其他方案。

为了更好地理解优势，我们可以这样思考：在任何给定的时间，如果不能达成协议，哪一方损失最大。在费舍尔、尤里和巴顿所举的劳资谈判例子中，雇员虽然有多种选择机会，但如果他的确想为某位特定企业主工作，那么他的优势就不会加强。企业主知道这一点，公司将执行强硬政策，绝不就工作机会进行谈判。雇员坚持自己的条款，造成"交易失败"，将遭受重大损失,尽管他还有其余两个工作机会。因此,更基本的检验优势的方法是思考哪一方更需要达成协议以实现本方的目标。

良好的优势分析要考虑哪些方面?人质劫持的案例表明了三种不同的优势:以各方满足对方所需的相对能力为基础的优势、以各方夺去对方目前持有物品的相对能力为基础的优势和以一致性原则(第3章讨论过)的运用为基础的优势。我分别将这三种优势称为积极优势(positive)、消极优势(negative)和原则优势(normative)。下面我们简单地分析这三种优势,同时牢记这样的总体理念:在形势发生变化的任何时刻,我们要一直努力分析,在达不成交易的情况下哪一方损失最大。

积极优势

商务谈判情景中首要的也是最常见的优势就是基于需求的积极优势。在谈判中,每次对方说出"我想",你就会愉快地看到优势的天平向你方倾斜。作为谈判者,你的任务是发现对方的全部需求,尽可能彻底查明他的各种需求紧迫程度。唐纳德·特朗普曾经对此做过很好的总结,他说:"所谓优势,就是你掌握着对方想要的东西,如果是他们缺乏的东西就更好了,而最好的是他们离不开的东西。"

珍妮·米查姆热心于修建公司自己的铁路的故事说明了优势如何与需求相联系。在米查姆女士修建铁路之前,她的公司完全依靠一家铁路公司运输煤炭。这家公司知道她需要它的铁路,于是在价格问题上狮子大开口。珍妮修建了一段铁轨,与北伯灵顿公司的竞争对手拥有的铁路相接,这样就减小了她所在公司对北伯灵顿公司的依赖性,同时使运输商更有必要争夺她这个客户的业务。米查姆的例子说明了更好的BATNA有时是如何提高你的地位的:各方的需求根据对方能够提供给他们的条件而变动。

就人质劫持事件而言,在双方僵持过程中,每次卡利斯要求警方满足他们可以达到的要求,警方就会获得优势和时间。当警方更好地理解卡利斯的潜在心理动机时,他们的优势就更加明显了。危机将要结束时,他们能够满足卡利斯最大的愿望：作为领袖的抱负。卡利斯的这一要求得到满足后，突然发现他急切地需要警方再做一件事，即结束危机，保全性命。到这个时候，警方已完全掌握优势，控制了卡利斯。

消极优势

第二种优势是消极性的优势，以威胁为基础。卡利斯向公众表明自己有能力让对手情况恶化，从而吸引大家的注意。人质劫持事件是非法使用威胁的极端个案，但对商业情景而言，同样的规律也适用。

因为威胁常常扭曲愿望，激发逆反心理和怨恨，老练的谈判者在使用时非常谨慎。他们表现出与卡利斯不同的能力，通过暗示而不是吼叫使对手陷于窘困。

我想讲一个关于房地产和赌场企业家唐纳德·特朗普的故事，说明经验丰富的商人在保持与对方工作关系的前提下如何"文明地"表达威胁。当时特朗普正计划在纽约兴建他的标志性建筑——第五大道（Fifth Avenue）上的特朗普大楼（Trump Tower），需要一座由知名珠宝商蒂芙尼公司（Tiffany）拥有并使用的小型传统建筑物的高层使用权。特朗普愿意为此支付500万美元，但又担心蒂芙尼公司为了保持这座建筑与第五大道在建筑风格上的整体协调而拒绝他。

蒂芙尼公司的经营者是传统、正直的纽约人沃尔特·豪温（Walter Hoving），特朗普安排了一次见面，与他商讨高层使用权的问题。为了准备这次见面，特朗普让他的建筑师制作了拟议中的特朗普大楼的模型，但数量不是一个，而是两个，类型不同。

特朗普和豪温会谈时展示了两个模型。第一个风格典雅，有50层楼高，特朗普认为这个设计将为豪温的高档珠宝店增添外观漂亮的邻楼。如果特朗普能获得蒂芙尼公司的高层使用权，他就打算采用这个模型。第二个模型设计粗糙，外观丑陋。特朗普宣称如果蒂芙尼公司不愿合作，他将在纽约市区政府的强制下修建这样的大楼。这座建筑朝向蒂芙尼公司的整面墙，一排排的小窗户非常显眼，上面布满电线网。这两个50层楼的设计模型并排摆放在霍温的办公室里，留给他去选择。他接受了特朗普想要传递的信息，同意后者的请求。

威胁优势能够吸引人们的注意，是因为在人的思维中，可能遭受的损失比同样大小的收益更容易放大，几个世纪以来这一点一直为精明的谈判者所熟知，并得到心理学家的反复验证。但这里应该提醒一下：即使是做出细微的威胁，也必须和处理爆炸品一样谨慎。你必须小心使用威胁，否则可能会搬起石头砸自己的脚。抚养孩子时，没有规矩不行，但如果家长和孩子的关系建立在威胁的基础上，这种关系就是失败的。警方在人质劫持事件中通过以压倒性力量包围人质劫持者来控制局势，但他们成功解决危机时根本没有用到这样的优势。另外，如果有人威胁你，必要时你应该还以颜色。特别是面对咄咄逼人的谈判者时，有时在他们愿意老老实实坐下来、以交易能实现的价值为基础谈判之前，你必须让他们知道，对于他们的威胁，你有能力做到"以眼还眼、以牙还牙"。

原则优势

第三种也是最后一种优势是原则优势，来自我们在第3章讨论的一致性原则。在人质劫持事件中，这种优势来源通过几种方式发挥作用。第一，大使在以所学的关于宗教知识引导卡利斯时，他就为卡利斯释放人质、表达怜悯之心打下了基础。大多数宗教文献对怜悯心和热爱的支持胜过复仇心和怨恨。到危机第3天，卡利斯即将同意释放人质的决定性时刻，那位大使提醒卡利斯，真正有远见的领袖应该以身作则表现美德，而不要做夺去无辜性命的冷血杀手。

第二，政府发现，由于卡利斯出人意料地要求被软禁在家中等待悬而未决的审讯，他们让自己陷入了一致性陷阱。政府同意卡利斯的要求，显然是作为他释放全部人质为交换条件。更重要的是，政府的决定是在三个小时关于宗教和美德含义的讨论后做出的。如果在这个承诺上食言，除了造成其他麻烦外，还意味着三位杰出的大使将大丢脸面，他们严守承诺，冒着生命危险化解危机。政府感到自己陷入了信守诺言的道德困境中，尽管他们没有法律义务这么做。

优势是复杂的认知集合。它包含各方对另一方现状的威胁和未达成协议的情况下损失的机会，还意味着，如果各方自认其行为与应优先考虑的或公认的标准不符，他们的自尊心将受到损害。

但我们可以只用一个容易被记住的论证方法来评估优势：在做出评估的那一刻问你自己，如果没有达成协议哪一方损失最大。损失最大的一方优势最小；损失最小的一方优势最大；如果交易失败，双方将承受同样的损失，那么他们的优势大体相同。

这种考虑优势的方法还告诉我们如何更老练地加强本方优势，而不仅仅是改进 BATNA。你的目标是改变形势，至少是对方对形势的认识，使你的损失减少或对方的损失增加，最好是两者都发生。你可以通过下列方式实现上述目标：收集更多关于对方真正需求的信息；获得使对手形势恶化的可信力量；在对方难以回避的原则和标准框架中确定你的需求；采取让对方不得不让步的行动；最后一点，改进你的 BATNA，也就是说，为你所面对的根本问题寻求不需要对方合作的替代解决方案。

联盟的力量

获得上述三种优势最重要的方法之一是通过关系和共同利益建立强有力的联盟，为你的谈判立场形成后盾。如果其他人在需要优先考虑的谈判事务上与你有相同点，你可以与之确立共同目标，这样你将在三个截然不同的重要方面获得优势。

第一，在多方谈判中，团体间力量的动态对比常常有利于首先在支持者数量上取得优势地位的团队。对美国陪审团的研究认为，在陪审团成员商议过程中首先得到多数赞同票的判决，最后将获得陪审员的一致通过。

很多商务会议中也出现同样的情形。某人提出建议，另一人表示赞成，很快这个提议便成为所有与会者的共识，即使他们有很好的理由讨论其他提议，也不愿继续。如果会议开始前你花时间建立起联盟，那么你的观点得到大家认同的可能性将大大增加。这样当联盟成员轮流对你们的共同目标表示支持时，你就能够获得前进的动力。

第二，联盟的力量来自社会学家称为社会认同（social proof）的心理现象。在情况不明的处境中，人们从其他人的行为中获得提示。如果你在拥挤的街道中行走，发现有人抬头看天，你很可能也会这么做。于是你身后的人也向上看，后面的人接二连三地效仿。在谈判中，如果正在讨论的问题错综复杂，也会发生同样的情况，人们倾向于向专家请求指导。你的联盟可以起到暗示的作用，鼓励其他人接受你的立场。

第三，联盟常常要么是提供更好的选择给你，要么是让对方的选择更加不利，或者二者都有，这样就加强了你的优势。例如，20世纪90年代中期，美国的养牛者陷入绝望的境地，因为牛肉价格出现深幅下跌，以至于中西部某些地区85%的养牛者有资格申请联邦食品登记补助金，如果不是这些人的自尊心拦着，他们可能就已经那么做了。他们的问题出在哪里？几家农产品巨头企业控制了肉类加工业和牲畜屠宰业，养牛者别无选择，只有将牛卖给这些公司。每出售一头小牛，养牛者损失30美元，而肉类加工商每屠宰一头小牛获得30美元的利润。

北达科他州的养牛者转而思考如何走出困境，他们组成联盟，合作创立北部草原优质牛肉公司（Northern Plains Premium Beef），开始独立经营肉类加工。养牛者争先恐后地将牛出售给屠宰业巨头时，他们缺乏优势，但通过和其他养牛者联合起来自己屠宰牲畜，他们赢得了很多消费者的青睐，这些消费者就是冲着商标新颖的优质牛肉而来。简而言之，他们建立起替代大公司的经销体系，在这个过程中，他们赢得了对屠宰业巨头和餐饮连锁店的双重优势。这样的合作公司成功地获得了美国一些最大的肉食品连锁店的合同，大公司也开始关注它。

对优势的常见误解

对不经常谈判的人来说，优势难以理解，因为我们都持有某些我们认为适用于谈判的固定世界观，这些观念干扰了我们的认识。举例来说，我们都假定掌握着大量经济、社会和政治资源的人总是占有优势，大公司、高级别官员和富人通常无所不能，因此，我们认为这样的谈判方在谈判中总是处于优势地位。

我们还喜欢从表面上理解某些情景，在这样的情景中，我们认为权力关系是固定不变的。当我们打算出售随处可见的商品而市场中的购买者寥寥无几时，为什么要浪费大量精力去做讨价还价的准备工作？买家只要说出他们想买什么，而我们可做的就是说"好的"。这种关系一经确定，就不可能再改变。

最后一种观念是，我们通常相信我们影响周围环境的能力取决于影响我们的事实。我们需要工作，因此在工作机会谈判中处于弱势。我们是某种重要计算机元件的唯一供应方，所以处于强势地位，可以按自己的心意报价。

这三种关于优势的观念和假设都是错误的、有危害的。说它们会造成危害，是因为如果你持有这样的观念，老练的对手会捉弄你。这些错误的看法还可能导致你制订出不战自败的策略。在下文中，我将解释为什么这些想当然的世界观一般不适用于谈判，你应该用什么样的观念取而代之，以维护你的利益。

误解 1：优势和能力是一回事

这种观念不合实际。优势要结合情境而论，而不是客观的能力。有些谈判方几乎没有通常意义上的谈判能力，但在合适的情境中能占有大量优势。下面是几个例子。

第一个例子是与小孩谈判。假设你是父亲或母亲，家中有一个 5 岁的女儿。今晚的菜肴以甘蓝为主,这是自然界最有营养的食品之一。可是你的女儿不想吃。

"亲爱的,吃完你的甘蓝。"你温柔地劝道。女儿看着你,用强调的口吻说:"不!我讨厌甘蓝!"

谁处于优势地位?

你是大人,也许有钱有势、体格健壮,但你的女儿在这个情境中占有大量优势。为什么这么说?因为她能——也只有她能——吃甘蓝。她控制了你希望达到的目标,而且此时说"不",她没有任何损失。这还不是全部。她可能感觉这个问题对你很重要,这会加强她的优势。她会认为,为了取得她的合作,你也许愿意用某件物品作为交换。

对这种关键优势的领悟很容易应用于同顽固的政治家、脾气暴躁的海关官员和吝啬的预算编制官员的谈判,正如用在同孩子的谈判中一样。不论你多么有权力,当对方控制了你要做的决定时,最好小心应付这种人。

现在回到餐桌上。你该怎么处理甘蓝的事?你可以晓之以理,但你的女儿不大可能关心营养标准。因此不论你有什么样的常规优势,都起不了太大的作用。

另一个选择是诱惑小姑娘,鼓励她合作。你可以具体地许诺给她喜欢的东西,比如甜食或一件乐事,这也许会对她产生吸引力。她知道,如果谈判破裂,她就会失去这些乐趣。许诺给她好东西也许会让你获得优势。

不过,天下的父母都知道,对孩子使用这种优势手段是危险的。用诱惑的方式劝导孩子做她本来就应该做的事最终会害了她,将给你的生活增加麻烦,而不是减少。

如果诉诸明确的威胁手段,如打屁股、送她回房间或从菜单上取消甜食,情况又会如何?你的体格和话语权使你可以轻易使用威胁,但在像吃甘蓝这样的问题上这么做是冒险行为。如果她因为威胁而顺从了,你将为此付出代价。她会尽可能慢地吃掉甘蓝,时不时地用倔强的目光看你。沃顿经理谈判研讨班的一位成员曾经告诉我,有天晚上他采取威胁策略后,他的孩子花了 4 个小时才吃完饭。晚餐变成了与意愿相背离的东西。更糟的是，假设她认为你虚张声势，迫使你将威胁变成实际行动，结果怎样？你送她回房间，但她仍然没有吃甘蓝。于是你要么不得不使矛盾升级，要么承认失败。

我们得到什么结论呢？就通常意义的能力而言，你的孩子可能看起来弱小，但在这个情境中她占有优势。因此，你的解决方法应该是一定程度上承认孩子的喜好，要么让她选择另一种有营养的蔬菜，减少甘蓝的数量，加入调味品，要么做甘蓝菜时好好包装一下。如果你承认孩子在这个情境中占有优势，采取的策略在某些方面反映她的兴趣，特别是理解她想要控制对自己有影响的决定，你就能更好地尽到父母的责任。同样，如果与顽固的政治家、海关官员及你想实施工作计划就要受其控制的预算主管谈判时采取同样的方法，你就会成为更符合职业标准的从业者。

第二个关于小人物如何获得优势的例子与新泽西州亚特兰大市的博彩业有关。这个例子与蒂芙尼高层使用权故事一样，涉及唐纳德·特朗普，不过这次他的表现没那么出色。

维拉·科金（Vera Coking）是一位上了年纪的寡妇，在新泽西州亚特兰大市中心地段拥有一套小型公寓。她性格保守，几乎在那套房子里住了一辈子。此时博彩业之风吹到了亚特兰大市，好几个有意向的开发商都表示有兴趣购买科金太太的不动产来建造娱乐场。

《阁楼》（*Penthouse*）杂志的负责人鲍勃·古奇奥内（Bob Guccione）第一个登门拜访，据说他的报价为 100 万美元，在 20 世纪 80 年代这个地价算是非常高的，但还是被回绝了。古奇奥内最终没能获得博彩业许可证，放弃了修建娱乐场的计划。第二个来的是唐纳德·特朗普，他无意支付 100 万美元，只想以这座房屋的公开市场价格为基础与科金太太谈判，同样被回绝了。最终特朗普在附近建起了特朗普广场饭店和娱乐场。在一次大扩建过程中，他再次试图与科金太太谈判。后者要求支付 100 万美元，他拒绝了。

经过十多年的诱骗、诉讼和媒体关注后，特朗普无果而终，放弃原有计划，扩建后的特朗普广场从三面环绕科金太太的公寓。特朗普要求亚特兰大市娱乐场监管部门宣布科金太太的房产违法并予以拆除，这样就可以拔掉这颗眼中钉，随后政府部门介入此事。科金太太没有被吓倒，她聘请律师捍卫家园，坚持抗争，被人们称为"特朗普的溃疡"。最后她从一家致力于运用宪法保护私有产权的基金会那里获得了支持。与此同时，漫画家加里·特鲁多（Garry Trudeau）在报纸上刊登连环漫画，对特朗普在亚特兰大市的资产冷嘲热讽了一番，使得特朗普成为全国的笑柄。

维拉·科金是一个无亲无友的老太太，可是她也有优势。为什么呢？因为她拥有合法房产权。她知道特朗普需要她的地，但她显然不急于出售。她控制着特朗普的需求，而且至少在她看来，如果说"不"，不会给自己带来损失。事实上，也许心理学家会认为，她利用这起纠纷得到了她可能一生都想得到、用钱也买不来的东西：世人的关注。

因此，优势不可与通常意义的社会经济力量等同。分析你面对的特定情境，然后问自己：我控制了对方哪些需求？对方又控制了我的哪些需求？如果交易失败，谁的损失最大？不要根据财富或地位来判断优势。

误解2：优势固定不变

这种观念是错误的。优势是动态的，而非静态，随着谈判的发展而变动。因此，某些时候告知对方你的需求是什么，并坚持必须满足这些要求，要比其他时候更合适。

人质劫持的例子很好地说明了这一点。卡利斯需要人质，这样才会有人关注他。警方要求大使与卡利斯建立关系，这样他们才有机会建议卡利斯释放一部分人质以表现他对信仰的虔诚。卡利斯非常聪明，在他仍然掌握足够的优势要求政府让步时，提出在家中软禁，而不是逮捕入狱。

这一切也许看似显而易见，但有很多非常聪明的人却没能理解时间和优势的关系。例如，求职者从公司那里得到工作机会但还没有接受时，这个时刻是一个"黄金时刻"，求职者应该与公司谈判，争取诸如安置费、奖金和配车这样的额外利益。

在求职者的优势达到顶峰时，企业主显然已自缚手脚。虽然后者仍然有权放弃这个机会，但可能承受的损失风险比求职者更大，因而求职者的地位大大提高了。与得到工作机会之前或求职者表示同意之后这两个时间段相比，黄金时刻是企业主最关心求职者个人需求的时候。

当然，即使在黄金时刻，企业主也未必一定同意增加求职者的利益。企业主仍然控制着职位，而且，在任何特定情况下，求职者得不到工作机会的损失可能更大。不论怎样，时间因素在任何优势分析中都不可轻视。当你在优势达到高峰时提出要求，成功的可能性将增加。

误解 3：优势取决于事实

这种观点同样错误。优势以对方对谈判情境的认识为基础，而不是事实。《圣经》中提到，约书亚打赢杰里科战役靠的是几面锣和一些火把，而不是强大的军队。杰里科的领袖们认为自己将遭受重大损失，于是臣服于约书亚。简而言之，你掌握着对方认为你有的优势，如果他们认为你是强者，你就是，至少目前是。

优势的感性本质也可能给你带来弊端。你也许错误地认为对方实力雄厚，实际上不是这样。还有可能你处于有利形势，但对方也许不相信。在这些情况下，你必须设法证明你的价值、重要性和实力。有些事情很难得到证明，例如你是否有能力做一名好雇员，或你的产品对于顾客的真实价值。如果遇到这种情况，你也许要化时间当一名廉价劳动力或志愿者来证明你的价值，或免费提供产品样品以促成稍后的销售。从消极优势来看，你也许要巧妙地展示能力，影响对方的现状。你必须让对方明白真实的优势对比状况，以免他们因误判而做出不明智的举动。

家庭、企业和组织中的优势

优势在家庭、企业和组织中的作用不同于在竞争性市场中的作用。在这些情境中，各方在共同的关系网基础上相互依赖，使得讨价还价和劝说更加微妙。通过控制对方的需求，你仍然可以掌握优势；交易失败损失最小的一方仍然处于强势地位。但是，因为保持和改善关系的必要性增加了，一些重要的优势规则将会改变。

举例来说，在市场交易中，如果形势十分有利于采取退出谈判策略，通常你将受益匪浅。正如我们讨论过的那样，拥有好的替代方案意味着你不必那么依赖对方，如果未能达成协议，损失也没有多大。但在家庭和企业内部——至少是关系良好的家庭和企业，人们不会谈论和使用退出策略。这样的举动看起来太像威胁，说这话的人显得过于激动、不近人情。取而代之的是原则优势，即集体成员共有的价值观和准则。人们试图努力按照这些准则提出建议，通常用客观数据和信息来支持他们的观点。我在第3章中讨论过这个话题。

另一方面，在市场交易中表现出急切心理通常会削弱你的优势。这么做等于在向另一方的谈判者表明，你确实非常需要同他签订协议，如果他拒绝，你可能会遭受重大损失。但在家庭或组织内部，投入热情和坚持不懈能够帮助你得到想要的东西。如果你以强调的语气说出想法，特别是当你并非在所有场合都习惯这样时，由于对方与你关系非同一般，他们会认真倾听。

我举一个简短但很有名的例子来说明这点。1940年5月，就在美国参加第二次世界大战前，美国陆军参谋长乔治·C. 马歇尔将军（General George C. Marshall）出席了白宫的一次会议，与会者还有其他内阁高级成员和富兰克林·罗斯福总统。会议议程是美国参加欧洲战争可能需要的人员动员和装备供给。此时全国民众的情绪显然偏向于孤立主义。罗斯福不希望美国卷入欧战，也不愿讨论参战的准备工作，更没有人想到要与日本进行战争。

马歇尔的性格沉稳，克制力很强，从不感情用事，但那天他表现异常。当时马歇尔安静地坐好后，注意到总统心不在焉，于是请求总统允许他做3分钟的发言，他得到了许可。

然后马歇尔站起来开始发言，这次发言是他最富感染力、最有激情的演讲之一，过去没有人见过他有这样的表现。马歇尔一一列举了供给短缺、武器系统未配备和部队人员超编等问题，如果向德国宣战，美军将带着这些问题面对希特勒运转良好的战争机器。此时他的话是逐字逐句"蹦出来"的。他滔滔不绝，时间远远超出了3分钟的期限。出席会议的财政部长亨利·摩根索（Henry Morgenthau）在日记中写道："（马歇尔）与总统针锋相对。"演讲完毕，罗斯福完全改变了观点。美国开始积极备战，战争爆发后，罗斯福任命马歇尔掌管战时的一切调度。

这个例子也许有些戏剧性，但与许多组织的内部生活惊人得一致。热情，尤其是与专业知识相结合时，能够吸引人们的注意。以坚实的客观依据为支撑，用激情阐述抽象的观点，可以使之深入人心，具有很强的说服力。

我还不曾听说有人研究为什么在组织内部表现出急切心理和热情是有帮助的，不过我自己有个理论。我认为，在组织中工作和生活的人，要善于密切观察其他成员在各个问题的优先性上表现出来的热情程度。表现出急切心理——特别是通常性格沉稳的人这样做时，显然是在暗示"我必须赢得这次讨论"。人们之间的矛盾会破坏团体的合作气氛，因此当前面这个暗示出现时，人们倾向于顺从暗示者的意愿。

总而言之，以"热情"的形式表现出来的优势很可能对组织内部的人最有用，他们的本性是通情达理、言辞温和的。如果你平常说话时语气平和，那么当你以急切的口吻表达想法时，人们通常会特别关注。与之相对照的是，有些人像"吱嘎作响的车轮"，总是怨天尤人，急于完成他们的事情。这些人尽管吵吵嚷嚷、神情紧张，但并不能增加他们的优势。相反，大多数人都知道对他们的叫嚷应该充耳不闻。

小结

优势是谈判的关键变量。交易失败的情况下,损失最小的一方一般就是坚持认为关键的协议条款对它不利的一方。你可以通过多种不同途径增加优势,例如找到谈判桌之外好的替代方案来达到你的目标,控制对方所需资源,组建联盟,使局势向着如果未达成协议对方要丢脸的方向发展,向对方谈判者表明你有能力使其现状严重恶化等。

注意关于优势的常见误解。在任何既定情境中,即使实力弱小的人也能获得优势。优势是动态要素,既以事实为基础,也有赖于人的认识。最后,在组织内部,你可以通过表现热情而不是满不在乎来获得优势,而在多数市场交易中优势要发挥作用,恰好是通过与之相反的方式实现的。

优势一览表

- 在交易失败的情况下,哪一方损失最大?
- 时间对谁更关键?
- 我可以改进自己的替代方案或让对方的现状恶化吗?
- 我可以控制对方某种所需资源吗?
- 我可以用有利于我的准则来约束对方吗?
- 我可以组建联盟以提高我的地位吗?

BARGAINING
FOR
ADVANTAGE

| 第二部分 |

谈 判 过 程

BARGAINING
FOR
ADVANTAGE

| 第7章 |

步骤1：准备策略

在所有艰难的谈判中，谈判者不应该指望能立刻取得进展或达成协议，而应当做好各项准备工作，逐步取得成果。

——弗朗西斯·培根（1597）

利齿方能嚼老肉。

——土耳其俗语

经过上文的介绍，我们现在开始讨论如何进行谈判。第一部分介绍有效谈判的6个基本要素，具体如下。

- 不同的谈判风格。
- 具体目标和期望的重要性。
- 权威的标准和规则，即如何明确谈判范围。
- 关系影响谈判的方式。
- 对方的利益，即如何启动谈判。
- 优势之处及如何利用。

这6个基本要素确实有助于你为谈判成功做好准备。而且，其中任何一个要素都有深层的心理基础，未经训练的人是无法观察到的。这些心理影响使得谈判者具有自己的情感规律，表 7-1 对其做了归纳。

表 7-1 谈判的心理基础

要　　素	心　理　基　础
谈判风格	家庭背景、性别、文化和人生经历所形成的生活态度
目标和期望	认为什么是可能得到的，什么是想要得到的
权威的标准和规范	一致性原则和服从上级
关系	互惠原则
对方的利益	自尊和利己
优势	趋利避害

谈判的四个阶段

在本书第二部分，我将会向读者介绍，这 6 个要素及与之相关的心理基础如何能帮助你在谈判过程中一步步地实现自己的目标。这一部分的结构安排将揭示一个简单而又重要的真理：谈判如同一场由 4 个阶段或步骤构成的舞会。本章及随后各章将依次介绍这 4 个步骤。首先来看一下实际生活中一个很简单的例子，我们将会看到这 4 个步骤是如何在现实中进行的。

设想一下你正驾车驶向一个十字路口。你注意到，此时另一辆车也正靠近这个路口。你该怎么办？

大多数有经验的司机会开始减慢车速，判断情况。接下来，他们会扫视对方，进行眼神的接触，希望能与对方沟通。双方眼神接触后，一方司机会向路口方向挥手，打出众所周知的手势——"您先请"。很可能两位司机同时挥手，但是犹豫一会儿后，一位司机会先走，另一位紧随其后。

注意这个 4 步骤的过程：准备（减速）、信息交流（眼神接触）、建议和让步（挥手示意）、最后达成约定（驾车通过）。这个过程似乎是独一无二的，但人类学家和其他社会学家发现，类似的4步骤过程在许多情境下都会出现，如非洲乡村发生的土地纠纷（第1章提到的阿鲁沙的例子）、英国劳资谈判、美国企业合并。这4个步骤隐藏在谈判的表面之下，构成了谈判未曾言明、不可见的模式。

当然，在错综复杂的谈判遭遇战中，参与者在执行这4个步骤时，顺序和速度并不完全一致。他们可能在相互让步阶段陷入僵局，于是又回过头去交换信息。而且，谈判中的某些方面可能比其他方面更快取得进展——"甲"和"乙"事务都已经到了达成协议的阶段，而"丙"事务仍然处于信息交流和让步的阶段。

不同文化背景的人也趋向于以不同的速度完成这些步骤。西方工业国家的任务导向型（task-oriented）谈判者常常快速通过信息交换这个步骤，急于"直接拿出建议"，并开始认真考虑谈判开局和让步问题。随后，他们会花更多的时间交换、评估提议并进行辩论。

来自亚洲、非洲、南美和中东的关系导向型（relationship-oriented）的谈判者更喜欢不慌不忙地交换信息，以便在讨价还价前建立一定程度的互信。建立这种关系后，双方在做出明确让步的阶段耗时极短。我过去认识一位顾问，曾经在沙特阿拉伯花了10天时间参加一系列正式宴会和社交活动，在外人看来这也许非常无聊，但是他却因此而做成一笔金额数达百万美元的咖啡生意。其实，在表象之下，谈判各方一直在合跳一支精心编排的旨在建立关系的米奴哀舞㊀（minuet）。完成这个阶段后，实际交易只要几分钟就能完成。

撇开文化背景不谈，任何地方的谈判老手都很像一位出色的舞者。他们留心对方的节奏，随着跳舞过程的变化，努力与舞伴保持"同步"。

介绍完了前面的这些部分，让我们进入正题。本章将介绍谈判过程的第1步：准备策略。

㊀ 一种缓慢的、庄重的四三拍的舞蹈，由一群舞者结伴而跳，源于17世纪的法国。——译者注

准备策略步骤1：情境评估

精心准备策略的目的是要针对你所面临的情况，制订一个具体的行动计划，即使在相对简单的谈判中也要如此。基本上说，存在4种不同的谈判情境，区分的根据是：①谈判各方对正在建立的关系（如果有的话）重要性的认识（谈判各方将来在多大程度上需要相互帮助和协作以实现各自的目标）；②谈判各方对涉及的利益的认识（在一场具体的交易中，双方在何种程度上想获得诸如资金、权力和空地这样的有限资源）。每一次谈判，不论是气氛友好还是明显对立，既在实质问题上存在某种程度的冲突，也在对待彼此的方式上表现出一定程度的敏感。

我们可以把谈判各方对关系的认识取相对"高"值或"低"值，同样也可把对利益的认识取"高"值或"低"值，进行相互比较。情境矩阵（见图7-1）将这两种要素结合在一起，给出了4种谈判情境：默认协作（tacit coordination）、交易（transaction）、关系（relationship）和平衡考虑（balanced concern）。

我们逐一研究这4种情境，从最简单的情境（第Ⅳ象限）开始，最后研究最复杂的（第Ⅰ象限）。

各方对利益的认识

	高	低
高	Ⅰ.平衡考虑（商业伙伴，合资公司或合并）	Ⅱ.关系（婚姻、朋友关系或工作团队）
低	Ⅲ.交易（离婚、售房或市场交易）	Ⅳ.默认协作（公路十字路口或飞机座位）

（各方对未来关系重要性的认识）

图7-1 情境矩阵

第IV象限：默认协作

所有谈判情境中最基本的就是我们在右下角方格中看到的：第IV象限，"默认协作"。

第IV象限结合了低利益和有限的未来关系的特点。我在前面举的两名司机在交通路口相遇的例子与第IV象限相吻合。在交通路口发生冲撞完全没有必要（如果处理正确，几乎没有必要在这样的地点发生冲突），而且双方不太可能再见面（未来关系不是要素）。在默认协作情境中，谈判者不用花心思去避免冲突，因此不必进行那么多次的谈判。

第III象限：交易

现在向左移到第III象限："交易"。在该情境中，利益问题远远比任何未来关系都重要。陌生人之间进行的房屋、汽车和土地交易，（解雇原来管理层的）企业兼并及其他许多以市场为媒介的买卖，都是典型的交易。

人们很容易把交易看作简单的"讨价还价"或"赢家通吃"的事情，认为在这个过程中，参与者之间的关系没有受到任何影响。虽然交易有可能这么简单，但是通常并非如此。如果谈判者打算达成协议，谈判形势本身常常需要他们建立某种形式的工作关系。在西方，这种关系通常只是限于纯礼节性的，除非谈判者是职业代理人，互相打过多次交道。在其他文化中，私人关系（或者至少是表面上的）不可或缺，即使在交易中也是如此。老练的谈判者如何在利益攸关的交易中谈判呢？我用一个故事来说明这一点。

摩根先生，这一定有问题

我讲述的这个交易的例子发生在美国商业的"黄金时代"，涉及那个时代最值得纪念的历史人物中的三位：华尔街大亨 J. P. 摩根，我们在第4章中曾提到他将两张支票交给安德鲁·卡内基；标准石油公司

（Standard Oil）（后来的美孚石油公司）的创始人老约翰·D. 洛克菲勒（John D. Rockefeller Sr.）和他年轻的继承人小约翰·D. 洛克菲勒（John D. Rockefeller Jr.）。

1901 年，J. P. 摩根非常想买下一个叫梅萨比（Mesabi）矿区的土地，因为该地富含铁矿资源。当时他正要把自己的钢铁公司联合起来组成钢铁托拉斯，也就是后来的美国钢铁公司（U.S. Steel Corporation），这些铁矿区是钢铁生产所需铁矿的重要来源。

老约翰·D. 洛克菲勒拥有梅萨比矿区这笔巨额财富。当时，他已经退休了，并且明确表示，没有特别的兴趣购置或出售像梅萨比矿区这样的重大资产。他再三拒绝与摩根讨论这事。而且对后者，他本人也并没有什么好感。

摩根却很想要梅萨比矿区，缠住洛克菲勒不放。最终，两人有机会在洛克菲勒纽约的宅邸中见面。会谈中，摩根想让洛克菲勒给那个铁矿区报个价。洛克菲勒没有同意，而是建议与他最年轻的顾问，也就是他 27 岁的儿子小约翰·D. 洛克菲勒讨论此事。

摩根感到此事有可能取得进展，于是邀请年轻的洛克菲勒——对他来说是一位陌生人，到他在华尔街的办公室商讨这件事。几个星期后，小洛克菲勒出现在摩根位于华尔街的办公室里。

摩根的助手将他领入办公室后，小洛克菲勒就打量着眼前的场景。这可不是一间普通的办公室，这是当时最重要的金融帝国的中心。摩根煞费苦心地让小洛克菲勒认识到了这一点。

一开始摩根伏在文件上，专心与一位顾问谈话，似乎没有注意到小洛克菲勒进了办公室。洛克菲勒耐心地站在那里等候，而摩根则继续忽视他的存在。最后，摩根抬起头来瞪着这个年轻人。

"好吧。"摩根粗鲁地问道，"你们打算要多少钱？"

小洛克菲勒目不转睛地反盯着这个大人物。

"摩根先生。"他平静地回答，"我想您一定弄错了。虽然我知道您想买那个矿区,可是我来这儿并不是为了要卖掉它。"

两人互相注视着。摩根对小洛克菲勒稳重的言谈举止印象很好,于是首先动摇了,换了一种更友好的语调。当两人在讨论这笔交易的大致条件时,显然双方都不愿首先开价。摩根的朋友律师埃尔伯特·H. 加里(Elbert H. Gary)私下建议摩根,7500万美元是他愿意为那个矿区支付的最高费用。但摩根是个聪明的谈判家,他没有提出那个价格,也没有给出其他具体数字。

小洛克菲勒觉察到了摩根的焦虑,最后提议摩根委派某人作为中间人帮助他确定那个矿区的合理价值。他们一致认为,亨利·克莱·弗里克(Henry Clay Frick)可担此重任,摩根和老洛克菲勒都信任此人。

弗里克受命伊始就发现摩根不想支付高于7500万美元的费用。弗里克带着这个数字到了老洛克菲勒那里,发现洛克菲勒对摩根提出的任何价格都不满意。

"坦白地说,我反对潜在的购买者武断地限定最高金额。"洛克菲勒对弗里克说,"我没法在那种基础上和人谈生意,这简直就像最后通牒。"

两人继续讨论矿区之事,最后老洛克菲勒同意了8000万美元的价格,这也是弗里克能接受的合理价位。弗里克带着这个数字又回到摩根和律师加里那里。加里力劝摩根拒绝这个价格,因为它远远超过了最高金额。

摩根清楚自己的境况。即使是8000万美元,他也不能放弃那个矿区,并且他知道洛克菲勒并不是一定要出售该地。为了达成这笔买卖,中立的弗里克表示支持洛克菲勒的报价。

"写一张承兑汇票吧。"摩根告诉加里。

买卖做成了。

事后证明,对摩根来说这是一笔划算的买卖。后来他在这个矿区陆续开采出价值数亿美元的矿石。

因此,在这样的交易情境中,谈判利益远比关系重要。谈判各方也许需要合作来安排会晤、探讨问题及进行有效沟通。但正如 J. P. 摩根和洛克菲勒家族这个例子所显示的，谈判者并不需要为了今后合作而迁就，谈判起作用的是利益。

第 II 象限：关系

下面这个情境恰好与第 III 象限相反。在象限 II——右上角的方格中，关系对达成协议具有重大影响，要讨论的具体事务则是第二位的，这就是关系象限。夫妻间良好的婚姻、雇员在和睦的管理层里工作以及某些征募新人的工作就属于这种类型。

当关系是最重要的因素时，我们应该尽力善待谈判的另一方，遵守谈判的细节规则及规定。为说明这个重点，我们来看另一个历史上的例子。它发生在 20 世纪最伟大的科学家爱因斯坦到就业市场找工作之时。

除非您认为我可以用更少的钱养活自己

20 世纪 30 年代早期，位于新泽西州普林斯顿的一个新研究机构高级研究院（The Institution of Advanced Study）在寻觅世界级的学者和研究人员，以创建一个世界上一流的"思想库"。这所研究院的全体教师不授课，而是从事基础研究，大家在一起吃饭、开研讨会，并发表论文。

研究院的新主任亚伯拉罕·弗莱克斯纳（Abraham Flexner）与阿尔伯特·爱因斯坦交谈时，邀请他加入这个新机构。此时，爱因斯坦住在欧洲，正寻找新职业，他表示感兴趣。随着谈话的深入，弗莱克斯纳最后问爱因斯坦希望拿多少薪水。

爱因斯坦回答，每年 3000 美元就可以满足他的需要。他又插了一句，说除非弗莱克斯纳认为他可以"用更少的钱养活自己"。这位主任是怎么回答的呢？他承诺给爱因斯坦的薪水是他本人要求的三倍还多，达到每年 10 000 美元。在深入讨论重新安家和养老金需要的问题后，据一些资料记载，爱因斯坦获得的全部年收入将近 15 000 美元。在大萧条造成满目疮痍的 20 世纪 30 年代，这无疑是一个超级明星般的数字。

爱因斯坦的故事表明了当谈判侧重于关系时它们是如何进行的。弗莱克斯纳的问题在于，如何让"王冠宝石"级的教授感到被人尊敬、被人赏识，从而愿意将研究院当作自己的职业归宿。很明显，爱因斯坦薪水的数额是第二位的，真正起作用的是弗莱克斯纳对爱因斯坦的慷慨相待。爱因斯坦后来成为高级研究院的标志性人物，吸引了其他许多出类拔萃的学者，牢牢地确立了这所研究院的世界级声誉。

第Ⅰ象限：平衡考虑

四种情境中最有趣也最复杂的是左上角的象限，也就是平衡考虑。这里，未来关系和现时利益处于相互平衡的张力中。象限Ⅰ出现于存在大量问题的情境中：劳资纠纷、家族企业纠纷、合作关系、合并（现任管理层将留下来管理新的企业的合并）、长期供应关系、战略同盟及同一公司内不同部门间的制度关系。

你希望在上述情境中表现出色，但不希望以未来关系为代价。你希望未来关系稳固，但不愿支付过高费用。关于平衡考虑情境的例子可以看看本杰明·富兰克林（Benjamin Franklin）的经历，他是美国开国元老之一。

本杰明·富兰克林的伙食谈判

富兰克林在各方面的才能都很突出，其中一项就是善于谈判。也许正是因为这点，他肩负了两项重要任务：作为一名外交家，他在美国历史的关键时期前往法国为美国争取利益；作为一位推动谈判进程的老手，他在 1787 年的制宪会议上帮助立场不一的与会者减少分歧，并起草了美国宪法。

年少时，富兰克林就展示了能够巧妙地解决潜在争议问题的天赋。他在 1722 年的一次关于蔬菜的谈判中就是如此，那次谈判结束后，所有相关人员都有所收获。

他当时还是个 12 岁的男孩，和同父异母的哥哥詹姆斯在波士顿生活，跟着詹姆斯学习印刷手艺。詹姆斯没有结婚，因此和他的学徒们在寄宿公寓就餐。詹姆斯每月支付一次伙食费，公寓的厨师为他们准备饭菜。

这样的生活过了 4 年，富兰克林也长成了一个爱追根究底的 16 岁小伙儿。他读了一本关于素食主义的书，不仅被素食对健康的好处所吸引，而且对素食主义所包含的哲学产生了兴趣。他开始拒绝在就餐时吃肉。

这对富兰克林有益，可是寄宿公寓的厨师不太乐意，他对詹姆斯大声抱怨说要准备专门的伙食。其他的学徒也开始发牢骚，针对富兰克林这一要求的闲言碎语不胫而走，他后来被称为伙食"个性化"。詹姆斯被激怒了，形势有迅速发展为一场冲突的危险，这场冲突将发生在富兰克林和家人之间，同时还会牵扯到学徒们。

为了缓解矛盾，富兰克林建议进行一次谈判。他说，自己将停止和其他学徒一起就餐，詹姆斯也可以不用为他支付伙食费，前提是詹姆斯愿意向富兰克林提供一笔钱，数额是原来为富兰克林支付的伙食费的 50%。富兰克林将用这笔钱买蔬菜，自己做饭。

本杰明·富兰克林在自传中写道，这样的安排对所有人都有利，特别是对他本人。

> "我很快发现，可以省下一半（詹姆斯给我的）钱。这是用来买书的额外资金。而且，我还从中获得另外一个好处。我哥哥和其他学徒离开印刷作坊去吃饭，我则单独留下，很快就吃完了数量不多的饭菜……余下的时间我自由支配，直到其他人回来继续学习手艺。"

简而言之，通过坚持素食主义原则，富兰克林找到了对所有人都有益的解决办法。詹姆斯节省了给富兰克林交的 50% 的伙食费，而富兰克林呢，既可以继续吃素食，又可以省下原来伙食费的 25% 给自己支配，并且得到了一段清静安宁的时间来读书。

　　洛克菲勒和摩根为了价值 8000 万美元的矿区而进行的谈判包含了至关重要的利益，但上面这个例子则不包含这样的利益。它也不像高级研究院成功聘用阿尔伯特·爱因斯坦那样，含有关系方面的重要因素。但是，这个例子也包含利益和关系：公寓伙食费对詹姆斯和本杰明·富兰克林都重要；富兰克林坚持素食可能激起不愉快的家庭纷争，破坏詹姆斯的小印刷作坊里脆弱的人际关系。

　　本杰明·富兰克林的"伙食谈判"巧妙地避免了冲突，给所有人提供了公平又体面地从争吵中脱身的方法，还带来了一笔由詹姆斯和富兰克林分享的资金。这是一次颇具灵感的谈判。

准备策略步骤 2：谈判情境、策略和风格的匹配

　　上面的例子表明，不同的谈判情境需要不同的谈判策略和技巧。有可能你在某些谈判情境中表现出色，要强于在其他情境中的表现。图 7-2 可让读者明白各种情境中哪些策略最适用。

各方对利益的认识

	高	低
高	Ⅰ.平衡考虑 （商业伙伴，合资公司或合并） 最优策略： 解决问题或妥协	Ⅱ.关系 （婚姻、朋友关系或工作团队） 最优策略： 迁就、解决问题或妥协
低	Ⅲ.交易 （离婚、售房或市场交易） 最优策略： 竞争、解决问题或妥协	Ⅳ.默认协作 （公路十字路口或飞机座位） 最优策略： 回避、迁就或妥协

各方对未来关系重要性的认识

图 7-2　情境矩阵：策略指导

如果你能得心应手地运用这些策略，你就可以很好地应对图中显示的各种情境了。如果这些策略让你感到生疏或令你不快，那么找到一个可以帮助你的人，使其参与你的策略准备过程，这样也许是明智的。

总体而言，乐于合作的人很适合参与关系型和默认协作型的谈判，这些谈判情境强调关系，不包含重大的利益冲突。喜欢竞争的人适合参加交易型谈判，这种谈判情境强调利益而轻视关系。平衡考虑情境需要既乐于合作又乐于竞争的谈判者，这种综合素质还需要在恰到好处的想象力帮助下，才能发挥作用。富兰克林建议他和詹姆斯将支付给厨师的钱一分为二，这是一个应对平衡考虑情境的经典策略，很富有想象力。这个策略同时具备了果断、公平、明智的特点，是经过深思熟虑才想到的。

在平衡考虑谈判中，解决问题的效果不错，那么，什么样的个人素质有助于谈判者执行这一策略呢？首先，具备这种素质的谈判者在坚持立场的同时又不显得咄咄逼人，富兰克林在"伙食谈判"中就没有抛弃自己的素食原则。合作型的谈判者有时做不到这一点，他们过快地从自己的立场后退，以满足其他人的要求。另外，竞争型的谈判者有时立场过于强硬，而不考虑其他人的潜在利益和感受。

其次，执行有效的解决问题策略需要想象力和耐心。这意味着，草率的妥协对解决问题是有害的。如果尚未分析所有的选择，就试图消除分歧，你将丧失更加全面地满足双方需求的机会。

事实上，仔细研究图 7-2，你会注意到，尽管妥协策略在任何一种情境中都能发挥作用，但它通常都是第二或第三的选择。因此，妥协策略更适于作为时间不够时帮助你完成谈判的工具，或者是另一种策略的补充，而不是应对所有谈判情境的万能钥匙。

准备策略步骤 3：从对方角度来审视谈判情境

我在图 7-1 和图 7-2 中将矩阵要素定为"各方对利益的认识"和"各

方对未来关系重要性的认识",那是因为谈判情境是人们主观认知的产物,并非客观现实。而人们对情境的认识通常各不相同。在准备策略的过程中,你不仅要有对情境的认识,而且还要考虑对方的看法。

例如,谈判一方也许认为关系比其他任何东西都重要,而另一方也许认为利益最重要。由于对情境的认识有差异,双方的谈判策略可能也会不同。

谈判过程的信息交换阶段(见第8章)的一个重要作用是,揭示另一方如何认识当前的谈判情境。如果有必要,你必须说服对方在理解谈判情境的问题上与你保持一致。

假设你正试图将一台仪器退回给百货商店,接待你的店员从纯粹交易的角度看待此事,因此态度强硬,拒绝接受退货。你的第一步行动也许是指出你和这家商店打交道的时间不短(参见第4章),这位店员的行为正在损害这家商店的信誉。如果你说服这位店员(或这位店员的上司)相信,关系是最重要的,他可能会缓和自己的立场。如果你和商店过去未曾建立关系,那么展望未来的潜在关系有时可能具有同样的说服力。

如果在这个百货商店的例子中,对方委托谈判代理人与你谈判,这时你需要面对的是另一种对情境的认识。你可能要仔细区分代理人对情境的认识和其委托人的认识。例如,在劳工管理谈判中,比起工会的普通成员来,工会的专业谈判者通常更倾向于将之视为平衡考虑型的谈判。专业的劳工谈判者需要反复和管理层派来的对手打交道,因此要保持台面上的工作关系,使之有助于谈判的进行,这符合他们的利益。

相反,工会成员个人几乎不与管理层发生联系,也不会坐到谈判桌前。再来看看工厂基层人员的观点。工人们对工会和公司关系的看法有些愤世嫉俗,他们将工资谈判视为前面提到的第Ⅲ象限中的交易。为了缩小认识上的分歧,工会谈判者有时需要运用戏剧性效果来表现自己的强硬立场,以使工会成员相信,他们已将公司逼入死角。聪明的公司谈判者明白,这种表演是必要的,因此不会放在心上。

准备策略步骤 4：决定沟通方式

准备策略过程的第 4 步是确定怎样与另一方沟通效果最好。这个问题包含两个重要方面。首先，你是应该直接与对方沟通，还是委托代理人来做这项工作？如果你是一位非常乐于合作的谈判者，发现自己对谈判对手的威吓心存畏惧，你最好雇一名性格坚强的代理人或律师代替你做沟通工作。其次，如果你打算亲自谈判，应该如何与对方沟通呢？是面对面，还是打电话？或者通过电子媒介，例如电子邮件？假设你打算买新车，不想让销售人员给你带来压力，影响自己的判断，那么可以选好车型后，通过互联网来讨价还价。因为，现在的大多数谈判将不可避免地运用多种沟通方式，聪明的谈判者会拟好计划，为谈判过程的每个阶段选定最佳沟通方式。

不久前，我就遇到了上述问题。当时我和妻子卖掉了费城城区的房子，搬到附近的郊区去住。我们在宾夕法尼亚大学附近一个邻里和睦的街区一起度过了 15 年以上的时光，同邻居关系融洽，他们中的许多人是我俩共有的同事。在卖房这件事上，我们希望能找到某个家庭取代我们，成为这条友情洋溢的街道上令人舒心的新成员，哪怕这种可能性很小。我们还希望能卖个好价钱，如果可能，把给房地产中介商的 6% 的佣金也省下来。打定主意后，我们调查了这片城区最新的房屋销售情况和出售名单，给一家房地产中介商一小笔钱，让他们给我们的房子做专业评估。我们还询问邻居是否知道谁有兴趣买我们的房子。

数天后，有位邻居告诉我们他在大学的朋友有意买房，此人是一位年轻的教授，要来宾夕法尼亚大学教学，正打算同妻儿一起搬过来住。一周后，这家人从新英格兰过来看房。在懂行的姻亲帮助下，他们检查了管道设备、房顶和供热系统，然后决定买下来。我们很快发现这家人将会与邻居和睦相处。这样，有趣的问题就出现了：考虑到我们之间存在多重关系（而且这对夫妻有些警惕他们面对的谈判"专家"），什么样的谈判方式是最好的？

我们已有了成功的面对面交流，因此我建议以后使用电子邮件联系。我在后面会谈到，电子邮件谈判方式存在风险。但在这个谈判情境中，电子邮件具备一些我认为可以让对方安心的优点：允许他们按自己的意愿留出足够的时间来考虑每一项建议，建立明晰的报价与还价记录，消除在面对面或电话交谈的情况下我们这边会采用狡猾手段而侥幸达成交易的可能性。

这就是我们的谈判方式，整个过程进行得很顺利。作为卖方，我们在第一封电子邮件中给出了一个价格，并在附件中粘贴了一份表单，列出了我们认为可用来比较的待售房名单和最新销售情况。他们在回复中还了价，这个价格同样经过认真研究，理由充分。在随后的几周里，我们逐渐缩小报价的范围。最后，我打电话过去，建议在最后的 5000 美元差距上双方各让步 50%，他们同意了。几星期后，这笔交易的唯一障碍出现了。当时这对夫妇雇了一名律师帮助他们整理这场买卖的文件。律师是位性急的女士，按小时计酬。她可真是使出了浑身解数给本来平静和谐的谈判制造麻烦。幸好我们不时地直接给买主打电话，使情况恢复正常。最后，买卖做成了，我们高高兴兴地回到老街，参加街区周年聚会，所有的关系都完好如初。

沟通问题 1：应该雇用代理人吗

正如你在我出售住房这个例子中看到的那样，我并不热衷于雇用代理人，除非他们产生的价值大于他们的酬劳。但是，我在前面提到，谈判双方的风格或专业水准不对等有时会使雇用代理人成为明智的选择。而且，这个社会随处可见房地产中介商、金融顾问、律师和在其他各种行业充当中介的经纪人，所以不管喜欢与否，你经常需要和他们打交道。

雇用代理人的最佳理由是经济上的：在谈判中，有时他们为你争得的利益比你自己争到的还要多。假如我和妻子在出售住宅时遇到的买主很少，代理人会开展强有力的营销和广告宣传，在我们上班时领着买主看房子，使我们免于同粗鲁的、让人厌恶的或盛气凌人的买主进行令人恼火的接触。

在代理人的帮助下，我们也许能轻松完成交易。同样，聘用好律师帮助你谈判也是有经济上的理由。律师不仅能将谈判经验和有用的关系带到谈判桌上，而且常常能引导谈判双方规避隐藏的（也是真正灾难性的）法律和商业风险。事实上，在中心地区，例如纽约或加利福尼亚的硅谷，最好的商业律师同时又是世界上最老练的商业战略家。他们不会照本宣科，不是为了"优先法选择"（choice-of-law）条款⊖而谈判，而是在复杂的综合环境中进行谈判，以帮助委托人获取最大价值。最后一点，对某些行业整体而言，有些代理人扮演着"看门人"的角色。例如，除非得到知名文稿代理商的推荐，否则顶级出版商对你送来的书稿会不屑一顾。在娱乐业和体育产业中，代理人起到了相似的核心作用。在上述所有情况下，聘用代理人意义重大。

在聘用代理人加入你的团队之前，你应该认真评估这么做的代价，这包括以下几个方面。

- 代理人索要的酬金。可能的话，在这一点上与他讨价还价。
- 代理人自己的事务。一定要弄清楚下面两点：你的代理人是如何获得酬金的？他在为谁工作？在房地产交易中，代理人为卖主工作，从卖主那里获得佣金作为酬金。这包含了两方面的重要意义。其一，在大量的交易中，拿佣金的代理人通常在尽快做成买卖方面表现出色，但不是每一笔买卖都能为雇主带来最大收益。的确如此，研究表明，在出售自己的房屋时，代理人待价而沽的时间比出售他人房屋时更长。其二，在向代理人透露你的底线时，要再三考虑哪些信息能说，哪些不能说。为佣金工作的代理人也许会忍不住过早地说出你的底线，比你计划的要快，这样他们可以更快地达成交易，拿到佣金，而按时间计酬的代理人则恰好相反。在我们出售位于费城的住宅时，代表买主的那位律师的行为就表明，按时间计酬的代理人可能会拖延谈判进程，以增加酬金。

⊖ 法律术语，指的是多条法律适用于同一案例时，选择哪条法律最佳。——译者注

- 糟糕的心情。有时代理人会陷入无意义的争吵中，破坏委托人之间的关系。律师可能因为在双方委托人都不关心的条款上争论不休而成为"交易破坏者"，不是"交易促成者"。他们造成了令人不快的紧张气氛，使委托人相互猜疑。如果你的代理人像这样举止不当，你就解雇此人，自己推动谈判正常进行。
- 错误的信息传达。任何时候让律师介入信息传达过程，都会增加错误传达信息的风险，虽然这种错误传达并非故意的。如果双方都雇用代理人，信息的扭曲程度就更大了。如果你想给对方传达重要信息，又必须经由其代理人传达，要么请求举行代理人也参加的直接会谈，要么把你的信息写下来。
- 自以为是。房地产中介商自信能卖出你的房子，律师自信可以帮你赢得诉讼。研究显示，代理人常常因为对自身能力过于自信而吃尽苦头。当事实证明他们错了时，你会麻烦缠身。只要有可能，你就要独立研究，提出与代理人不同的意见。
- 时间成本。老话说："如果上帝雇了代理人，恐怕现在世界还没诞生。"雇用代理人会导致谈判的延迟，可以证明，那将造成重大损失，特别是当时间是谈判的基本要素时。

沟通问题2：是面对面交流，打电话，还是发电子邮件

传统的谈判方式主要是面对面交流，但这个网络四通八达的社会常常要求我们采用一些其他方式沟通。总的来说，面对面交流给每个人提供了最大的交流"带宽"。它允许人们琢磨话中的含义，对不明白的话提出疑问，获得对方的反馈，并与对方建立真诚的关系，这样的关系有助于双方轻松跨越谈判中的许多障碍。我们有一半以上的信息不是通过语言传达的，如果你只愿意表达书面或声音信息，就无法采用其他的很多沟通方式。第二大"带宽"的沟通方式是视频交流，随着像恐怖主义这样的地缘政治风险的增大和通信技术的发展，这种方式越来越普遍。接着就是电话交流，

这种方式至少还允许你通过语调和语速表达信息，并可以对语调和语速的变化做出解释。列表中的最后一项是电子沟通方式，如电子邮件和即时消息。

从方便程度考虑，这个列表中的各项要倒过来排列：会面通常最难安排，而电子邮件只需鼠标"咔哒"一声，信息就传送过去了。这样，我们难免更多地采用信息量最少的沟通方式，例如电子邮件。

前文讨论为什么我认为使用电子邮件是我们出售住宅最好的谈判方式时，我已经详细说明了这么做的几点好处，包括以下几点。

- 当谈判双方相距很远时沟通起来比较方便。
- 有充裕的时间考虑对方的下一步行动。
- 可以建立关于各项提议的清楚记录。
- 轻松传送大量数据，给各项提议做备份。
- 为不同资历和经验层次的谈判者划定谈判范围。
- 能够通过邮件群发方式迅速地在理念相近的人群中创建大联盟。

还有一点好处与个人好恶有关。非常讨厌谈判的人更喜欢使用像电子邮件这样的交流工具，因为它减少了面对面谈判产生分歧或对立的风险。

因为电子沟通方式如此方便快捷、惹人喜爱，所以指明其缺陷，引起大家警觉就显得尤为重要。研究人员在实验中反复证实了一些问题的存在。具体包括以下几个方面。

- **增大了陷入僵局的风险。** 由于缺乏语调、面部表情和语音停顿的辅助，电子信息比话语更加显得盛气凌人、"不留情面"（in your face）。这可能导致接收者随后做出愤怒的反应，矛盾由此扩大。好几项关于电子邮件谈判的详尽研究证实存在这样的问题。其中一项研究中，斯坦福大学和西北大学的 MBA 学生进行比赛，看谁谈判成绩更好。一半学生在开始谈判前只知道对手的姓名和电子邮箱地址；另一半学生在谈判前看到了对手的照片，并得到了明确指示，要相互交换有关爱好、家庭、工作计划和家乡的交际信息。94% 的"闲聊"小组没费多少力气就达成了协议，而"纯业务"小组只有

70%的人完成了谈判。

- **草率地发送邮件。** 坐在计算机屏幕前发送邮件，是一件很随意的、带有私人性质的事，容易使我们精神放松，因此有时我们会忘记这样的问题：电子信息容易被复制，并发给不相干的收件人。我从前的一名学生曾经错误地用电子邮件和上司谈论薪水之事。他的那封要求加薪的邮件让人感觉态度傲慢，似乎他认为自己在一些项目中业绩斐然，尽管其他人也对这些项目做出了贡献。那封邮件在公司领导层中被广泛传阅，最后他被炒鱿鱼了。

- **谈判的延迟。** 对电子沟通方式的研究表明，在解决同一个问题时，比起面对面交流和语音交流，电子邮件交流费时要长得多。沟通渠道越窄，传递信息的时间就越长。不过，谈判过程的延迟以及由此引发的误解问题只会出现在电子邮件用于解决争议时，用于达成协议时就不会出现。

- **团队决定的极端倾向。** 当团队之间通过电子邮件谈判时，它们做出的决定比面对面谈判时更容易走极端。由于缺乏交际意识，且采取非语言沟通方式，我们似乎更不愿意进行妥协。

如果你发现，即使自己更喜欢采取其他方式，但仍必须通过电子邮件来谈判，三个简单的步骤可以让你摆脱麻烦。第一，点击鼠标前多动脑筋。如果你情绪极为不佳，千万不要发送邮件。你要想到，一旦邮件发送出去了，除了本来的收件人外，其他很多人也可能看到这封邮件。

第二，在所有邮件中，你要不厌其烦地与对方约定进行一次简单的面谈，在提这种请求时一定要解释自己的理由。这也许有些虚伪，但有助于淡化邮件原本给对方的盛气凌人之感。即使只是在邮件开头用问候性的"你好，约翰"取代"约翰"，也能增加别人的好感。

第三，在冗长拖沓的谈判中，隔一段时间给你的对手打个电话，如果可能，同他们见几次面。这些联系能帮助你表达电子邮件无法传递的友善信息。一些公司发现，如果只依靠电子方式沟通，跨部门的项目攻关组可能要花更多的时间才能完成任务。要解决这个问题，可以将电子沟通方式、电话会议和偶尔的碰头会结合起来。

即时消息（instant messaging，IM）作为电子邮件的有趣变体，在公司沟通和实时交流（real-time trading）中应用得越来越普遍，特别是在谈判涉及好几个当事方的情况下。当谈判执行团队的成员都习惯用IM与多个对手交谈时，这种电子沟通方式无疑将在更加正式的商业谈判中受到欢迎。

与电子邮件不同，IM允许谈判各方同时进行多个实时对话，包括其他人看不到的私人交流。此外，同电子邮件一样，IM能创建包含全部谈话内容的精确记录。这很了不起，即使是电话会议，也无法将这两种优点结合起来。另外，电子邮件容易给人不近情理的感觉，IM也同样深受其害，在一定程度上，使用者需要更加谨慎。你的话语会立刻变成历史记录，在点击鼠标前根本不存在"停顿时间"，而你本来可以利用这段时间剔除唐突的措辞，阻止情绪的发作。

最后要说的是，研究者对IM和电子邮件在谈判中的应用进行了比较，认为竞争型谈判者更适合使用IM。竞争型谈判者为了使自己的立场站住脚，准备了纷繁复杂的论据。他们的对手发现自己在IM急风暴雨般的对话环境中无言以对，因此容易做出让步。相反，电子邮件允许反应慢的一方在发送邮件前慢慢思考，想出更加巧妙的答辞。

简而言之，通过IM来谈判，需要更加仔细、更加谨慎，做更多的准备工作。

综述：制订你的谈判计划

你已经了解了情境分析的基础知识，并能估计出其他人可能采取的各种谈判策略，现在需要综合利用这些知识及6个基本要素的有关信息，制订出详尽的谈判计划。我提供了一份简单的表格帮助你（见书后二维码）

来编排收集到的信息。你应该根据制订的计划行事，随着谈判过程的深入，不断完善这个计划。

你在准备阶段制订的出色计划是以信息为基础进行谈判的关键。但好的计划只是开始，准备阶段最有意义的工作之一是列出你在谈判开始阶段想问明白的细节问题。毕竟，你的计划建立在一系列关于对方所需和所想的假定的基础上。下一章将谈到，谈判的开始阶段使你有机会检验这些假定是否与对方直接表达的信息相符。

小结

本章介绍了有效的谈判准备工作的基本知识。第一，根据情境矩阵判断你面对的是什么样的基本情境。问问自己，这种情境中采取什么策略最合适？

第二，需要将情境分析和对自己谈判风格偏好的了解综合起来，以确定你在多大程度上适合参加本次谈判。如果你基本上属于合作型谈判者，想要在交易型谈判中取得佳绩可不容易，除非你的谈判对手与你属于同一类型。如果你是个争强好胜的人，那么在应对关系型谈判时，可能缺乏某些必需的技巧，因为关系型情境离不开巧妙的交际手段。

第三，尝试设想对方如何看待本次谈判情境。他们认为关系重要吗？他们对利益的重视程度与你相同吗？情境分析能帮助你预测对方可能采取的策略的范围。

第四，确定以什么方式与对方交流最合适。雇代理人有用吗？如果你直接与对方谈判，你们应该面对面，还是依靠电话交流？或者用电子邮件沟通？

第五，将你收集来的情境信息和对6个基本要素的深刻认识结合起来，拟订一份详细的谈判计划。根据这个计划列出一些问题，在谈判开始阶段请教对方，以验证你的假定是否正确。

你拥有的时间也许不足以完成所有的工作,但至少记住:开始谈判前花上几分钟回忆一下6个基本要素和情境矩阵,将给你带来重大收获。事实上,研究表明,要成为出色的谈判者,最重要的一个步骤是养成准备策略的习惯。约翰·伍登(John Wooden)——富有传奇色彩的美国加州大学洛杉矶分校(UCLA)篮球教练,曾经总结过策略准备工作的真谛,用了一个令我难忘的短句:失败的准备工作,意味着准备失败。

下面应该进入谈判的互动阶段了。带上你的谈判计划,我们一起踏入步骤2:交换信息。

BARGAINING
FOR
ADVANTAGE

| 第8章 |

步骤2：交换信息

与人谈判时，先倾听要好过先直击主题。

——弗朗西斯·培根（1597）

不提问的人学不到知识。

——福尔富德⊖民谚

回想一下本书第 1 章开头提到的谈判案例。想起"漫天要价"这句俗语了吗？坦桑尼亚的阿鲁沙部族用这句俗语描述谈判的开始阶段，在这个阶段，谈判各方表明自己的要求，并针对其他当事方的要求提出反要求。没有人拿这些初始要求当真。确切地说，它们只是一种方式，阿鲁沙谈判者通过这种方式安排议事日程，检验预测的准确性，并确定自己立场的合理性。当谈判各方开始认真考虑实质问题时，他们仿佛得了"容忍性健忘症"(tolerantamnesia)，很轻易地将过分的初始要求抛到九霄云外。

还记得彼得与大众电影公司的迪克·史密斯就哈考特·布雷斯·彼得公司前途进行谈判的开始阶段吗？在初次交锋中，双方小心谨慎，像在合

⊖ 尼日利亚的一个部族。——译者注

跳管弦乐米奴哀舞。但彼得跳出原来的安排，出人意料地送给史密斯一块价值不菲、令人难忘的手表，并指出大众电影公司是拯救 HBJ 的最大希望，当时 HBJ 濒临破产。彼得的礼物和坦言发挥了重要作用，有助于营造友好气氛，并让史密斯知道，在大众电影公司的优势面前，彼得明白自己的分量。这些举动营造了相互合作的氛围，在这种氛围的推动下，双方建立了工作关系，最终达成了协议。

不论是"漫天要价"，还是像赠送礼品这样的预备活动，都不属于谈判，至少就这个词的通常意义来说是如此。这些活动不含付出回报过程，也没有对具体提议的可行性做出明确的检验。其实，那些初始步骤是谈判的某项程序的一部分，这项程序总是在谈判开始前执行，有时谈判过程中也要进行，那就是信息交换。有效的信息交换过程要实现好几个目标，本章会一一讨论。这些目标包括：谈判者个人之间建立和谐关系，使谈判各方潜在的相关利益、问题和认知明朗化以及根据各方的相对优势对预测做初次检验。

正是在交换信息阶段，而不是正式谈判的后期，我们第一次有机会探究 6 个基本要素理论在实践中的应用情况。我们将展示我们谈判风格的特点——个性、性别和文化背景（第 1 章）；表明我们的目标（第 2 章）；通过试探找到对方的利益所在（第 5 章）；检验关于如下要素的假设正确与否：可应用的标准（第 3 章）、关系（第 4 章）和优势（第 6 章）。

在与对手共享信息时，我们可以获悉他们对互惠原则（第 4 章）的承诺。如果在信息交换阶段能确立这样的原则，双方就会建立信心，这种信心将为双方共渡难关达成协议助一臂之力。如果不能确立，谈判双方在通往成功的路上将举步维艰。

很多时候，我们在谈判中只需极短的时间就可交换信息。想想第 7 章提到的两辆汽车在十字路口相遇的那个例子。要判断另一位司机的意图和个性，只需迅速与之交流一下眼神，便可以决定如何通过这个路口。在更加正式的谈判中，情况同样如此。在回答重要问题时，一次满意的注视，一次紧张的停顿或者皱一下眉头，都能传递出大量信息。

　　文化背景的差异在交换信息阶段也是极为重要的因素。我在前文提到，对文化形态的研究表明，在谈判中西方人总的来说更多地属于"任务导向型"，美国人尤为如此。就是说，我们美国人喜欢说一句"那么，说说你们的提议吧"，从而缩短信息交换的时间，接着便开始考虑实质性事务。

　　与此相反，在亚洲、非洲和拉丁美洲的许多"关系导向型"文化中，信息交换阶段发挥的作用重要得多。在该阶段，谈判各方不仅期望弄清谈判的目的是什么，而且希望建立个人或工作关系，这种关系的内涵将超越这次利益之争。如果在讨论阶段初期各方未能使这种关系实质化，谈判很可能异常艰难，参与者也许永远无法进行有意义的谈判。

　　下面我们将更仔细地分析一些例子，逐一阐明信息交换阶段要达到的三个主要目标：①营造友好气氛；②获得关于对方的利益、问题和认知的信息；③表明期望和优势。在我们进入信息交换过程时，切记：这是谈判的初始阶段，是整个谈判过程中最易被忽视的部分。记住这一点，你将会获得巨大的竞争优势。

目标1：营造友好气氛

　　信息交换阶段首先要留意的就是谈判桌上的情绪或气氛——谈判者之间的友善程度。信息交换依靠有效的人际沟通，友好的气氛对此大有裨益。

　　也许有人认为友好气氛无足轻重，仅仅只是交际上的细节，谈判老手对此有更深刻的认识。就像J. P. 摩根在和老约翰·D. 洛克菲勒谈判中表现的那样（第7章），谈判专家也许会态度粗暴地大声叫喊："你们打算要多少钱？"但他们这么做是有目的的，要么是在故意威吓对方，要么是为了回击对方的威吓行为。另外，在象限Ⅱ的关系情境中，营造良好氛围是谈判过程中最重要的部分。

　　谈判专家可以讲出很多他们精心营造友好气氛以启动重要谈判的故

事。这些故事就其自身来说很有趣，而且还反映了专家们对谈判早期营造合适氛围非同寻常的重视程度。

20世纪60年代中期，西方石油公司（Occidental Petroleum）雄心勃勃的首席执行官阿曼德·哈默（Armand Hammer）第一次向利比亚投标，购买该国颇具价值的石油特许开采权。他的投标方式与众不同，因为他遵循的是阿拉伯习俗而非西方习俗。为此他颇费了一番周折：先将投标书写在羊皮纸上，然后卷起来，用缎带扎好，缎带上绘有象征利比亚的绿黑两色。这是在告诉利比亚人，他研究过阿拉伯文化，并怀有敬仰之心。最后他赢得了合同。

这里说一种在谈判中可以营造友好气氛的历史悠久的方法：找到一些可与对手分享的共同利益、嗜好或与谈判无关的经历。当华纳传播公司（Warner Communication）（后来发展为时代华纳（Time Warner）公司）富有传奇色彩的创始人史蒂夫·罗斯（Steve Ross）打算创立该公司时，他还在从事殡仪馆业务。在罗斯放弃原有工作进入更大规模的行业采取的第一组措施中，其中一项就是帮助一家小型汽车租赁公司与恺撒·基梅尔（Caesar Kimmel）就一笔生意进行谈判，后者在纽约市内外拥有大约60个停车场。罗斯希望基梅尔允许那家汽车租赁公司使用他的停车场出租汽车，租车的客户可以免费使用停车场。作为回报，罗斯打算给基梅尔提成租车费。

谈判开始前，罗斯彻底调查了基梅尔，在各方面信息中，有一条引起了他的注意。基梅尔是个不折不扣的赛马迷，拥有自己的马，并让它们参加比赛。罗斯知道一些赛马的事，因为他的姻亲也养马，并且也参加赛马。

当罗斯走进基梅尔的办公室开始谈判时，他做了一件事，此举被后人称之为史蒂夫·罗斯的经典谈判招数。他很快扫视了整个房间，眼光停留在一张加了外框的照片上，照片是基梅尔的一匹马站在一次大规模马赛的冠军组中。他走过去，端详了一会，然后故作惊奇地喊道："这场比赛的2号马是莫蒂·罗森塔尔（Morty Rosenthal）（罗斯的亲戚）的！"听了这话，基梅尔微笑起来。两人话语投机，后来联手进行了一次非常成功的风险投资，那次投资的实体最终发展为罗斯的首家上市公司。

相似性原理

社会心理学家已证实，史蒂夫·罗斯以及其他许多谈判专家对如何正确地开始谈判有一种直觉。心理学家罗伯特·西奥迪尼（Robert Cialdini）称之为"喜好定律"（liking rule）。他解释说："当我们认识且喜欢的人提出请求时，大多数人都不会拒绝。"

喜好定律其实还有更基础性的规律作为支持：当我们熟悉某人，或认为他与我们有相似之处时，我们对他的信任更多一些。过去35年中，一系列研究不断验证了这样的事实：如果有人在外表、观点、信仰或情绪上与你相似，并且他们很好地展现出这些相似性，你会更喜欢他们。正如阿曼德·哈默写在羊皮纸上的投标书所表明的那样，这些相似性不必达到为更好的沟通扫清一切障碍的深度。我在第4章中讨论过，实际上，有时特定群体中共同的关系或成员身份，如俱乐部成员、宗教信徒、大学校友甚至是国籍（当身处国外时），就完全可以在瞬间激发人们的关联感和相似感。这种瞬间的情感爆发也许足以在谈判者之间建立和谐关系了。

即使双方都明白对方传递相似性信息仅仅是为了营造友好气氛，也没有什么要紧的。第7章提到的电子邮件的试验表明，即使双方得到指示要在谈判前"闲聊"，这样的闲聊也会减少谈判陷入僵局的风险。我是个谈判老手，但是如果别人巧妙地设计谈判开局，和我聊聊共同经历和一起加入的组织，说说都认识的熟人的情况，我仍然会不由自主地受到这些相似性信息的影响。相似性原理是作用于人类心理的一种强制性力量，同重力对物体的作用非常相像。

营造和谐气氛的不足之处：过分或不尽

这里重复一遍：和谐气氛的形成不会也不应该使谈判一方获得对另一方的重大优势。如果你觉察到对手因为营造友好气氛的初步成功而试图收回让步承诺，你应该警觉，自己正在由谈判操作者变为被操控者。阿曼德·哈默没有因为用羊皮纸写投标书而降低购买石油特许开采权的报价，史蒂夫·罗斯也不是因为对基梅尔的赛马表现出兴趣才得到让租车人免费停车的许可。

确切地说，这两人都是运用自己对友好关系的认识打开了一条特殊的个人沟通渠道，这样他们可以将谈判信息传递给对方。这么做是为了让对方明白他们面对的是与众不同之人，而不是前来讨求之辈。两个故事都说明，让别人认为你与众不同的一个好办法就是让他们知道，你认为他们独一无二。

关于信息交换阶段中营造友好气氛的过程，我们谈了很多。大多数人谈判时都明白，别人想从自己这里得到些什么。因此，我们要对一些谈判技巧保持警惕或不予理会，这些技巧包括恭维和意在施加影响的巧妙的交际手段。讨人喜欢的行为若有明显的操纵痕迹，通常并不起作用，甚至可能极大地损害刻意营造气氛者的信用度。

另一个极端是在谈判开始就犯下不必要的愚蠢错误，导致对方紧张，甚至冒犯对方。这在跨文化情境中尤其常见，因为任何无心的举动都可能干扰谈判。我很喜欢讲述一些关于笨拙的谈判开局的例子，其中一个与知名计算机芯片制造商英特尔公司有关。这个例子也提醒人们，大型组织的谈判团队包括所有员工，而不仅仅是那些碰巧坐在谈判桌前的人。

20世纪80年代早期，英特尔开始同日本的一家公司进行一系列非常秘密的谈判。英特尔的谈判团队出发前做足了准备工作，到达东京时，他们已对所有相关社交礼仪胸有成竹，这是与日本伙伴建立商业关系所必需的。

在英特尔的美国总部，总顾问罗杰·博罗沃伊（Roger Borovoy）拿起电话接受一名报社记者的电话采访。记者以谈话的口吻问博罗沃伊，与日本公司谈判是艰难还是轻松。"同日本人谈判就像同魔鬼谈判。"博罗沃伊回答。不久，他的回答作为引文出现在记者的报道文章里。

这篇文章发表不久，英特尔在日本的谈判开始了。博罗沃伊的话很快传到了与英特尔谈判的日本人耳朵里，这群想要成为英特尔伙伴的日本人不高兴了，谈判进程被大泼冷水。

英特尔的董事长安迪·格鲁夫（Andy Grove）对此事怒不可遏。为了引以为戒，他设立了一项新的英特尔内部"奖励"。这项"奖励"称为"口罩奖"，奖品为一只安放在木板上的革制狗戴口套。博罗沃伊是第一位获奖者，奖品一直摆放在他的办公室里。直到英特尔的另一位管理者对新闻界发表不合时宜的评论后，奖品才易主——这位管理者获得了将"口罩奖"挂在桌后墙上的"荣誉"。

总结：在谈判开始时营造友好气氛是信息交换过程不可小视的独立部分。每个人，不论单纯还是世故，都喜欢得到他人的认可。这种认可越是发自内心，就越能收到效果。

目标 2：获得关于利益、问题和认知的信息

信息交换阶段的第二个主要目标是获取有关对方利益、问题和认知的基本信息。他们是谁？他们来谈判的目的是什么？他们所关注的是什么？他们准备怎么谈？他们如何判断当前的谈判情境？他们有权结束谈判吗？在各种类型谈判的信息交换阶段，这个目标都是值得重视的。利益冲突越严重，越应该多费功夫去获得上述问题的答案。

要判断出对方的利益和问题，你必须先做好准备工作，运用 6 个基本要素理论研究对手，分析情境矩阵。事实上，信息交换阶段使你有机会检验先前提出的关于对方需求和主张的假设是否正确，并向对方表明你自己

的基本利益。所有这些工作都是在不用做任何让步的前提下完成的。

为了理顺我们关于分享利益、问题和认知信息的讨论，我想先讲一个故事。在这个故事中，一次跨文化谈判最终因为谈判者没有正确掌握信息而失败。这又是一个有关索尼董事长盛田昭夫的故事，我们在第 2 章曾提到他在纽约销售晶体管收音机。这个故事讲述的是一些非常老练的谈判者容易犯的大错，造成重大损失。

这个故事发生在 1976 年，距离盛田昭夫发誓要让索尼成为优质电子产品行业里家喻户晓的名字有 21 年了。当时美国电影业人士试图通过诉讼阻止一项新兴技术——录像机（VCR）的传播。

盛田昭夫赴宴

1976 年 9 月，环球影片公司（Universal Pictures）及其母公司美国音乐公司（Music Corporation of America，MCA）的董事长西德尼·希恩伯格（Sidney Sheinberg）遇到了麻烦。索尼正在推出被称为 Beta 制大尺寸磁带录像系统（Betamax）的新电子设备，这就是我们现在称为 VCR 的前身。Beta 制大尺寸磁带录像系统允许电视观众复制和重放电视节目。

希恩伯格觉察到，Beta 制大尺寸磁带录像系统将威胁他的基本经营战略。这种设备允许消费者用录像带免费复制环球影片公司的电影和电视节目，并且只要愿意，他们可以随时重放这些录像。如果观众已经有原节目的录像带，电视台怎么可能花钱重播这些节目？

"这（Beta 制大尺寸磁带录像系统的推出）是一次侵犯版权的行为，一定是。"希恩伯格听到索尼推出这款电子设备的消息后说，"如果任由他们（推销它），我就是傻瓜"。

情况有些复杂，MCA 和索尼在一些项目上存在合作关系。尤其令人头疼的是，MCA 正希望索尼成为"影碟"MCA 开发的用来播放预录电影的新技术重播器的核心制造商。两家公司还在其他几个项目上合作。

因此，从索尼的角度看，两家企业是合作关系。但从希恩伯格的角度看，利益冲突明显加深了。情况很棘手。

恰在此时，希恩伯格和 MCA 的主席卢·沃瑟曼（Lew Wasserman）同盛田昭夫将按约定在纽约共进晚餐，双方要讨论索尼参与影碟项目的具体事项。希恩伯格希望，在结束关于影碟项目的和谐的自由讨论会后，通过举行非正式的晚餐谈话，不失时机地引出 Beta 制大尺寸磁带录像系统的问题，而不危及索尼和 MCA 的整体关系。

为了准备这次会谈，希恩伯格让他的律师事务所研究并准备了一份关于 Beta 制大尺寸磁带录像系统合法性的法律备忘录。希恩伯格读着备忘录，越来越确信，他能够并且应该阻止这项技术的发展。他的立场明白无误：依据美国法律，Beta 制大尺寸磁带录像系统是非法设备。如果盛田昭夫不停手，希恩伯格就打算起诉他。

朋友不会相互起诉

到了约定的日子，希恩伯格、沃瑟曼与盛田昭夫及索尼美国区总裁哈维·沙因（Harvey Schein）在索尼美国分公司总部见面。四人就影碟项目展开了长时间的热烈讨论。

随后他们来到索尼的主会议室，这里已备好晚餐。在晚餐接近尾声时，希恩伯格从外衣口袋里拿出了那份法律备忘录。他对惊讶的听众们解释说，索尼要么停止该产品的生产，要么提供其他形式的妥协方案，否则环球影片公司将不得不提出诉讼。

听到这些话，盛田昭夫既惊讶又迷惑不解。难道双方不是刚讨论完一笔重大合作业务吗？诉讼又从何谈起呢？

作为商业纠纷，盛田昭夫否认 MCA 关于 Beta 制大尺寸磁带录像系统和影碟项目之间存在矛盾的评论。"我完全不同意这个结论。"他说，"因为未来影碟和录像机将会共同存在，就像在录音领域中磁带和录音机共同存在一样。"

接着盛田昭夫又表达了自己的困惑：这起纠纷会如何影响 MCA 和索

尼的商业伙伴关系？他说，环球影片公司和索尼这样两家存在合作关系的企业前一分钟还在讨论影碟的合作项目，下一分钟又相互威胁要起诉对方，这令人费解。

盛田昭夫试图用任何日本人都明白的比喻来表明自己的观点。"当我们（用一只手）握手时，"他告诉希恩伯格，"我们不会用另一只手打你。"这是日本商业文化中的一条基本原则。

希恩伯格和沃瑟曼离开后，盛田昭夫让哈维·沙因放心，MCA不会真的想诉诸法庭。"多年来我们一起做了很多事，现在又在讨论影碟项目，"盛田昭夫说，"朋友不会相互起诉的。"通过私下谈判解决，纠纷的大门就这样被关闭了。

在不到一个月里，在未告知索尼的情况下，环球影片公司与迪士尼及其他一些娱乐业制造商结成联盟，开始起草起诉书。同时私家侦探在收集证据，证明Beta制大尺寸磁带录像系统被用来复制受法律保护的电视节目。终于，1976年11月11日，国际环球影片公司和迪士尼一纸诉状将索尼告上法庭。

盛田昭夫是在日本听到这个消息的，当时他正准备去打高尔夫球。一位同僚后来回忆说，得知被起诉时，盛田昭夫"像面临死亡似的吼叫起来"。

既然已被起诉了，盛田昭夫接受了挑战，索尼最终打赢了官司。在花费了11年时间和数百万美元诉讼费后，美国最高法院宣布了最终裁决，判定索尼有权制造和销售录像机。

到诉讼结束为止，所有相关公司，从迪士尼和环球影片公司到索尼，都因为销售一种新产品——录像带而赚取了数百万美元。这种产品采用了便利快捷的全新销售渠道，就是录像带商店。与希恩伯格的担忧相反，电视台仍然为重播环球影片公司的电视节目支付最高费用。大家仍然走进电影院看电影，甚至对能租录像带回家观看的电影，也会有人选择去电影院欣赏。在这期间，盛田昭夫写了一篇文章，在哈佛大学进行演讲，题目是

"美国律师如何阻碍企业家扩展事业"。

别做"长舌妇"似的谈判者：多提问

在Beta制大尺寸磁带录像系统谈判中，希恩伯格犯了三个典型错误：其一，他认为给未做准备的对手当头棒喝，可以为自己获得谈判优势；其二，他关注的是传递本方信息，而不是提问和倾听；其三，他忽视了潜在的文化差异。就盛田昭夫这一方而言，他未能跳出自身的日式谈话框架从对方角度考虑问题，也同样没有倾听对方的意见。

首先，希恩伯格提出Beta制大尺寸磁带录像系统的问题让盛田昭夫大吃一惊，他从中获得了什么呢？将谈判视为博弈或体育比赛的人通常认为，他们可以通过欺骗或震慑对手获得优势。他们还认为，采取声东击西的策略，将为己方的讨价还价赢分，但是在重要谈判中，这通常意味着犯错。其实，给对方时间，让他们做好准备讨论实质性问题，你会有更出色的成绩。

有一次，我和一位专业劳资协调员受某公司管理层委托，帮助推动该公司工会和管理层间的劳资谈判。公司认为工会固执无礼。工会组织涣散，领导人上任不久，认为公司想榨取工人利益。工厂里关系混乱不堪。我们怎么解决问题的呢？在委托期的头三个月我们帮助工会更好地组织会议。为什么呢？因为有一年多的时间，工会没有召开过一次像样的会议，领导人既无经验，又没接触过实质性问题。为了取得进展，管理层希望谈判桌前坐着的是组织良好、熟悉情况的对手。

希恩伯格的另一个错误来源于他对盛田昭夫的利益、问题和认知漠不关心。由于将那场纠纷定性为合法权利受到侵犯，希恩伯格认为无须与对方争论，这样就堵死了在商业利益上进行沟通的道路。

最后，希恩伯格没有考虑盛田昭夫看待企业关系的日式思维方式。我在第1章明确提出，要想在信息交换阶段成功表达自己的立场，必须考虑文化差异。每年美国人要向法院提交数百万封起诉书。在美国，诉讼是正常的商业现象,虽然并不是最终手段;在日本,极少有纠纷是在法庭上解决的。对日本人而言,诉讼会对成果颇丰的商业关系造成毁灭性的打击。本案例就是如此。

先调查,后发言

对谈判有效性的研究不断证明了一个关于谈判老手的简单事实:他们比普通谈判者更关注接收信息,而后者更关注传递信息。在第1章中,我认为倾听对手的观点是谈判老手能发挥作用的关键因素,在信息交换阶段最适宜的行为是先调查,后发言。"长舌妇"般的普通谈判者恰好反过来:他先是漫不经心地透露本方的信息,然后再向对方发问。

表8-1显示的是尼尔·雷克汉姆(Neil Rackham)和约翰·卡莱尔(John Carlisle)的一项研究成果,该研究旨在考察英国劳工谈判者和管理层聘请的职业谈判者在现实谈判中的行为。哪些事情谈判老手会做,而普通谈判者不会做?

表 8-1 收集信息行为占全部被考察行为的百分比

	谈判老手 (%)	普通谈判者 (%)
提问	21.3	9.6
确认回答以加深理解	9.7	4.1
总结	7.5	4.2
总计	38.5	17.9

第一,谈判老手的提问次数是普通谈判者的两倍。这些问题不是随口问的,而是事先想好以引出真实信息,如"贵方何时能发货"或"你们怎么考虑你们的报价"。第二,谈判老手会确保没有错误理解对方的回答,如"您说'10天',指的是日历上的10天,还是10个工作日"。第三,当谈判进行到他们认为合适的阶段时,他们会总结前面达成的共识,如"我的

理解是，我们已同意支付你们整 90 天的供货费用，你们也已承诺自收到我们需求清单当日起 7 个工作日内发货，有异议吗"？最后，他们会留意对方所有的回答。

雷克汉姆和卡莱尔的研究表明，老练的谈判者用 38.5% 的时间获取和确认信息。与他们相比，普通谈判者只用不到 18% 的时间做这些工作。此外，通过检验自己的理解是否正确，高效率的谈判者十分清楚哪些信息是他们听到的，哪些是所有人都同意了的。这意味着，有老手参加的谈判，在达成和履行协议阶段麻烦会更少，在这个阶段，错误的信息传达是常有的事，而且后果严重。

这些发现被各行各业的研究者所证实。一位美国律师研究发现，最有能力的谈判者"感觉敏锐""擅长从暗示中读出信息"，能够"深挖对手的立场"。另一项研究（这次是美国银行家们做的）指出，"倾听技巧"是该行业一流谈判者最重要的三项能力之一。其他几项是什么呢？准备策略的意愿（排名第一），对谈判主要议题的了解和在压力下保持思路清晰的能力（排名第二）以及表达观点的能力（与"倾听技巧"并列第三）。但是，来自数个不同领域的专业人士进行的又一项研究则认为，"倾听技巧"在交流技巧中位列第二，排在"表达清晰"之后。

提出问题并确认对方的回答对信息交换大有裨益，而且这些技巧还让使用者有额外的时间谋划下一步行动。大多数人看到一位听众在专心倾听自己讲话，会非常感动，以至于几乎觉察不到你在巧妙地研究他们。直到他们突然感到自己有必要提些问题，才会停止长篇大论。到那时，有能力的谈判者已收集完所需信息，正好以此做出恰当的回复。

信息交换的战略本质

一切听起来如此简单。你所要做的就是问对方什么是他们关心的，然后他们就会告诉你答案，对吗？不全对。在谈判中，信息，尤其是人们的需求信息，就是力量。如果对方头脑清醒（你必须假定他是这样的），会要求你在他之前表明你的利益和需求。这是为什么呢？正如美国体育经纪人鲍勃·伍尔夫所说（第 6 章），因为"对方希望或必须达成协议的任何理由都可以转化为我的优势，前提是我知道那些理由是什么"。也就是说，对方谈判者希望查明你的需求是什么，这样他们可以判断你的需求是否能为他们提供谈判筹码。

信息传达的筹码效应常常使谈判开局带有喜剧风格："你先——不，你先。"有一次我给一家韩国公司的高层经理主持谈判研讨会，我设计了一个极其复杂的国际谈判场景，有很多问题有待解决。其中一些问题对谈判一方比对另一方更重要，还有一些对双方同等重要。为了使这个场景贴近现实，我们邀请了一组美国管理人员同这些韩国经理谈判。

一位到场的美国企业家显然习惯了在谈判中控制局面。他很健谈，对人过分亲热。他带领由美国人组成的谈判小组与韩国对手坐在一起，开始谈判。在大家发言之前，此人先做了一番动员。

"瞧，"他说，"我可以肯定这里有些事对你们更重要，有些事对我们更重要。你们这些家伙为什么不直接说出你们的'热点问题'（hot-button issues）是什么？这样我们就可以提出让双方都受益的最佳方案了。"

我确信他的这番话在很多场景中都起作用，因为说这些话时他信心十足。他说完后，韩方成员凑在一起，用本国语言快速交谈了一会。最后，英语很棒的韩方小组领导人代表全组回答。

"非常感谢您的提议。"他说，"我们也在思考对双方都有利的方案。不过，您必须原谅，我们不太确定您所说的热点问题指的是什么。对我们来说，所有这些问题都重要。也许您可以首先告诉我们您的'热点问题'是什么，这样我们就能明白您的意思，也许还会说出我们的。您接受吗？"

那位美国企业家发怒了，有些语无伦次。最后，他的一位小组成员建议，双方开始讨论所有问题，一个一个地来，这样就不用为"热点问题"烦恼了。最终，双方都切实理解了另一方要优先考虑的问题。但他们完成这一步，靠的是留意隐藏在意见交换过程中的信息，以及小心翼翼地质疑这个问题为什么重要或那种选择为什么不可能。那位企业家开始的建议和韩方小组领导人的机智回答被忘记了。

相关研究证实，交换关于利益和问题的信息是件棘手的工作。我在第5章提到，一项最新的调查分析了32项不同的谈判研究成果，这些研究成果涉及的谈判参与人数超过5000人。调查发现，谈判者在50%的时间里未能正确认识共同的需要优先考虑的事。

造成这种混乱局面的主要原因是各方在谈判过程中相互欺骗，他们假装关注某些实际上没那么重要的问题，以此来获取战术优势。欺骗扭曲了谈判中正常的信息交流，造成巨大损失。例如，一项研究中，20%的研究对象，包括一些经验丰富的专业谈判者，因为使用欺骗手段而产生负面效果，最终只能同意选择双方都不满意的方案。

控制利益信息交流的最好方法是认识到它是一个战略过程，要从容进行。这么做基本上不会减少交流次数或内容。

开口说话前，先竖起耳朵听。先调查，后发言。

目标3：表明期望和优势

在处理 Beta 制大尺寸磁带录像系统纠纷时，西德尼·希恩伯格没花多少精力去调查盛田昭夫的利益和问题。不过这个批评也许是不公平的。毕竟，希恩伯格经过深思才认定 MCA 和索尼之间存在严重的利益冲突。可是他没打算询问对方的想法，而是直接传达这样的信息：要么放弃 Beta 制大尺寸磁带录像系统，要么依据版权法向我们支付版税；否则，法庭上见。

如果在谈判中你必须向对方提交最后通牒或其他任何"谈判终结书"（deal breaker），你应该怎么做？大多数专家同意，传达让人不愉快的消息最好做到：时间要早，内容明确，可信度高。那样，在对手假定你态度灵活并根据此假定制订计划后，你可以降低他的期望值，避免让他以后失望。在那些期望也许能实现的问题上现实一点，能节约大家很多时间，减少困惑。

由此引出信息交换过程的第三个基本作用：表明你的期望和优势。回忆我们在第 6 章中的讨论：你的谈判优势既是现实存在的，又是一种主观认知。对手相信你有什么优势，那才是你真正的优势。如果你的条件有吸引力，或者能源源不断地获得合乎规则的优势，又或者没有对方的合作也能轻松地开展业务，那么你可以在信息交换阶段向对方表明这些优势。如果你不具备任何上述优势，最好针对这个现实制订应对计划。

下面我将分两种基本情境讨论如何传递本方的信息：认为自己处于相对弱势时和认为自己处于相对强势时。图 8-1 总结了在这两种情境下，根据你愿意达成的灵活程度，你可以传递什么信息。

	你的实际优势（你的认识）	
你准备如何运用你的优势	**强势**	**弱势**
强硬	充满信心地提要求，发出可信的威胁，展示你的选择，让对方做决定	强调未来的不确定性虚张声势（做出实力强大的样子，尽管实际力量弱小）
灵活	向对方表明你意在发展双方关系，慷慨待人	承认对方的实力，强调未来合作的潜在收益恳求对方的同情：如果他们处在你的境地会怎么做

图 8-1 表明你的优势

情境 1：你处于弱势

如果缺乏好的谈判筹码，我建议你强调未来的不确定性总是难以避免的。假设你在销售某种商品时，顾客的报价差强人意，但又没有其他报价，你可以思考，如果现在不能成交，即使努力做更多的营销工作，将来就一定能售出这种商品吗？或者谈论你对现状的满意程度。简而言之，即使你处于弱势，没有多大的选择余地，仍然可以向对方传递信息，让他们认识到，现在就达成协议，可以将未来风险降至最低；同时对方也可省下继续寻找伙伴所需的花费。这些信息影响力不大，但可以保证你不会深深陷入谎报或错误传达本方情况的泥潭，在这个前提下，继续进行谈判。

有些人试图靠虚张声势闯过不利的谈判局面。成功的虚张声势能为人们提供精彩的谈判故事，但这是一种高风险策略，最终你可能一无所获。事实上，有经验的谈判者通常能看穿这种花招，特别是像"让他们等着"这样的伎俩。利姆可有限公司董事会主席莱斯利·H. 韦克斯纳（Leslie H. Wexner）曾经解释说："他们让你等得越久，就越想签协议。"除非你是经验丰富、擅长计谋之人，否则不要使用虚张声势这种招数，而是要向更强大的一方强调，如果拒绝你的提议，他们的未来将产生内在的不确定性。

如果你的劣势很明显，而且发现对手知道这一点，你可以借此机会提高自身信用度以使谈判尽可能带有私人性质。可以安排面对面会谈，坦率承认对方的强大，在这个基础上继续与之谈判。第1章中，彼得对迪克·史密斯坦言大众电影公司是 HBJ 的最大希望，就是这样的举措有利于形成合作气氛，促成协议达成。

最后，如果上述行动都失败了，你可以恳求对方的同情。问对方谈判者，如果他处在你的境地会怎么做。向对方提出"空头支票"似的问题，如"您要什么样的回报才会答应"。如果对方回答这样的问题，你也许会发现自己的优势比原来想象的要多。

情境 2：你处于优势

现在假设你认为自己实力强大，也就是说你的谈判筹码不错。在信息交换阶段你应该向对方传递哪些信息呢？你可以发出强硬信号：你有实力要求有利于本方的协定，而且打算坚决要求那么做。也可以在显示实力后，表明你想保持灵活态度，以便为将来合作发展友好关系。

假定你想要传达有影响力的强硬信息。在不表现出傲慢或咄咄逼人气势的前提下，你将如何做到这一点？希恩伯格和盛田昭夫的谈判是为什么做不到这一点的最好例子。希恩伯格未能从他与盛田昭夫的会谈中获得任何有用的筹码，是因为他最终没能使盛田昭夫确信，诉讼威胁会成为现实。其结果是双方相互误解，商业关系破裂，丧失大好商机，并陷入一场长达 11 年的诉讼战中。

其实，希恩伯格本应要求盛田昭夫带律师参加一次关于 Beta 制大尺寸磁带录像系统的特别会议。"这就是目前的形势，"他本可以在己方律师做完法律陈述后这么说，"我们是要将这事提交法院解决呢，还是以商业方式处理？"实际上，希恩伯格本可以告知盛田昭夫美国人如何处理涉及诉讼的商业关系。

如果你的优势很多，但因为种种原因，你愿意在立场上有所松动，那么应该如何向对方传递己方信息？

J. P. 摩根与安德鲁·卡内基就合作关系中利益分配问题进行的谈判就是这方面的好例子，第 4 章讲了这个故事。卡内基犯了一个错误，少向摩根索要 1 万美元，少于他希望从合作中获得的收益。当卡内基露面索要支票时，摩根给了他两张，一张代表双方同意的金额，另一张是摩根为卡内基的错误支付的钱。卡内基想退回第二张支票，摩根不愿接受。卡内基拿到了钱，摩根得到了信任，这为双方将来的关系打下了基础。

在任何谈判中，如果你有优势但不准备使用这些优势，你可以采取的策略与上面这个例子是相同的。让对方知道你有哪些谈判优势，然后再表明自己不打算使用这些优势。做这件事时，不必显得傲慢自大，态度平和就可以了。你的目标不仅是完成交易，更是为了建立关系。关系良好的谈判者不会在谈判中表现得贪得无厌，而是相互公平对待的。总有一天，对方会给你回报的。

小结

信息交换过程是谈判互动期内第一个至关重要的阶段。一般而言，这个阶段要达到三个目的。首先，如果形势允许，谈判各方要通过营造友好的、私人性质的氛围，建立开诚布公的沟通渠道。其次，各方确定要讨论的利益和问题，相互交流对这些议题的认知。最后，各方要表明本方优势之处。

在不同情境中，信息交换的方式也不同。利益越是与关系重要，谈判各方越有可能讲究策略。在交易型谈判中，可以预料将会出现强硬的开局声明和某些问题上的虚张声势；在关系型谈判中，努力营造友好气氛也许是最重要的。在很多文化中，建立广泛的友好关系是任何谈判的先决条件，与谈判内容无关。

作为预备过程的信息交换阶段结束了，讨价还价阶段拉开帷幕。进入这个阶段，某一方将拿出具体的看似可行的初始提议，需要另一方做出相应的答复，这就是谈判过程的第3步。

信息交换一览表

- 营造友好气氛。
- 获取有关利益、问题和认知的信息。先调查，后发言。
- 表明你的优势。

BARGAINING FOR ADVANTAGE

| 第9章 |

步骤3：开始谈判和做出让步

如果没有相互让步，社会生活将难以为继。

——塞缪尔·约翰逊

你已经在一定程度上和对方建立了友好关系，确定了要讨论的问题，还表明了你的相对优势所在。现在正式开始谈判，这是令人焦虑的时刻，让性格随和的人紧张不安，让爱好竞争者热情高涨。

你应该首先提出具体建议吗？如果是的，你将会怎样开始，是在合情合理的水平上呢，还是表现得气势逼人？如果你要让步，准备做出怎样的让步？你是开始时立场强硬，然后越来越灵活呢，还是以温和亲切的姿态开始，然后有计划地使立场日趋强硬？

在研究谈判各方面时，学者们在讨价还价和利益交换过程上花费的时间最多，因为这两个过程是谈判的核心。本章简单介绍我们学到的谈判知识中最精彩的部分，更重要的是，我们将学习如何使这些知识派上用场。

讨价还价过程中的战术问题

讨价还价阶段受谈判战术主导，因此下面以回答问题的方式介绍一些战术。正如你认为的那样，好的战术因不同的谈判情境而异。一种情境中的合理战术在另一种情境中也许就不起作用了。当然，了解对手的谈判风格，胜过任何情境分析。如果你与竞争型谈判者对阵，即使此时的情境似乎更适合采取温和的方式，你还是应该暂时变得更有竞争意识。

当某一方谈判者拿出具体的看似可行的（至少他们是这么认为的）提议时，讨价还价阶段就正式开始了。其后的过程通常是相互交流方案、建议和反方案，谈判各方使出浑身解数考察可能的选择。最后，整个过程进入"结束谈判并达成协议"阶段，这个阶段与前面各阶段截然不同，下一章将要讨论。

问题 1：我应该首先拿出提议吗[○]

先提个问题：你应该先开口，还是试着让对方先开口？许多错综复杂的谈判会有大量问题要讨论，你也许可以在不用先开口的情况下讨论其中的一些问题，也就是说你不用先拿出方案即可进入正式谈判过程。但有时没法绕过前面这个问题。当讨论诸如价格、权力和管理这样需共同解决的问题时，你们不得不决定谁将首先提出具体方案。如果有人像梅萨比矿区这个故事里（见第 7 章）的 J. P. 摩根盯着小约翰·D. 洛克菲勒那样盯着你，并粗声粗气地问："好吧，你们要多少钱？"你打算如何回答？

许多专家认为，绝不要先开口。20 世纪 40 年代，著名电影导演比利·怀尔德（Billy Wilder）有一次想聘请小说家雷蒙·钱德勒（Raymond Chandler）帮他为电影《双重赔偿》（*Double Indemnity*）撰写剧本。钱德勒写过不少侦探小说，当时他对好莱坞还不熟悉，但准备和怀尔德谈谈。

[○] 原著此处用"open"一词，意为"拿出初始提议、方案"，为了使译文保留原文意味，下文某些地方翻译成"先开口"。——译者注

第一次与怀尔德及电影制片人乔·西斯特朗（Joe Sistrom）面谈时，钱德勒提到了薪水问题。他要求每周拿到 150 美元，还提醒怀尔德，可能要两三个星期才能完成这个剧本。

怀尔德和西斯特朗乐了。他们本打算每周支付钱德勒 750 美元，而且他们知道电影剧本通常需要几个月才能写成，几个星期可不够。假如这是一场交易型谈判，钱德勒会损失一大笔钱。

这个谈判情境更像第 7 章中讨论过的"爱因斯坦对高级研究院"的案例，而不是"洛克菲勒对摩根"的案例。这两位好莱坞的显要人物重视与才华横溢的钱德勒发展未来关系，出于同情，决定帮助他。他们打电话叫来一名经纪人，让他代表钱德勒参加谈判。谈判重新开始，钱德勒起初因为不熟悉情况而提出的薪酬要求被搁置一边。

甲壳虫乐队经纪人布莱恩·爱泼斯坦（Brian Epstein）曾经犯过同样的错误，导致甲壳虫乐队损失了远远超过上面那个数额的财富。当时他正在为甲壳虫乐队首部电影《艰难时光》（*A Hard Day's Night*）的票房收入分成问题而谈判。和钱德勒一样，爱泼斯坦对电影行业知之甚少，一开始提出了一个他认为有些过分的分成要求：电影纯收入的 7.5%。制片人毫不犹豫地同意了，他们本来准备向甲壳虫乐队支付高达 25% 的纯收入，对爱泼斯坦提出的 7.5% 喜出望外。《艰难时光》后来风靡一时，甲壳虫乐队挣到了钱，但比原本可以拿到的数额少很多。

钱德勒和甲壳虫乐队的例子说明了先开口会产生的风险。专家建议，你就闭上嘴，让对方谈判者报价。如果他的方案不"合情合理"，你可以随时纠正。你也许还会惊喜地发现，对方愿意支付的钱比你原来期望的高出一大截，而如果是向对方支付费用，数额也会少很多。

"绝不先开口"法则（never open rule）容易记住，但是，像大多数过分简单化的谈判方法一样，这个法则并非屡试不爽。如何才能做得更好？答案取决于你收集了多少信息。再来看看刚才讨论过的例子。

钱德勒和爱泼斯坦的谈判情境中最重要的共同因素是什么？两人都没

有电影业从业经验，对该行业的标准和估价体系知道得不够多，开始报价时底气不足。作为新人，他们本应该老老实实坐着，让对方先开口。同理，当你不清楚要购买（销售）的物品的市场价格时，也应如此。

如果你很熟悉议价范围，就能在谈判开始时获得重要优势。我最早教授谈判理论时，曾向学生推荐"绝不先开口"法则。后来一名对此知道更多的学生向我介绍了一位企业家，此人成功购买和销售了数百家中小规模的公司（我一点也没夸张）。他的经验是，在所有交易中，自己第一个报价。由于首先开口报价，因此他可以限定价格范围，他解释说。

随后我认识到，这位企业家的经验可以用扎实的有说服力的理论来解释。其一，通过首先报价，你有机会为谈判划定切合实际的期望界限。你的初始方案常常迫使对方重新思考自己的目标。

其二，社会科学家发现了一种奇妙的心理现象，他们称之为"锚定和调整效应"（anchor and adjustment effect）。这个术语表示，当一组数字进入我们的视线时，我们容易被这些产生"第一印象"的数字影响，往往会根据这些通常是主观武断的印象调整自己的思维。

举个例子。研究者发现，对于 $8×7×6×5×4×3×2×1$ 这样一个乘法算式，大多数人看几秒钟后会估计其乘积非常大。其他人看到同样的数字但反过来排列的算式 $1×2×3×4×5×6×7×8$，就会认为乘积要小得多。这两个算式的乘积相等，为什么会出现不同估值呢？因为我们的眼光集中在前面三四个数字上，以此来推断结果。也就是说，我们的注意力被固定了，并据此调整思维。

研究表明，在谈判中，人们听到对手报出某个大（小）数字作为谈判起点后，常常会受其影响，不知不觉地根据这些初始数字调整自己的期望。当然，完全不合实际的数字可能引发激烈的反对，使这种效应发生偏离。尽管如此，这些起始数字仍有一种力量，将谈判者的注意力吸引过来。

我的那位企业家朋友抓住每个机会，运用"锚定和调整效应"降低对手的期望值。不过切记：在首先报价以限定议价范围之前，他可是进行过大量研究的。

现在说说结论。如果你觉得自己掌握的市场价格信息同对手的信息一样翔实，甚至还要好，那么尽管先开口。否则，先提醒自己注意"锚定和调整效应"，然后让对方提出初始价格。最后记住，避免谈判开始时犯错的最好办法是同重视与你发展关系的人谈判。

问题 2：如果我先开口，是乐观一点，还是理智一点

很好，你是决定先开口还是让对方先开口，在这个问题上你有主动权。如果你先开口，是应该态度积极地向对手提出乐观要求，还是应该拿出明显公平合理的提议呢？如果你处于关系型情境中，答案不言自明：正确的做法是提出公平甚至是妥协性的初始方案。

那么交易型谈判又该如何处理呢？相关研究表明，假设你占有一定优势，你应该乐观地开口。的确如此，最近出了一份报告，对 1960 ~ 1980 年进行的 34 项以上的谈判试验做了总结，认为"强硬立场"谈判策略（初始要求很高，后面逐渐让步）最适合交易型谈判，特别是在谈判各方的直接交流受到限制时，例如出售住宅或其他任何由经纪人做中介的交易。

你也许会说，这样的建议似乎很有说服力，但问题是，乐观的初始要求到底是什么？我的定义是，乐观的初始要求是这样一个最大（小）数字，如果它再大（小）一点，你就无法找到支持性的标准或论据，也就不能提供令人信服的例子表明这个要求的合理性。你的初始要求需要最有说服力的论据作为支持，只需一个像样的例子即可。

乐观的初始要求与让人无法接受的初始要求的区别在于，后者没有任何支持性的理由。相反，乐观的初始要求是高度灵活运用某种标准或参考制订出来的。美国律师有责任出示所有证据为其委托人的法律诉讼进行辩护，这样他们会显得"义正词严"。乐观的初始要求情况类似：你应该努力寻找让你"义正词严"而不是"理屈词穷"的论据。

还记得在某些文化中，例如南美、中东和非洲文化，除了乐观的初始要求外，任何其他提议都和谈判中的错误一样愚蠢，属于严重的交际失误。对于北美人和某些欧洲人来说，适应这些文化部分意味着习惯于做出乐观的初始报价，如在地毯店铺、珠宝商店和集市中，但有些文化是要做出令人无法接受的初始报价。在这些地方，谈判简直是一种娱乐。

为什么乐观的初始要求在交易型谈判中能发挥作用

乐观的初始要求利用了两个得到充分证实的心理倾向：对比原理（contrast principle）和互惠原则。首先，我们来看对比原理。如果我希望你花 50 美元买我的东西，我开价 75 美元（我可以用"有人支付过这么多钱"这样说得过去的论据来支持我的报价）。这样，同我的出价相比，最后要价 50 美元看起来就合理了。如果我开价 55 美元，而不是 75 美元，最后价格只降了 5 美元，你就不太可能认为自己做了一笔好买卖。乐观的（但不是无法接受的）初始要求起到这样的作用：当实际的最终选择范围呈现在对手面前时，他会因为前面初始要求的衬托而感觉轻松满意，因此更愿意说"好"。

如果你认为对比原理对你不起作用，那就再想想吧。这个原理每天都会被用来成功地对付上百万个人。为什么汽车经销商有一种特殊力量让你在买了新车之后还买他们的其他东西？因为他们知道，你也许不太愿意单独花数百美元购买汽车的延长保证期和售后服务计划，但在花费 2 万美元购买新车后就很可能愿意了。同样的情形还发生在购买其他商品时：你买了 1000 美元的新沙发后，家具商又设法让你掏出 75 美元用于加工沙发上的织品；旅行社在你预订 3000 美元的旅游项目后，又将价值 150 美元的旅游保险单推销给你。同你花在真正想买的物品上的大钱相比，这些附加销售看起来不贵，但它们通常比单独购买时找到的替代物品要贵。为什么商家希望做完这些效果显著的售后促销后才放你走，这就是原因。

其次，拿出乐观的初始方案可以让互惠原则（第 4 章讨论过）产生作用。过程如下：甲提出乐观的初始要求，乙拒绝。然后甲做出重大让步，降低要求。此时乙受到互惠原则的影响，感到有必要做出合理回应，甚至同意甲的提议。

心理学家发现，这种"提出高要求—拒绝—降低要求"的过程适用于各种请求，不仅仅是谈判。在一些受到控制的情景试验中，科学家劝导人们同意做各种事情，包括在去动物园游玩时自愿照顾家境不好的儿童，签署申请书和短时期内戒烟。科学家的方法仅仅是先要求试验对象做很麻烦的事情，得到拒绝后，又提出更小的似乎更合理的请求。在拒绝你的初始要求后，互惠原则常常诱使人们答应你的新要求，而当你的初始要求很有节制时，成功的概率就要小得多。

乐观的初始要求的缺陷

在交易型谈判中，乐观的初始要求总能发挥作用吗？不一定，但我们可以预测哪些情况下它不起作用。

你缺乏优势时

第一种例外情况与优势有关：如果你缺乏优势，而且对方知道这一点，不要提出乐观的初始方案。

假设你是一名刚毕业的大学生，在有很多学院和大学的城市如旧金山和波士顿申请第一份工作，当雇主问你期望的薪水是多少时，不要企图一步登天。过分乐观的初始要求会使你显得不理智，把雇主吓跑了。

对方不愿讨价还价时

第二种例外与某些特殊行业有关，因为种种原因，在这些行业中不存在谈判的可能。这是一位从事管理咨询业的朋友告诉我的。

当有人打电话过来，要雇用我的那位朋友做咨询时，他只要报一次价格，十次有九次不是直接敲定就是直接告吹。在这个行业中，讨价还价不是正常的雇用过程的一部分。咨询人员的报价向客户表明了他的名声和业务水平。另外，有意向的客户会比较多个报价，从中寻找业务水平合适的咨询人员。我的朋友从中悟出了一个道理，为了向客户传递"这里提供高档次服务"的信息，报出的价格要足够高，当然，也不能高到让有意向的客户认为不合适的程度。

谈判不仅仅是交易时

如果谈判从交易情境转向平衡考虑情境，由于关系在后一种情境中比在前一种情境中更重要，因此高度乐观的初始要求就无法影响谈判进程。

举例来说，当韦恩·休伊曾加（Wayne Huizenga）这位创建了废物管理公司（Waste Management）、百视达影像制品出租公司（Blockbuster Video）与共和产业公司（Republic Industries）的产权交易商（deal maker）在进行企业收购时，他的策略不是以虚报低价开始，经过多次讨价还价后达到合理的价格区间，而是从比他最终同意的价格少5%～10%的价位开始，而且谈判主要讨论的是非价格问题。休伊曾加对其所有生意都抱有坚定合理的高期望，他是个优秀的谈判家，但不是个"讨价还价者"。

他为什么能做到这一点？因为他做了细致的准备工作。他对目标公司价值的了解同该公司出售者一样详尽，甚至更好。他还提醒自己，卖主们都是用一生发展自己公司的人，虚报低价是在侮辱他们的自尊。他希望在这些公司成为其超大型企业的一部分后，原来的所有者们能留下来继续管理它们。关系才是重要的。"不管他做什么，他总是讲究公平，"一位合伙人说，"他让你感觉'我认为，我得到了应该得到的东西'。"

换句话说，在平衡考虑型谈判中，一开始就气势夺人地虚报价格通常是个蹩脚的方法，但是如果初始要求表达的是合理的高期望（见第2章），那么仍然是恰当的。试着想出得到其他人赞同的提议，论据要详尽可靠

（不只是"像样的"），这样你仍然有谈判余地。

问题3：什么样的让步策略效果最佳

也许你倾向于在开始阶段表现得通情达理以使谈判得以继续，其实，在谈判中间阶段做出让步也能为你赢得讨论空间。在我作为一名律师为诉讼双方的和解谈判时，我总是认为，谈判中的讨价还价过程是愚蠢的无意义的例行公事。双方都知道，他们将在原告和被告的初始要求中间某处找到最终和解方案。为什么不干脆提出一个客观公平的要求，围绕这个要求谈判，最后解决问题？

我们通过一个故事和一些研究来回答这个问题。这个故事与美国的汽车经销商有关。在20世纪90年代早期，由于意识到美国人在汽车交易中不喜欢讨价还价，全美大约2000家汽车经销商就新车销售联合制订了"不讨价还价"政策，即一次性低价（one-low-price）政策。这是一场规模庞大的谈判。这些美国公司最后决定听从消费者的意见，后者希望汽车价格合理，就如同他们希望肥皂价格合理一样。汽车经销商准备转变现有的令人焦虑不安的购买程序，把购买汽车变成像去商场购物一样简单。

在其后几年中，这些经销商大约有一半——超过1000家，已经放弃了这项政策，而且每天都有新的经销商打算放弃。为什么呢？首先，真正反感讨价还价的消费者人数被证明远少于原来的预测，仅有大约15%的美国人。此外，许多人从互联网上得到大量关于汽车价格的信息，他们希望利用这种新发现的资源来议价。最后，告诉朋友一笔"了不起的买卖"在一番讨价还价之后做成了，能让人们获得满足感。一名消费者专家研究了"不讨价还价"政策的衰退过程，他这样解释："汽车消费者在购买汽车时能享受做成一笔好买卖的快感，对大多数人来说，唯一能让他们有这种感觉的方法就是讨价还价。"

一些研究证实，令对手做出让步的谈判者常常对谈判过程感觉良好，而面对单一、稳定且"公平"的价格的谈判者感觉就没那么美妙了。事实上,对前者来说,即使当最后付出的代价比不谈判时可能付出的代价还要大时,他们仍会感觉不错。有试验比较了三种在让步问题上做法不同的策略:①初始要求高,之后拒绝变动;②初始要求适度,之后拒绝变动;③初始要求高,然后逐渐让步,最后退至适度位置。最后一种策略迄为止最为成功,更多的人赞成采用这种策略。在任何一场交易中,运用第三种策略的谈判者的收获都要比运用前两种策略的谈判者多。面对采用第三种策略的谈判者时,人们对最终协议的满意程度要高于面对拒绝改变的谈判者时。

让步是表达合作意愿的语言。你通过具体可信的让步条款告诉对方:你认为他的要求是合理的,你还认识到有必要做出牺牲以达成共识。

不同情境中的让步

既然明白了为什么需要做出让步,何不再问问自己,让步的最佳方式究竟是什么?同样,这根据你所处的谈判情境而定。我们来逐个分析情境矩阵中的 4 个象限,看看在哪种情境中让步策略最有效。在下文中,我将再次使用第 7 章中的情境矩阵作为参考(见图 9-1)。

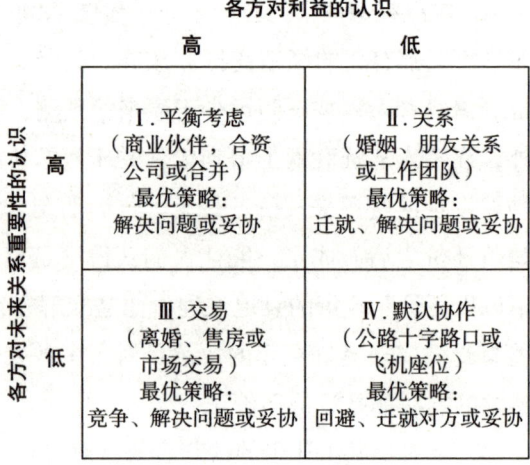

图 9-1　情境矩阵:策略指导

默认协作情境（第IV象限）

在默认协作情境中，让步行为不一定会延误我们的谈判进程。正如第7章中"在十字路口相遇"的例子表明的那样，在冲突将要发生时，避免不必要的纠纷和迁就对方是最优策略。

有时我们不太可能实施迁就对方的策略，以上面的例子来说，对方拒绝先走，你们陷入"相互让步"的僵局中，此时不要怀疑让步策略的有效性。试着以真诚的有用的方式解决问题。还是上面这个例子，如果必须，你就先走。

关系情境（第II象限）

如果在纠纷中关系比矛盾本身更重要，那么最有效的让步策略就是迁就对方。阿尔伯特·爱因斯坦与高级研究院的谈判表明，你的目标就是发现对方需要的东西，然后通过各种途径满足其愿望。钱不是真正的问题。如果因为某些原因，例如对方不愿说出其需求是什么，迁就策略是不可行的，你可以提出一些简单的自我牺牲的让步建议，努力做到让对方心存感激。

尽管上述建议听起来简单易行，酷爱竞争的人仍会对此充耳不闻。因为他们把大多数谈判视为博弈，不愿信任对手，所以他们本能地排斥让步。他们就是那种在飞机上为了尽早就座而插队的人，在应该更多地考虑关系时却拼命地讨价还价的人。

对于竞争型谈判者，如果发现自己处于需要运用交际手段的情境中，我有一条忠告：向那些很会处理人际关系的人请教。竞争型谈判者不知道某些情境中的利益问题无关大局，如果我们中有人与这样的人谈判，在保持幽默感和宽容心态的同时，想想自己是否应该继续同不理解关系价值的人谈判。

交易情境（第Ⅲ象限）

相关研究表明，如果利益问题是谈判的中心，坚定的让步策略效果最好。有些过程简单的谈判只讨论价格问题，学者称之为分配式谈判（distributive bargaining）。这种谈判的规则就是典型的讨价还价策略：你提出乐观的初始要求，对方稍加考虑后表现出谈判意愿，接着你做出一系列让步，幅度越来越小，最终止步于你的预期水平。喜欢合作的人在这个讨价还价游戏中也许不是那么得心应手，但他们必须学会在竞争型情境中玩这种游戏。

切记：讨价还价者的让步起初停留在他们的预期水平上，而不是在绝对底线上。为什么呢？因为讨价还价者的让步幅度逐渐减小（要么是在百分比问题上，要么是在钱的绝对数量上），使你强烈地感觉到他们正在接近压力点。他们希望你认为他们的预期水平就是其"底线"，这是欺骗行为。

如果你拒绝接受他们的初始目标，讨价还价者会继续让步，向他们真正的底线靠近。但是他们很不甘心这么做，如果真的达到底线，他们宁可停止谈判，也不愿达成协议。

有时你可以在二手家具商店、集贸市场或其他可能发生讨价还价的商业场所做下面这样的试验。首先，选好你想买的东西，开出非常低的价格，但不要让人接受不了。然后，在店主同意降价后，你也做出相应的小小让步。接着，展示一下你携带的现金或支票簿，换句话说，让自己看起来像个正经的买家。之后，你要坚持目前的价格，决不动摇，直到听见费尽口舌的店主终于说出"不行"这两个字。

一听到"不行"这样的话，你要礼貌但态度坚决地向门口走。通常店主在你离开之前会拦住你，再次同意降价，但不是每次都这样。在这个节骨眼上，你要自己选择是继续讨价还价，还是成交。不过，不要期望店主还会做很大的让步，他们都是有自尊心的。

在更重要的利益攸关的谈判中，你还应该注意不要过早做出重大让步，要顺势而为。为什么呢？这是因为谈判初期的重大变动可能会使对方感到困惑。

假定你现在与一家大型连锁商店谈判，希望将你的录像带小店出售给他们。这是一次全额收购，你在合并后的企业中不担任何职位。有几个问题摆在你面前：价格、资金形式（你是接受现金支付还是以该企业股票支付）和谈判截止日期。这家大型连锁商店提出了涵盖上述三个问题的苛刻收购条件：低价、全部以股票结算和延长截止期限，假设在这场谈判中这些条件有益于买方。

如果在回应时，你直接提出你的底线要求，希望以友好的方式快速完成谈判，情况会如何呢？你提出一个中间价格，这也是你希望做成买卖的价格，接受全部以股票支付，并且要求在两个月内完成谈判，时间也合理。可是买家第二次提出的条件会让你吃惊，他们只是稍稍提高价格，而且仍然要求很长的谈判期限，甚至对你同意全部以股票结算一事，他们也闭口不谈。你开始愤怒了。

为什么会这样？如果你在利益攸关的交易型谈判中过早做出重大让步，实际上是在向对方传递一些不利于自己的信息。第一条信息是：我的确想做成这笔生意。这条信息给对方增加了谈判筹码，他们也许会因此对最终价格抱有高期望值。接下来他们想要检验这个判断是否正确，于是提出刻薄要求。如果你开始时立场极为灵活，此时突然坚持立场，拒绝变动，而你的对手可能因为受到你给他们第一印象的影响，很难调整自己的期望。这样，这场谈判甚至可能以失败告终。

第二条信息是：这么轻易地在这个问题上让步，说明它对我不重要。你立即同意全部以股票结算，就表明你对这个条件感到满意。但你知道对方怎么认为的吗？他们也许根本不相信这是一次真正的让步，因为你太轻易地放弃了原有的立场。你现在这么做，等于是在告诉他们："我不想要现金。"

我们来揣摩对方的想法。这家有收购意向的企业本来可能非常担心你会要求用现金支付，而且他们本来也许愿意大幅提高价格，或者为了签订咨询合同而另外付给你一些现金，诱使你用该企业的股票作为资金形式。但现在因为你的草率让步，你将一无所获。

谈判学教师称这种现象为"让步贬值"（concession devaluation）。这个有趣的术语道出了一句老话中蕴含的真理："太容易得到的东西，会被轻视。"竞争型对手自然会充分利用你的让步为其服务，可是即使性格宽容的人，也会因为你的快速让步行为而改变他们的期望。如果你甚至连一句抱怨也没有就放弃原来某个要求，对方会认为你处理该问题有些随意，因而实际上会降低对你的让步价值的评估。"我想我们的计划对这个问题考虑欠妥，"他们内部讨论时会说，"她确实不想要现金。如果这个问题对她而言不值一提，那么对我们也没有意义。"

交易情境中议题交换策略和讨价还价策略的比较

在利益攸关的谈判中，如果双方要谈的问题很多，让步的途径通常为"议题交换"（issue trading）和"一揽子谈判"（package bargaining），而不是简单的讨价还价。谈判专家用术语"分配式谈判"描述简单的讨价还价，意思是人们在"分蛋糕"；用术语"综合式谈判"（integrative bargaining）描述更复杂的谈判过程，在这个过程中，人们在不同问题上轮流让步，以满足各自的利益需求。也就是说，谈判双方将利益、优先考虑之事和分歧相互融合，或者将这些问题"综合"起来考虑，从而达到"把蛋糕做大"的目的。很多谈判包含了这两种让步策略。

面对问题很多、利益攸关的谈判，典型的讨价还价者是如何应对的呢？简单的策略是：在所有问题上斤斤计较，一次讨论一个，通过这种分拆式谈判过程（我在前文中描述过）使每个问题的最终解决方案达到他们的预期水平。他们先是狮子大开口，然后慢慢让步，最后只解决了第一个问题。此后，他们不断重复这个过程来解决第二个问题及其他问题。

这种简单的策略与其替代策略"议题交换"相比，更容易招致陷入僵局的风险。对方可能在一些问题上无法让步，而且讨价还价的过程还忽略了这种可能性：不同问题对不同谈判方的重要性不能相提并论。以前面的例子来说，卖主更关心谈判截止日期，买主则更在乎是以现金还是股票结算的问题。当买主充分利用双方分歧获取谈判优势时，单纯的讨价还价策略能让他们受益匪浅。

如何参与综合式谈判呢？先确定各方最重要的问题、担忧之事和风险，然后"互投赞成票"——相互尊重对方最重要的利益和优先考虑之事，以此换取相互迁就。

如果说讨价还价的让步规则是"高开价慢让步"，那么综合式谈判的简要规则就是在小（不太重要的）问题上大让步，在大（最重要的）问题上小让步，但要小心让步导致的贬值危机。在向对手表明这样的让步对你是一种牺牲之前，绝不要放弃讨论任何问题，包括"小"问题。

如果双方在谈判开始阶段就针对所有问题提出最强硬但有理有据的要求，然后又在那些不那么紧迫的问题上放松立场，他们其实是在相互传递重要信息，那就是哪些问题是他们各自需要优先考虑的。当两边的谈判者观察哪些地方可以取得进展，哪些地方会遭遇阻力时，他们对另一方的需求和期望就心中有底了。因此，在应该如何做出综合式让步的问题上，他们就确定了大致的方向。

双方讨论完所有问题，但没有在任何问题上达成具体的初步共识，此后他们通常会以一揽子谈判方式交换利益。一方会拿出整套方案（package），且在每个问题上都有对应的要求。另一方也拿出整套方案作为回应，这些提议反映了他们的期望。到目前为止，这个过程看上去还像讨价还价，但是接下来就要发生变化了。

在下一步行动中，先提出要求的一方可能在一两个"小"问题上让步，以显示他们做出了牺牲，但在更重要的优先考虑的问题上仍不松口。

随后另一方也做出让步。几个回合下来，双方都明白了哪些问题是对方更关注的。

双方讨论了整套方案，同意要到所有问题都达成共识，单个问题的谈判才算结束，这表明双方都保持着高度灵活性。在其后的过程中，当双方感到在某个大家都认为至关重要的问题（比如价格）上陷入僵局时，他们可以选择回到前面的整套方案上，探讨其他合作事项，这样就避免了在特定问题上做出特定让步时止步不前。

谈判双方通常成批交换议题，这个过程可以用一个谈判专家熟知的公式来描述：如果你们在 A 和 B 问题上满足我们的要求，那么我们也许考虑在 X 和 Y 问题上对你们让步。"如果……那么……"公式使对手确信，如果他们不做出让步，你也绝不会让步。自然，A 和 B 问题是提出"如果……那么……"要求的一方最重要的问题，而 X 和 Y 问题很可能不是当务之急。双方也许最终还是需要讨价还价，在认为重要的问题上寸土必争，但是他们已经在可以让步的问题上"交换了利益"，而且所付出的代价比较小。

我们回到向大型连锁商店出售录像带小店的例子上，来看看你可以如何运用综合式谈判来做这笔交易。首先，你提出雄心勃勃的初始要求：高价格、全现金结算及短时间的谈判期限。随着谈判的深入，你可以一方面坚持高价格，另一方面是在用现金还是股票结算的问题上放宽要求，以换取更多的现金，"如果你们能提高收购价格，达到我的要求，那么我可以考虑放弃全部以现金支付的要求，而且同意谈判期限为两个月"。

买家也许做如下回应："我方很欣赏您在资金问题上的灵活性，但不能同意您所要求的价格，那样我方将无法完成此次交易。不过，如果您同意所有收购费用都以我们的股票结算，那么我们就能在价格上提高 5%，而且可以讨论同您签订一份咨询合同，在未来 6 个月内付给您少量现金。"这样一来，这笔交易就有戏了。

综合式谈判比讨价还价过程更需要技巧，但不像后者那样竞争激烈。因此，不用奇怪，在交易型谈判中对手会采取某些强硬手段，如坚决要求你退两步他们才退一步，甚至在他们使用综合式谈判技巧时也有意将谈判拖入僵局。

谈判一方采取强硬手段，是为了实现本方的高要求，同时也有助于试探对方的优势，观察他们是否倾向于让步和妥协。任何投资银行家或其他专业交易商会告诉你，在利益攸关的谈判中，双方将共同经历很多紧张时刻，直到双方都确信已经试探过对方的底线后，他们才会准备结束谈判。

平衡考虑情境中的让步策略

在平衡考虑情境中，未来关系和利益对双方而言几乎同样重要，因此需要综合运用多种谈判方式和解决问题策略。谈判的目标包括：尽可能多提优先考虑之事，确保每一方在价格这样的问题上"享有公平待遇"，保持双方在谈判过程中的良好工作关系。

因为利益很重要，所以你坐到谈判桌前时仍应该提出高要求。你可以这样计划：首先在最不重要的问题上慢慢谈，然后根据"如果……那么……"公式做出让步。记住，所有的利益交换都是相互的。

另外，因为关系对双方都很重要，所以与交易型谈判相比，平衡考虑型谈判需要更富想象力的可行策略。雄心勃勃的强硬做法和单刀直入式的开场白效果不是很好。他们对个人情感的伤害太大，而且通常使双方带到谈判桌上的共同利益变得模糊。双方真正需要做的是，进一步查明藏在对方公开要求之下的真实需求，寻求创造性的解决方案。

假定我们又一次面对前面讨论过的录像带商店收购。这一次，收购企业强烈要求收购完成后你在公司留任，继续管理你的商店至少一年。收购公司仍然只同意给你还算公平的价钱，其他要求一概拒绝，但是现在它还想同你建立关系，而不只是买你的商店。这样的话，它的让步策略会如何变化呢？

首先，买家希望能避免价格上的激烈竞争，这种竞争具有杀伤性，可能会破坏工作关系的良好前景。他们也不太可能用"漫天要价"的方式开局，如果这样做了，等于是在明白无误地告诉你，他们的开局只是"启动谈判的一种方式"，或者是表示"我们完全可以根据你的要求来谈"。

其次，买方谈判者还可能更加希望建立和保持相互信任以发展未来关系。这意味着在信息交换阶段，他们会让你对他们优先考虑的问题和需求有更多（虽然不可能是全部）了解。

一旦初始提议阶段结束，他们会同时拿出几个不同的整套方案，让你选出比较满意的。你可能首先评估低价格、现金股票各一半和较短谈判期限的整套方案，其次是中等价格、全股票和较长谈判期限的整套方案。这个过程有助于从他们的方案中看出他们是如何在不同问题上做利益交换的。你可能对其中一个方案感到满意，略加改动后传回到谈判桌的另一边。这套方案将成为双方继续谈判的基础。

最后，他们很有可能通过创造性的工作来融合双方的利益。除了协议上的条件之外，他们还会打破常规，承诺将来某天给你股票，并允许你转授他人；如果你成功完成新的销售计划，赚到了钱，你将获得奖金。这些利益举措有两方面的意图：一是希望你为公司效力足够长的时间，以便通过股票红利积累财富；二是鼓励你将公司职员介绍给原来的客户，并告诉这些职员你过去所做生意的详细情况。

以利益共享为基础的解决问题策略在平衡考虑型谈判中效果不错。原因何在？因为这种策略让双方有机会在两个方面"把蛋糕做大"：一是将要达成的协议内容，这是通过综合式谈判技巧实现的；二是双方正在扩展的关系框架，这是双方为了将来相互帮助而创造性地提升各自能力的结果。

确切地说，如果双方相互高度信任，那么解决问题策略完全可以不包括通常所说的来回踢皮球似的让步。事实上，双方可以用大量时间构思可能符合所有人需求的新理念。有研究认为，在这个妙想迭出的过程中，人们的构想越多，就越有可能找到远比简单的妥协更有效的策略。

研究还认为，在平衡考虑情境中，尽管人们的合理目标之间存在内在的冲突，而且许多待人友善的谈判者为了在谈判中建立和谐的人际关系，试图避开这种冲突或使其最小化，但这种冲突实际上有助于推动包含合作精神的解决问题的过程。两个经过深思熟虑后满怀希望来谈判的人之间如果存在矛盾，他们会发挥创造性思维，在坚持原则的前提下想方设法地解决问题，保持工作关系的良好状态，最终实现各自的目标。喜欢以解决问题的方式谈判的人有一种天赋，能使矛盾转化为推进谈判的动力而不是蜕变为个人冲突。

"红脸白脸"谈判程序简介

有一种让步策略是竞争性谈判者在利益攸关的谈判中频繁采用的，值得专门介绍，这就是"红脸白脸"谈判程序。也许你注意到了，有时你会面对这样的情况：在对方的一群谈判者中，你发现自己对某人有好感，而对于另外的某个人，你恨不得让他去跳崖。还有一种情况是：对方某位代表告诉你，她本人觉得你的建议合理，但她的某位不在现场的伙伴（白脸）是绝不会同意的。

"红脸白脸"式开局的有效性建立在一系列心理现象的基础之上，我们在前面谈到过这些心理现象。红脸在谈判开始时会与你聊聊共同兴趣和目标，以营造友好气氛。正如第4章和第8章所讨论的那样，我们有一种倾向，就是喜欢那些同意我们意见的人或者有相似之处的熟人，红脸正是利用了我们这种心理。

到提初始方案的时候，白脸就出场了。他要么拿出让人难以接受的方案，要么指责我们的提议，这要视情况而定。对方这种盛气凌人的对抗性姿态令我们震惊，让我们感到交易氛围正在消失，谈判可能失败。于是我们开始认为，也许有必要进一步妥协。白脸想降低我们的期望值，将我们的注意力吸引到他限定的最终谈判范围上，试图使我们根据他划定的范围调整立场。

就在我们因为白脸阻挠谈判而考虑退出时,红脸再次出现,坚决要求白脸做出让步。红脸的这一行为使他看起来像是互惠原则的支持者,于是我们更喜欢他了。我们开始把红脸看作理性的谈判者,接受他的建议,思考需要做哪些工作以缩小我们和白脸的分歧。

如上文所示,"红脸白脸"谈判程序得以发挥作用,就是利用了对比心理效应,我们在讨论乐观的初始要求时曾分析过这种心理现象。单独来看,红脸其实也是要求苛刻的,但坐在哥斯拉(Godzilla)[⊖]身旁,就显出通情达理的一面了,尽管还说不上圣洁。你更有可能向红脸让步,因为他的言谈举止远远好过白脸,提出的要求相对而言也很有吸引力。

对付"红脸白脸"谈判程序的办法不难:在谈判桌上公开揭穿这种伎俩,要求对方说明谁才是真正的负责人,和他们来个针锋相对。

"似乎你们中一个唱红脸,一个唱白脸。"你可以这么说,"我本希望用更直接的方式完成一次公平交易。如果要继续谈判,我想知道谁才有权同意最终方案。我不能和没有权力结束谈判的人讨论问题。"

如果白脸是律师或顾问,那么可以不予理睬。坚决要求同对方的拍板人直接交流,让"谈判拍板者"取代"谈判破坏者"。

小结

在谈判开始和让步阶段,记住你的战略战术应该由三个主要因素决定:谈判情境(是交易情境、关系情境,还是平衡考虑情境)、双方的优势(谁有能力承受更大损失)及双方的谈判风格(可以预知你或你的对手是竞争型谈判者还是合作型谈判者)。

我们认为情境矩阵中 4 个象限都有自己的最优让步策略:交易情境中是讨价还价策略,关系情境中是迁就策略,平衡考虑情境中则是以利益为

⊖ 最早出现于日本电影中的巨型怪兽。——译者注

基础的解决问题策略。在这三种情境中，妥协策略都是有用的工具，尽管不是首选策略。

不论在哪种情境中，如果你的优势减少了，就有必要选择更温和的策略；而如果优势增加，就可以选择更强硬的策略。

谈判开始阶段和让步策略的总结

策略选择

谈判情景		应该先提要求吗	如何先提要求	让步策略
	交易	如果存有疑虑，保持沉默。如果信息充足，先开口	信息十足（只要有过得去的依据，就可以提出最苛刻的要求）	坚定程度（慢慢让步，幅度逐步减小，止步于预期水平上）
	平衡考虑	同上	立场公平（如果有坚定的依据，可以提最强硬的要求）	在小问题上大让步，大问题上小让步；提供多个构思巧妙的选项，同时套出几套方案
	关系	是的	慷慨待人	迁就对方或者公平地妥协
	默认协作	是的，可能的话，避免冲突	尽最大能力解决问题	迁就对方

BARGAINING
FOR
ADVANTAGE

| 第10章 |

步骤4：结束谈判并达成协议

所有契约清晰明了，日后没人埋怨气恼。

——英国打油诗

真正困难之处不在开始，而在结尾。

——斯洛伐克民谚

谈判过程最后阶段的任务是结束谈判并达成协议。结束过程可能简单顺利，也可能令人焦虑。喜欢谈判的人在这个阶段热衷于速战速决，而反感谈判的人有时会感到紧张不安。

也许一进入结束阶段，对手就采用诸如平分差距（split difference）、拒绝签订协议或提出最后通牒这些战术，如果这些还没有让你血压升高，总会有棘手的问题让你头疼，例如怎样落实协议条款。对方的话足以保证协议的可信度吗？也许吧。不过，还有什么措施可以确保对方信守承诺呢？

召唤野蛮人

首先,我们通过20世纪规模最大、竞争最激烈的一次交易来研究谈判的最后阶段,这就是1988年美国烟草和食品业巨头雷诺兹-纳贝斯克公司(RJR Nabisco,RJR)的收购。这笔非凡交易的来龙去脉都被写进了《门口的野蛮人》(*Barbarians at the Gate*)㊀一书中。

RJR公司董事会主席罗斯·约翰逊(Ross Johnson)向董事会提出,这次出售他可以采取管理层领导的杠杆收购(leveraged buyout,LBO)方式,从金融业新贵舍森-莱曼哈顿公司(Shearson Lehman Hutton,简称舍森公司)的投资银行部获得资金支持。他的开价是:创纪录的176亿美元,或者以每股75美元的价格购买一部分股票,这部分股票在约翰逊开价之前的流通价格是每股40多美元。约翰逊的惊人报价激起了好几家潜在买主的兴趣,但是经过竞争,最后的竞购者只剩下两家团队:约翰逊及其在舍森公司的朋友为一方,对阵华尔街大鳄亨利·克拉维斯(Henry Kravis)及由他经营的科尔伯格·克拉维斯·罗伯茨公司(Kohlberg Kravis Roberts,KKR)。

两边都决心要打赢这场收购战。KKR公司作为华尔街首屈一指的企业收购公司的名声正受到挑战。据报道,当克拉维斯第一次听说舍森公司有意绕开KKR,自筹资金收购RJR时,他说:"这笔交易如此引人注目,规模如此巨大,我可不能坐山观虎斗。我们必须而且即将介入这笔交易。"

根据第7章讨论过的情境矩阵来分析,RJR交易中谈判各方所面对的到底是什么情境呢?

企业兼并和收购谈判常常是平衡考虑型情境(第Ⅰ象限)。谈判双方在价格上激烈交锋,但它们还必须认识到未来关系的重要性,因为被收购公司的管理层在收购完成后仍会留下来管理公司。这些相互矛盾的利益在一定程度上会刺激双方,从而使双方采用的谈判战术趋于温和。

㊀ 此书中文版已由机械工业出版社出版。

约翰逊和他的团队原本希望与他精心挑选的RJR董事会成员进行一次以关系为基础的"舒服的"谈判，但克拉维斯的介入打乱了约翰逊的计划。由于存在两个潜在的买家，RJR董事会便将这次交易提升为一次竞争激烈的合法"拍卖"。私人关系不再那么重要，唯一起作用的就是钱，很多很多的钱。因此这笔买卖转变成了纯粹的交易型谈判（第III象限），竞争性的谈判策略将大行其道。

我们需要延长时间

我们来看看这个故事将要结束时的情景。此时是1988年11月30日中午12点30分，克拉维斯报出了收购RJR的"最终"价格：240亿美元，即每股106美元，这令人难以置信。他给董事会30分钟的时间考虑。30分钟后，如果还不能成功，克拉维斯将考虑收回报价，并退出谈判。

克拉维斯和伙伴乔治·罗伯茨（George Roberts）及几个顾问一起坐在纽约一家律师事务所狭小的办公室里，两人既紧张又乐观。

在楼下的大厅里，由RJR的"外部"董事（也是董事会成员，但不参与管理）组成的特别委员会正在开会讨论克拉维斯每股106美元的报价。他们想方设法地在舍森公司和KKR公司都不知道对方最终报价的情况下让拍卖继续进行。这场谈判旷日持久，每个人都感到了巨大的压力，是做出最终决定的时候了。

克拉维斯不知道，罗斯·约翰逊的团队也刚刚提交了最终收购方案。方案由两部分组成：一部分是现金，另一部分是数额巨大的垃圾债券⊖（junk bond）和其他高价证券。全部价值换算过来，相当于每股108美元，略高于克拉维斯的106美元。约翰逊的报价让董事会左右为难。

如果一方面约翰逊开出了每股108美元的价格，另一方面董事会却将RJR公司以每股106美元卖给克拉维斯，那么他们将被RJR的股东告上法庭。董事会的法律职责就是将RJR出售给开价最高的竞买人，但是董事会

⊖ 价格低但风险大的债券。——译者注

不太确定约翰逊的报价是否一定值每股 108 美元。高风险的垃圾债券存在不确定性。

因此董事会需要时间分析约翰逊的报价，而克拉维斯的最后期限恰恰让他们没有足够的时间。于是董事会派出在大厅里的律师彼得·阿特金斯（Peter Atkins）和克拉维斯协商，希望 KKR 公司延长下午 1 点的最后期限。

12 点 40 分，阿特金斯敲开了克拉维斯和罗伯茨的房门。两人充满期待，这是他们盼望已久的时刻。他们将要达成资本主义发展史上规模最大的交易！

"我们遇到了一些情况，"阿特金斯支支吾吾地说，"我们无法接受下午 1 点的最后期限，希望你们能延长时间。"

克拉维斯和罗伯茨被激怒了。他们知道，所谓的"一些情况"一定指的是对手的报价。他们提出最后期限的目的就是为了阻止这样的事情发生。

"绝不。"克拉维斯说。

故事讲到这里，我们暂停一下。克拉维斯提出了最后期限，RJR 的董事会试图延长时间，克拉维斯回答不。他们在打什么主意呢？在这种快节奏战术后面，隐藏的是什么样的心理刺激因素呢？下面我们将结合 RJR 收购战后面的情节，分析两个常常在谈判结束阶段发挥作用的关键心理因素：短缺效应（scarcity effect）和过分执着（overcommitment）。

结束阶段心理因素 1：用短缺效应制造紧迫感

在所有谈判中，最基本也是最有效的心理战工具之一就是心理学家所称的短缺效应。这个术语指的是，人类有这样的倾向，就是当我们认为某事物的供应快要枯竭时，我们就会想要更多的这种事物。第 6 章中关于谈判优势的讨论表明，你在谈判中实现自己目标的能力常常有赖于对方这样的认知，即如果谈判破裂，他们将会失去一些东西。你可以而且通常应该在信息交换阶段刚开始时就向对方表达某物短缺的观点。不过，到了谈判结束阶段，表达这样的观点通常是很难奏效的。

某项研究认为："如果某种可持有的物品数量短缺，其价值将上升，这对持有者有利，而且这种短缺性可以从甲这里转移到乙那里。"当我们认为某种所需物品短缺或将要短缺时，我们会慌慌张张地命令自己"现在就行动"，如果不有所行动，就会遗憾地失去机会。

天气预报说将出现暴雪天气，正是因为短缺效应的影响，人们才会涌入杂货店抢购牛奶及其他易腐烂的必需品。饭厅里两个小孩子饥肠辘辘、无精打采，在他们面前的饭桌上放一块甜饼，然后问："桌上有一块甜饼，谁要吃？"接下来的一番争抢生动地证明了短缺效应的作用。还有在给你的公司租借新的办公场所时，租来的办公室中只有3间有窗户，而高级管理人员却有6人，于是你会看到一场争夺带窗户的办公室的表演，这可称得上是小孩抢饼干的成人版。

聪明的谈判者能通过多种方式运用短缺效应，将谈判引入危险境地。RJR的谈判中就有几位这样的谈判者。

许多人对同一物品的需求导致的短缺：竞争

首先，精明的谈判者试图强调他们拥有的某些物品需求量非常大，而供应量却在大幅减少。他们会谈论其他竞标者的报价方案，暗示存在竞争的可能，希望对手感到短缺效应的压力在上升，迫使对手为了击败其他竞标者而惊慌失措地摁下心中"现在就行动"的按钮。

在出售RJR时，董事会不断强调存在其他的报价方案，试图让双方都提高价格。事实上，正是这种拍卖气氛促使克拉维斯提出下午1点的最后期限，这是催促董事会尽快做出决定的信号。

在这个例子中，只有一家企业将购得RJR，而之前的确有其他报价方案，因此短缺性是客观存在的。但是，在许多竞争性谈判中，即使你是唯一的正式投标人，对方也会试图在短缺性问题上采取虚张声势的手段，向你描述虚假的竞争前景。

虚张声势在谈判中司空见惯，尤其是在交易情境中。下一章我将从道德的角度讨论虚张声势。现在，我们已经完全明白人们在是否存在竞争等问题上使用虚张声势手段的原因：为了向对方施加短缺效应的影响。

时间耗尽导致的短缺：最后期限

第二种引发短缺效应的策略是最后期限。克拉维斯用这种战术对付董事会的拍卖竞争战术。最后期限的目标很简单：让对方感觉时间将要耗尽，机会也会随之消失。简单地说，就是今天还在手中，明天就会消失。

当时，世界上只有几个人有权力和声望能调动200多亿美元收购RJR，亨利·克拉维斯就是其中之一。他的对手是否有这样的能力，还难以断定。克拉维斯在最后期限的问题上毫不动摇，这是在向董事会示威：不要把他参与收购不当一回事。他要达到什么目的呢？阻止拍卖继续进行，迫使董事会尽快做出有利于他的决定。

当最后期限与谈判各方都控制不了的外部事件相联系时，效果最佳。在多次企业合并谈判中，参与企业每季度要定期向证券监管机构提交《企业发展的重大事项报告》。谈判双方都希望在提交这种受规章限制的归档文件之前完成交易，不愿在报告中提到合并话题，因为那样可能会走漏消息，让不相关企业知道目标企业正处于待售状态。如果发生了泄密事件，买方可能会提高价格，卖方的管理层也可能失去对此次交易的控制。因此，法律规定的最后期限就成为实际交易的最后期限，而且可信度很高。

如果对手认为你提出的最后期限的可信度高，并且认为对交易目标的激烈竞争将导致短缺，那么短缺效应就能产生双倍效果。你可以这样综合运用最后期限和竞争："你在明天中午之前必须接受我们的报价，过了那个时间，我们将和其他感兴趣的企业进行交易。"研究表明，当谈判一方认识到，由于存在强有力的竞争对手，自己正面临最后期限的威胁时，他们让步的金额和次数会大大增加。

克拉维斯未能通过设定最后期限达到双重打击的效果，有两个原因：一是没有可信的外部事件来控制他的最后期限；二是如果退出RJR的收购谈判，他的200多亿美元无处可用。另外，RJR董事会找到了第二家买主。他们本可以利用这个优势自己设定最后期限，从而将其效果最大化，但他们意识到，要有效控制这笔规模空前的交易，需要更多而不是更少的时间。

谈判者通过最后期限产生短缺效应的最后一个方法是，对现有报价方案的某些条款设定时间限制。如果期限到了，这些条款将"自动取消"，谈判桌上留下的是一个吸引力打了折扣的方案。企业在商业学校或其他专业学校招聘员工时，有时会向学生提出接受某些待遇条款的最后期限。这些条款对学生有利，如发放现金红利，如果学生马上接受这份工作，还将享有挑选工作地点的优先权。

在这些"自动取消"条款消失后，企业给出的整体待遇条件仍然是不错的。但是，急需现金的学生非常看重"自动取消"条款所给予的那部分利益，他们认为，如果决定晚了，损失的将是真实的钱。在更复杂的买卖中，"自动取消"条款可能包括令人满意的利息或融资利率、优先供货条款等。

威胁取消给定利益这一策略的整体效果同最后期限对整个交易产生的效果一样：今天还在手中，明天就会消失，你最好"现在就行动"。

退出谈判导致的短缺

也许产生短缺效应的方法中最富戏剧性的就是向对方发出"要么你接受，要么我离开"的最后通牒，然后在对方表示抗议时起身离开谈判桌。看到一笔你确实希望达成的交易转眼间成为泡影，这种感情上的冲击没有什么能与之相比。

所有退出谈判的举动看起来都是自然行为，其实有很多纯属演戏。如果对手比较缺乏经验，急于做成买卖，老练的竞争型谈判者就会采取退出谈判策略来给对手造成恐慌，使他们明显感到尽快妥协的必要性。退出谈判策略还突出了某些关键性问题的重要性。

RJR 收购战的结尾没有出现退出谈判的行为，但我们可以很容易地找到很多这样的例子。唐纳德·特朗普在如此多的谈判中选择退出，以至于人们把"特朗普式退席"作为其谈判风格的标志。产权交易商韦恩·休伊曾加多姿多彩的职业生涯——《一鸣惊人者的成功之路》（*The Making of Blockbuster*）一书对此有详细介绍，也随处可见退出谈判的故事。

例如，20 世纪 80 年代早期，休伊曾加和生意伙伴斯蒂芬·贝拉德（Steven Berrard）计划花 400 万美元收购一家公司，该公司为新奥尔良的一个家族所有。谈判结束阶段是安排在一家律师事务所的办公室进行，最后一个问题是如何处理这家公司银行账户中的 10 万美元。休伊曾加告诉这家人，收购完成后这笔钱将划入他的账户。后者语气坚决地回答，这笔钱还是归他们所有。

"好吧，小伙子们，我们回家。"休伊曾加一边说，一边收拾公文包。但是，没有人动。"我说，回家！"休伊曾加大吼着，领着他的谈判团队离开房间，来到走廊上。

"韦恩，你疯了吗？就为了 10 万美元？"贝拉德一边走，一边争辩说。

"在我们上电梯之前，他们绝对会挽留我们的。"休伊曾加说。就在这时，那个家族的律师突然从门里探出头来，请求他们回去。就这样，休伊曾加拿到了那笔钱。

总结：短缺效应是感性反应，而不是理性反应。谈判者采用这种手段给本来有条不紊的谈判过程制造紧迫感，甚至是恐慌感。有时他们没有欺骗对手，而是真正准备执行的，因为的确存在其他竞标方案，或者对某物需求量的确很大，又或者最后期限不是说说而已。其余时候他们就是在虚张声势，希望你因为惊慌失措而草率达成协议。当你不得不决定是否向对方投降或同意"现在就行动"时，在这个紧张时刻要不要打破谈判的平衡状态，取决于你的判断，这种判断是建立在你对双方优势对比的理解基础之上的。

回到野蛮人这里

我们已经对短缺效应有所了解，现在回到亨利·克拉维斯和 RJR 董事会就他的最后期限谈判的律师事务所来吧。克拉维斯是应该坚持最后期限，还是允许延长期限？没有外部力量控制这个最后期限，因此答案主要取决于克拉维斯对自己优势的分析。如果克拉维斯在这个时候退出谈判，哪一方损失更大？是克拉维斯本人，还是 RJR 董事会？

我们来做个推理。如果克拉维斯坚持最后期限并退出谈判，他留住了钱，但失去了完成"世纪交易"的机会。另外，董事会还有别的买家，仍然能够以创纪录的高价完成这笔交易。因此是克拉维斯面对短缺性，而不是董事会。

到了下午 1 点 15 分，此时在原定的最后期限上又过去了 15 分钟，克拉维斯的谈判团队请来阿特金斯和董事会特别委员会成员查尔斯·休格尔（Charles Hugel）。克拉维斯说，如果董事会同意向 KKR 支付 4500 万美元，那么他就同意将最后期限延长至下午 2 点。如果 KKR 输掉了这场谈判，这笔相当于 1 分钟 100 万美元的钱就可以弥补其部分损失。

委员会向董事会请示，董事会同意了。于是顾问在一张黄色便笺上草草写下相关条款，所有人都签了字。这样，下午 2 点之前董事会必须考虑 KKR 公司每股 106 美元的报价。

结束阶段心理因素 2：对谈判过程过分执着

在继续讲述 RJR 收购案例中克拉维斯最后结果如何之前，我们来分析另一种心理现象，这种心理现象在 1988 年克拉维斯提出最后期限那天也表现了出来。心理学家称之为过分执着。

如果我们在先前的行动或决策中投入了大量时间却没有成功，我们总是难以承认失败或接受损失，这就是过分执着的含义。人们在那些初期还算明智的行动中花费的时间越多，就越执着于企盼行动能够成功，即使此次决策可能不再有任何意义，也会如此。

在分析过分执着心理之前，我先讲一个与谈判无关的简单例子。设想一下你在游乐园里，听说将要进行受人欢迎的"乘风破浪"快艇游园活动。当你赶到乘坐快艇的地点时，发现等船的人已排了一条长队，但你决定也排队等等看。站了两三分钟后，队伍没怎么向前移动，这时游乐园的工作人员告诉你还要等一个半小时。是继续等下去，还是去别处玩呢？

现在重新设想，场景不变，但这次工作人员是在你等了45钟后宣布消息的。他告诉你，刚排入队伍的人要等上一个半小时，也就是说，你还要再等45分钟。那么你是在队伍里再等45分钟呢，还是离开这里去别处玩？

对过分执着心理的研究认为，你在情景1中离开队伍的可能性要大于在情景2中的可能性，尽管总的等候时间是相同的。为什么？因为在情景2中，你已经用了整整45分钟，如果离开，这45分钟就白白"损失"了。而在情景1中，你只是"损失"了几分钟。既然在工作人员宣布消息之前你已经用了很多时间来排队，那么你很可能愿意再花些时间以实现自己的目标。

将趋利避害心理转化为自己的谈判优势

趋利避害是一种被充分证明的人类心理怪癖，多年来，心理学家、娱乐场所有者和华尔街股票经纪人都从这种心理现象中受益。玩老虎机的人常常在开始输钱后产生紧迫感，急着"扳回老本"。他们不断地投入金属币，一输再输。经验不足的投资者不愿卖出亏损的股票，他们希望这些不走运的投资能够时来运转，恢复到不赚不赔的状态。因此他们卖出获利股，留住亏损股，恰好与很多专业投资经理的操作相反。

这种弄巧成拙的心理怪癖如何在谈判中发生作用？我们在实际谈判中投

入的时间、精力和其他资源越多,就越会执着于看到最终结果,就像前面那个游乐园里排队的人那样,随着时间渐渐流逝,他等船的决心也渐渐加强。

即使对方忠厚老实,不会故意消耗你的时间,你也可能不由自主地出现过分执着的心理现象。操控谈判的对手可能会故意拖延谈判,仅仅是为了将我们拖入过分执着的泥沼中。他们设置陷阱的方法就是在谈判即将结束之前,面带歉意地提出对协议"不可或缺的"最后要求。"我们都已经到这个阶段了,"他们恳求说,"不要让前面耗费的一切时间和努力付诸东流。"与其面对谈判不成功带来的损失,不如部分满足他们的最后要求,挽救此次谈判。

将过分执着与第9章讨论过的对比效应相结合,就可以解释精明的谈判者常用的一种结束谈判战术,即小赠品战术(nibble)。"要求小赠品者"会在协议就要签订之前谨慎地要求增加一点点利益。在经过了漫长而又复杂的谈判后,大多数人既不想破坏即将达成的协议,也不想因为在蝇头小利上争吵而损害与对方的关系,因此,通常他们会满足要求小赠品者的请求。不过,通过在所有合同上争取小利益,老练的谈判者在一年时间里可以使实现的交易价值增加3%~5%。

要对付使用过分执着和小赠品战术的谈判者,方法不难。如果你知道自己正同要求小赠品者谈判,就留点东西到谈判快结束时再送给对方。如果你不那么了解对方,那就盯紧自己的目标,确保对方在谈判过程中付出的代价和你一样大,对他们在最后时刻提出的要求不予理睬。打个比方,我们为了坐上游乐园的快船而拿着票耐心等候了一个小时,这时有人企图收取额外费用才让上船,那么我们应该感到愤怒。对待谈判中最后时刻的要求也应该持相同态度,最起码你应该坚持相互让步。

克拉维斯和RJR的最后结果

现在回到克拉维斯的故事里。就在下午2点的最后期限之前,舍森公司提出了新的垃圾债券条款，这次达到了天文数字般的每股112美元。克拉维斯的回应是放弃最后期限，提出"最终"报价：每股108美元现金。在随后的7个小时中，谈判各方一方面绞尽脑汁地为自己谋求有利形势，一方面评估新报价导致的空前增长的风险，这种风险水平是此前任何投资银行家未曾经历过的。KKR的团队又付出了更多的时间，因此越来越执着于完成这笔交易，可以说他们是过分执着了。

终于，董事会给克拉维斯最后一次机会超过约翰逊每股112美元垃圾债券的报价。克拉维斯和同僚们经过紧张的磋商，提出了最高也是最终的报价：每股109美元，总金额超过250亿美元。董事会最后认定，约翰逊的每股112美元垃圾债券的报价方案有投机成分，而克拉维斯每股109美元现金的报价方案更可靠，两者本质上等价。晚上9点15分，董事会决定接受克拉维斯的报价，因为他信用度更高，在筹集数额如此巨大的资金方面经验更丰富。

对一个争强好胜的竞争者来说，这是美妙的胜利。不过，现在你可以判断一下克拉维斯的战术是否明智。下面哪个因素在决定最终价格方面起到了更大的作用：谈判战术还是谈判形势？克拉维斯的竞争型性格、采取短缺效应战术和过分执着心理结合起来，很大程度上促成了这笔交易。而今天普遍的看法是克拉维斯在RJR收购上花的钱太多了。

更温和的结束阶段战术：我们可以平分差距吗

我们前面讨论结束谈判的战术时，设定了很多关于消费者和企业的前提条件，但我们得承认，在现实生活中，这些条件在多数情况下是特例。到目前为止，我们更多的是与建立了关系的人和企业谈判。在关系型谈判结束阶段，竞争性战术，如最后期限或其他短缺效应策略，也许能起到一定的作用，但如果关系极为重要，谈判的规则应该是"更温和"的策略。对于那些我们希望能与之一起工作的人，不应该警告他们说要么你接受，要么我离开，然后退出谈判。

在真正的关系情境中，结束谈判的过程很简单。你的目标是向对方表明你的善意，所以应该接受对方的要求，然后快速而又态度温和地结束谈判。

在平衡考虑情境中，由于利益和关系都很重要，因此结束谈判的过程更复杂一些。你希望给对方留下良好印象，但还必须注意在此次交易中获得自己应有的实质性利益。

在上述任何一种情境中，都有一些更可靠更温和的战术，有助于我们顺利结束大多数注重关系的谈判。下面来分析。

平分差距很可能是使用次数最多的谈判结束技巧。相关研究告诉我们，在任何给定的谈判中，最有可能的共识点就是双方初始要求的中点。生性偏好妥协的谈判者喜欢抄近路完成谈判，方法是：将两个初始数字放在谈判桌上，然后取其中间值。

有时谈判各方已进行了好几轮交锋，即使这样，也常常会有某个时候，一方建议，双方在最终立场上各前进一步，在中间处达成共识。在那些双方有着重要关系的情境中，这个方法可以恰到好处地顺利结束谈判。

为什么平分差距这么受欢迎？第一，它激发了我们的公平意识和互惠思想，因此为将来双方继续谈判打下了良好基础。平分差距很像第4章讨论过的最后通牒游戏中的平分财富，每一方都自动做出同样幅度的让步。还有什么比这更公平的呢？

第二，这种技巧简单易懂。它不需要详细证明其正当性或解释原因，对方能清清楚楚地看到你的所作所为。

第三，方便快捷。对不喜欢谈判或时间紧迫的人来说，平分差距提供了一条避免潜在人际冲突的途径，这种冲突纠缠不清，在谈判过程中总是隐约可见的。

平分差距战术在谈判结束阶段使用得如此普遍，以至于不论在什么情境中，拒绝这种提议都会显得粗鲁草率。不过，先不要急着给它戴上光环，至少在两种重要情况下，我会犹豫是否使用平分差距策略。

其一，应该注意所建议的中点是否真正对你公平。如果你的初始报价合情合理，而对方的报价有些不近情理，那么双方的中点很可能会大大有利于你的对手。因此，如果一开始就缺乏平衡，在谈判最后阶段就不要赞成平分差距。

其二，当平分差距危及一大笔钱或某个重要原则，同时关系又很重要时，仓促使用这种方法也许会使你失去想出其他创造性方案的机会。

回想一下第 7 章提到的本杰明·富兰克林为伙食谈判的例子。在这个例子中，平分差距的解决方法效果如何？本来富兰克林有可能吃几天素食，再吃几天荤食，其他学徒也一样，因此双方都会有一半的吃饭时间不愉快。但是这种"仝输"的结果没有出现，因为富兰克林拿到了一半原属于厨师的酬金，开始自己做饭，这样大家在任何时候都是开开心心的。

当双方差距过大而难以平分时，还有一种以友好方式结束谈判的方法，就是依靠中立的估价方案或鉴定报告。如果双方无法同意让单个评估人来做这项工作，可以一边选出一位专家，在两位专家提交评估数字后，再同意平分这两个数之间的差距。

再介绍一种结束谈判的创新方法，我们可称之为后解决方案（postsettlement）。哈佛大学的霍华德·雷法（Howard Raiffa）主张，谈判双方应努力使已达成的协议好上加好，通过更好的协议，他们可以拾回谈判过程中遗漏的少量额外利益。

按照雷法的方法，谈判双方能达成对所有人都有利的协议。不管是否有专家帮助，谈判者都会同意在共识达成后继续探讨这样的协定和理念，即在不损害任何一方利益的前提下让某一方或双方收益更多。如果他们不同意协议的改进条款，可以回到原来的协议上。

我本人的研究表明，这种方法理论上听起来不错，但在现实中难以采用。我曾经对雷法的想法非常着迷，因此帮助别人开发了一种电脑程序，用来协助谈判双方在完成谈判后继续探讨更好的协议。后来我惊讶地发现：

人们对我们安排的后解决方案阶段不太感兴趣。

为什么雷法这个吸引人的想法没有引起人们的兴趣呢？首先，谈判者刚刚签订了一项经过激烈辩论的复杂协议，疲惫不堪，想要休息。他们可能会说，这些已经足够了。其次，谈判过程中，他们对哪些是重要问题的看法有所改变，而我们这个后解决方案体系很难与他们快速变化的偏好保持一致。最后，他们担心对方可能以会在以后解决过程中出现的新情况为由拒绝承认原有协议。接受调查的人告诉我们，现在已经足够，保持现状再好不过了。

我的试验对象教会了我一些东西。的确，要达成内容充实的协议，并建立友好的工作关系，不是那么容易办到的。在大多数谈判结束后，这两个目标都完成了的谈判者能够正确评价自己努力工作的成果，不再受其困扰，而是投入到新的生活中。

如果中止谈判，会发生什么情况

有时在谈判的让步阶段，与其说双方取得了共识，不如说一无所获，陷入了僵局。实际上，没有达成协议这样的结果在某些时候是合理的。毕竟，没有协议总比糟糕的协议好。而且，有时谈判一方故意将谈判拖入僵局是为了考验对方的决心，或促使他们考虑更富创造性的提议。

许多情况下谈判中止是由令人遗憾的错误导致的。某些案例中，谈判者越来越坚持先前的立场，自尊心阻碍了谈判继续进行。我有一些关于此类谈判僵局的故事，其中特别喜欢讲述的一个故事与朝鲜战争有关。

1969年，代表联合国军队指挥官的美国将军詹姆斯·B. 纳普（James B. Knapp）和朝鲜将军尹春勋（Yi Choon Sun）⊖举行会谈，地点位于韩国与朝鲜之间非军事区的一座临时营房内。朝鲜方面要求举行此次会谈。

⊖ 音译名。——译者注

1953 年朝鲜战争以南北对峙局面结束,"朝鲜停战委员会"当时制定了停战条例,该条例在战后被使用了数百次。按照条例规定,双方将持续举行会议,并且都不许离开谈判房间,直到要求会谈的一方宣布正式休会为止。

会谈进行到第 7 个小时,纳普将军提出计划来缓和朝鲜半岛的紧张局势。在该计划中,纳普要求朝鲜立即停止所有"攻击性的、好战的、传播战争信息的公开言论"。

尹将军听到这样的要求后先是陷入沉思,然后坐在椅子上,双臂交叉,带着极大的不满瞪着纳普将军。纳普满怀敌意地反瞪着对方。两人保持这种姿态达 4 个半小时,而且一言不发。就像两只老虎互相示威一样,两人谁都不能先眨眼(或去卫生间),那样做等于承认自己软弱。

当会议进行到 11 小时 35 分钟时,尹将军突然站起来,一声不吭地走开。于是纳普宣布:"考虑到朝鲜方面的举动,我认为此次会议结束了。"历史档案没有记录他离开房间时有多么快速。

除了气氛逐渐紧张的问题外,如果谈判双方分歧太大,也不应过早地试图消除分歧。在多数情况下,双方都有无法克服的误听、误信、误解或鲁莽的恶性行为。在这种情况下,该怎么办?

快速启动谈判进程

也许克服僵局最简单的方法是起身离开时给自己留条后路,以便将来重返谈判桌。"由于我们不能同意你们的立场,"你可以一边收拾东西一边说,"现在,谈判无法继续进行了。"细心的对手注意到你用了"现在"这个词,因此一段时间后会巧妙地问你是否可以重新开始谈判。这样的后路还允许你在以后某个时间与对手联系,并且不会丢面子。

如果对方谈判者真的因为愤怒而离开,可能就不会太注意留后路。如果是这样,你应该考虑如何体面地让他回到谈判桌前。用一位专家的话来说,你必须为他修建一座通往谈判桌的"金桥"。建造这样的桥,你需要

"忘记"是他首先提出最后通牒，或者巧妙地帮他回忆最后的声明，让他找到借口重新谈判。

如果问题在于信息的错误传达，一次简单的道歉也许足以让双方回到谈判的轨道上来。如果双方关系的破坏程度不是道歉可以修补的，那么你有必要更换本方谈判人员，甚至连调解人也要一起换掉。

20世纪90年代，美国职业棒球联赛差点停赛了两个完整的赛季，原因是球员协会和俱乐部老板的谈判陷入了僵局。来自大城市的球队老板希望限制球员的薪水，从小城市来的老板希望大城市的老板为自己购买特许经营权而提供资金扶持，球员则希望加薪。这成了一个三角游戏。当老板雇用一位新的谈判者——律师兰迪·莱文（Randy Levine）代表他们谈判时，发生了转机。莱文既是老板利益的维护者，又是谈判调解人。他给谈判过程注入了高度的信任感和创造力，根据一位谈判参与者的说法，这些新要素"冲破了各方之间猜疑的大坝"。他采取的另一个有助于谈判走出困境的举措是，设法让各方同意停止与媒体谈话，不再公开表明立场，因为这些行为阻碍了各方在谈判桌上妥协。第2章讨论过，公开承诺能帮助你坚持目标，但有时又需要各方放弃原有立场，才能满足所有人的利益，这时不宜做公开承诺。在诸如罢工这样利益攸关的谈判中，拒绝公开承诺通常意味着让各方远离聚光灯，这样他们就能私下协商。

最糟糕的僵局是双方不断发泄情绪而导致恶性循环的结果：我的恼怒让你气愤，你的气愤反应让我更加恼怒。1969年纳普将军和尹将军的僵持局面就属于这种类型。

商业交易中解决这种矛盾的方法和战争中一样，我称之为"一小步"程序。一方需要做的是向对手的立场上跨出很小的一步，而且要明显可见，然后等待回应。如果对方回应了，双方可以不断重复这样的回合。评论家查尔斯·奥斯古德（Charles Osgood）在20世纪60年代早期撰写关于冷战的文章时，用缩写词"GRIT"作为"一小步"程序的概括，意思是"为缓和紧张局势而主动采取逐步的、互惠的措施"（graduated and reciprocated initiatives in tension reduction，GRIT）。

埃及已故总统安瓦尔·萨达特（Anwar Sadat）在 1977 年 11 月 19 日飞往耶路撒冷和当时的以色列总理梅纳赫姆·贝京（Menachem Begin）就缓解阿以冲突进行磋商时，曾使用过"一小步"技巧。在以色列下飞机时，萨达特真的只采取了一个非常小的举动，而仅仅凭这一举动，就表明了他承认以色列存在的意愿。这个举动最终导致了《戴维营和平协议》的签署，并使以色列将西奈半岛归还给埃及。

有位经理给我讲过一次谈判经历，那次经历很好地诠释了"一小步"程序如何在日常生活中发挥作用。当时双方在进行复杂的商务谈判，他们都确信自己掌握了谈判优势，而且都认为自己有最有说服力的证据支持己方的谈判立场。几个回合下来，双方陷入僵持局面。

最后，一名在场的女士从钱包里拿出玛氏公司（M&M's）的巧克力袋。她打开袋子，将里面的巧克力糖倒在谈判桌中央，堆成一堆。

"这是干什么？"对手问。

"用来记分。"她回答。

接着她宣布将做一次小的让步，然后从那一堆巧克力中拿出 1 颗放在自己这边。

"现在轮到你们让步了。"她对坐在另一边的对手说。

对手不肯示弱，凑在一起商量片刻后，也做出了让步，然后拿出 2 颗巧克力。"我们让步的幅度比你们大。"他们说。

作为这个过程的领头者，这位女士明智地同意了对方的说法，然后又一次做出让步，拿出了第 2 颗巧克力。

双方密切合作，没花多少时间就完成了协议的最后条款。我们可以称这次谈判为 GRIT 程序的玛氏公司版。在谈判关系中，任何重建互惠原则的类似方法都会产生相似的有效反应。

总而言之，当谈判陷入僵局时，通常是因为各方认为对方的条件低于自己的合理预期水平。如果各方最后想要取得进展，他们必须调整自己的参考框架，懂得没有协议比接受协议更糟，尽管这份协议无法达到原来的预期水平。

有时这种转变是需要时间的。僵局应当持续足够长的时间，以便一方或双方真正地改变原有预期。双方应当认为，与其他可供选择的方案相比，最终协议还是不错的。

如果这些努力都失败了，你们就可能要邀请中立的第三方人士，比如谈判推动者、调解人或仲裁者，他们可以帮助双方重新组织谈判。这些专业人士善于引导谈判者关注这样的问题：如果达不成协议，他们会失去什么。假如连这些人都无法解开困局，而谈判者的争议又事关合法权利，那么双方可能不得不诉诸法律来解决矛盾。

不要满足于约定，要获得对方的承诺

1997 年，华尔街两大巨头添惠公司（Dean Witter Discover & Co.）和摩根士丹利集团共同宣布已达成企业合并协议，该协议有一条有趣的附加条款：双方承诺，如果反悔，将支付对方 2.5 亿美元。

当波士顿大学橄榄球明星道哥·付鲁迪（Doug Flutie）同意与唐纳德·特朗普签订一份 6 年 830 万美元的天价合同，作为前者为特朗普的美国橄榄球联盟的老资格球队效力的报酬，他的经纪人公司新泽西大众公司（New Jersey Generals）要求特朗普立即向新闻媒体宣布此事，虽然当时双方还未正式签订书面合同。付鲁迪的经纪人希望其委托人的名字见诸报刊，紧靠 830 万美元这个数字。

这些故事有什么共同点？它们讲述的都是协议完成的最后步骤：获取承诺（commitment）。在每个故事中，谈判双方承诺给予对方附加的利益激励作为协议的最后部分，以此相互约束。

所有谈判的目的不仅仅是达成约定（agreement），更是为了获得承诺。你希望达成一份稳定的协议，对方将忠实地履行该协议。有时候一次简单的握手足以让对方忠实地执行协议，在双方长期交往并相互信任的情况下尤其如此。其他时候需要通过更精细的手段来保证承诺的兑现，这样的手段包括合同、社交仪式和明确的惩罚措施。

我的一名学生曾经在课堂上讲过一个故事，详细说明了约定和承诺的不同之处，她的讲解比我听过的大多数学术讨论要更透彻。这个故事还说明了，对谈判变数的掌握如何增加你本人和其他人的收益。

我的这名学生叫特雷莎，当时正参与管理一家志愿者组织，该组织星期六会带领市中心的孩子们去乡村游玩。她和小组里的其他人租了公交车，拿上了运动设备，安排成年志愿者充当监护人，带上足够所有人吃的食物就出发了。孩子们将有一天的时间远离城市生活的紧张和辛苦。

本来一切都安排妥当，可是成年志愿者方面出了问题。当我的学生和同事请求这些好心人提供帮助时，他们很容易就被说服了，可是到了约定的星期六这天很多人未能到场。更糟的是，他们由于太难为情而没有打电话告知特雷莎他们不会来。这导致一些公交车上的孩子缺少监护人，而野外游戏也缺少指导者。

特雷莎面对的是如何遵守约定的问题，这个问题有可能破坏整个计划。她怎样才能让志愿者在指定的那天按约定到场呢？

后来她和同事想出了办法。在给志愿者打电话确定时间表并安排日期时，她给每个人分配了附加任务：为那天的午餐准备一件关键物品，例如汉堡肉、面包卷、色拉或用于生火的木炭等。在增加这个简单的承诺之后，志愿者按时到场的人数迅速增加。这是为什么呢？这是因为之前未能到场的人很可能这么宽慰自己：少了我一个人不会对此次游玩产生太大的影响。但是，现在他们很清楚参与此次活动意味着什么：没有木炭，汉堡派不上用场，反之亦然。每个人都看到了自己的重要作用，大家都是团队的一员，缺了谁都不行。自尊和责任感先前引导他们报名参加志愿者，现在又鞭策他们参与到实际活动中。

迪安·威特、道哥·付鲁迪和特雷莎的例子说明，纯粹的约定和真正的承诺之间存在巨大差异,如果没有承诺,谈判双方可能要面对因不执行协议而导致的利益损失的风险。约定只是要求做某事,风险很小,仅仅表明某人至少在达成共识时愿意遵守约定,而承诺改变了这种情况,如果承诺者反悔,将付出很大的代价。

四种程度的承诺

要确保潜在的承诺得以履行,可以借助很多手段,包括安全债券、保证金和预付定金。在企业内部,薪酬体系常常把加薪、奖金或缴纳养老金的期限同员工承诺在约定时期内为本企业效力相联系。如果职员的工作时间不能达到约定的年数,那么他们将损失一部分收益。

不同的谈判情境需要不同形式的承诺。如果你同意帮邻居照看婴儿,任何人都会认为你已经做出了承诺,因为你们的关系保证了你会执行约定。但在数十亿美元的企业收购中,双方要签订有法律约束力的合同,会计师小组将参加企业评估,而且还有正式的谈判结束阶段,在这个阶段,具体的文件和资产将同时易手。这样的谈判利益更加重要,相互信任程度更低,因此人们会采取额外的措施确保自己的预期目标得以实现。

事实上,任何谈判的承诺过程都是从简单的社交礼节开始的。在西方,握手是有用的礼节。在其他文化中,人们以鞠躬或表示尊重和信赖的类似姿势作为礼节。

在相对封闭的社会群体中,握手(或相似举动)并向对方做出承诺通常被视为非常严肃的事情。如果承诺人表达完这些交际信息后未能履行承诺,不仅可能颜面受损,而且在群体中的成员资格也会动摇。

承诺越重要,表达承诺的社交仪式越复杂。在众多的复杂仪式中,包括某种形式的公开讲话或公开披露。

回想一下第1章提到的"漫天要价"的例子,它讲述的是两个阿鲁沙部族农民如何解决土地边界纠纷的事。双方以礼节性地共享羊肉大餐的方式结束谈判，并在所有部族成员面前宣布了他们的约定。协议见证人对协议条款的集体记忆使得协议的任何一方都更加难以反悔。

唐纳德·特朗普召开记者会，宣布与道哥·付鲁迪签订合同，这也许更能凸显财力雄厚的特朗普，而不是初出茅庐的付鲁迪。但是与阿鲁沙部族的仪式一样，这样做同样达到了某些社交目的。由于特朗普和付鲁迪之间的协议已是世人皆知，因此两人都将承担更多的义务以保证协议的执行。

对自身名誉的责任感也增强了承诺的效用。如果承诺者会因为协议执行不力而个人名声受损，那么他可能更愿意履行承诺。

特雷莎的"带汉堡来"策略很巧妙地利用了人们的责任感。根据过去的分工安排，全部食物由特雷莎提供，于是志愿者认为自己在整个计划中只是无名小卒，可以被替换掉。在新的分工安排中，志愿者每人提供一部分午餐，他们开始将自己当作"汉堡包"或者"饮料"，如果此时还不能按时到场，别人会立即注意到。

用书面形式记录约定，是增强承诺效用的常用方法，同时还能提高责任感。由于达成的约定以明确的条款被记录了下来，人们自然会更多地注意双方的承诺。这种举措还会使心理一致性原则（第2章和第3章讨论过）开始产生作用。还记得挨家访问的推销员被如何教导做买卖的吗？他们说服客户亲自填写老式表格，客户记录下自己同意的事情，这让他们感到必须履行承诺。

许多书面协议可以增加一部分合法收益。迪安·威特和摩根士丹利在合并协议中加入惩罚条款，规定未能履行协议的一方将赔偿2.5亿美元，该条款也属于这份合法协议的一部分。这样，任何一方都可以向法庭申请强制执行该协议，因此违反协议的代价极高。

因为"合同"这个词具有法律效力，所以要完成一份合同，掌握正确的必要步骤是明智的。许多合同在口头协议或者交换承诺的基础上升级为具备法律效力的文件。谈判一方给另一方打电话报价，对方接受，双方都允诺遵守该约定，一份合法合同就完成了。在世界上的大多数地方，这样的合同签订规则是合法的，但是当双方对簿公堂时，由于这种合同条款是口头达成的，因此很难作为证据。

不过，在美国，当人们就出售价值500多美元的汽车及类似物品达成协议、签订长达数年的劳动合同及其他同类型合同或者出售住宅这样的房地产时，他们必须按正规要求提供书面合同，而且合同的提供方必须签字。如果没有这种正规的书面合同，法庭不可能强制执行该协议。不仅如此，由于供应方不受合同约束，因此，即使此人已口头允诺并信誓旦旦地表示一定会履行承诺，第二天他仍然可以改变想法，将汽车或住宅出售给别人。

在某些交易中，没有任何手段——不论是法律的还是其他手段可以强大到足以获得完全的承诺。在这样的情况下，采用同时交换的方法完成交易，通常既是明智之举，又具备高效率。举例来说，当人们出售汽车或住宅时，交易双方的典型做法就是：甲方将自己的财产转到乙方名下，与此同时乙方用支票支付所需费用。也许通过一方交纳不可归还的保证金的方式，他们能达成初步协议，但是这还不够，财产所有权的真正转移是在卖方拿到钱以后。

小结

谈判最后阶段的目标是结束谈判并达成协议，谈判者在这个阶段将面对若干重大挑战。在竞争型谈判中，甲方可以通过一些十分有效的心理手段，例如短缺效应和对谈判过程的过分执着，迫使乙方因紧张不安而妥协，而如果在更冷静、更理智的情况下做决策，乙方的收益可能会更好。

不愿妥协也会产生风险。对方手中可能的确握有王牌，如果你不妥协，他们会寻找其他谈判对象。态度过于强硬还可能导致谈判陷入僵局。虽然坚持己见可以促使双方探寻更富创造性的解决方案，但也可能危及双方关系和谈判本身。因此，你需要确定评估标准，以便判断如何结束谈判比较合适，而不要一味执着于自己的目标。

最后一点，在双方承诺一定执行约定之前，谈判还不能说是结束了。约定本身还不够，除非双方关系稳定，彼此高度信任。承诺不神秘，它的作用很简单：建立一种机制，如果对方未能执行约定，他们将付出代价。同样，你也应该主动做出承诺。

本章给我们的谈判之旅画上了句号，但现在你还不能充满自信地站上谈判擂台，还有最后一个问题需要学习，这就是道德标准。你可以与恶人谈判而又不丧失灵魂吗？我想你可以做到，但不会那么容易。

谈判和结束谈判总结

策略选择

谈判情境		应该先提要求吗	如何先提要求	让步策略	谈判结束策略
谈判情境	交易	如果存有疑虑，保持沉默。如果信息充足，先开口	信息十足（只要有过得去的依据，就可以提出最苛刻的要求）	坚定程度（慢慢让步，幅度逐步减小，止步于预期水平上）	最后期限；退出谈判；最终报价；平分差距；中立的评估
	平衡考虑	同上	立场公平（如果有坚定的依据，可以提最强硬的要求）	在小问题上大让步，大问题上小让步；提供多个构思巧妙的选项，同时套出几套方案	以上全部；后解决方案
	关系	是的	慷慨待人	迁就对方或者公平地妥协	平分差距；迁就对方
	默认协作	是的，可能的话，避免冲突	尽最大能力解决问题	迁就对方	迁就对方

BARGAINING
FOR
ADVANTAGE

| 第11章 |

与恶人谈判而又不丧失灵魂：谈判中的道德标准

集市是与众不同的场所，在那里人们可以相互欺诈。

——阿那卡雪斯（公元前 600 年）

我信任大多数和我一起玩牌的人，但我仍然希望精心挑选搭档。

——约翰 K. 奥劳克林，好事达保险公司

在研究谈判问题的过程中，我把关于道德标准的讨论放在最后，是因为我们在谈判的各阶段和各方面都会遇到道德问题。由于我们已经完全了解了谈判的复杂之处，如策略准备工作、信息交换、直截了当地讨价还价及承诺，因此，我们就有了所需的背景知识来研究难以解决的道德问题，这样的问题是任何谈判者都将面对的。

我们先讲个故事。这个故事讲述了已故的达雷尔·西福德（Darrell Sifford）晚年遇到的一件事，他生前曾是费城的一家报刊社的专栏作家。对西福德的崇拜者而言，他就像一位父亲。他常常努力劝说人们要以诚相待，但第一次真正遇到讨价还价的情况时，他感到有必要改变自己的信念。在一篇专栏文章中他讲述了此事。

第 11 章 与恶人谈判而又不丧失灵魂：谈判中的道德标准

西福德和妻子当时在明尼苏达州明尼阿波利斯市生活，他们的家位于一栋高耸入云的大型综合公寓。一天，西福德决定购买一些物品装饰一下电视机房间。当他在一家打折家具店的橱窗前驻足浏览时，发现橱窗内一棵引人注目的樱桃树顶端安放着一个做工精巧的地球仪，在室内灯光的映射下绚烂夺目。他立即喜欢上了这个小东西。

西福德进了店后，热情洋溢的中年售货员过来迎客。"您想要点什么？"售货员问。

"我想看看窗台上的那个地球仪。"西福德说。

售货员领着西福德来到窗前。西福德凑近看了看这个地球仪，然后把价格标牌翻过来，顿时吓了一跳，上面写着 495 美元。

"太贵了。"西福德摇着头说。

售货员表示遗憾，开始向西福德介绍其他各种地球仪，但他都看不上眼。看了几个后，西福德表示自己想要窗台上那个地球仪，但不想花 495 美元买它。售货员问西福德是否住在本地区，西福德指着远处的高楼说那就是他家。

"这样的话，我们能满足您的要求。"售货员说，"附近居民来买东西，本店将主动给予打折待遇。450 美元怎么样？"

"还是高了。"西福德回答。

按照西福德后来的描述，此时他脑子里有个声音告诉自己，应该为这个地球仪做一番讨价还价。过去西福德从来没在商店里还过价，因为他总是认为讨价还价有些丢人，采取这种做法的人要么是没有钱，要么是太虚伪了。可是现在他远离费城，在这里人生地不熟，于是他决定采用这种手段。不能再做好好先生了。

西福德考虑了一下编造事实是否合适，很快，他决定这么做。说干就干。

"我在一家商店的打折目录上看到过同样的地球仪，才要 325 美元。"西福德撒谎说，"如果你的价格远远高于那本目录上的价格，你怎么可以称自己为打折店呢？"

"我们进货价要比那本目录上的价格高，"售货员回答，"但您瞧，我打算以400美元将这个地球仪卖给您。这可是大放血，您在其他任何商店都买不到这个价。"

"要是这样，我打算订购那本目录上的货，"西福德语气强硬，"耽误您的时间了。"他向店门走去。

售货员紧张得跳起来，喊着："我请示一下经理。"不到1分钟的工夫他回来了。"经理今天心情相当不错，他说您可以350美元拿走这个地球仪。"他告诉西福德。

"还不够好。"西福德说，回到地球仪旁边，仔细端详。"瞧这！底部有一道划痕。这是次品。"

售货员看着地球仪，有一条几乎看不见的痕迹。他说："您真是太精明了。"西福德后来回忆道，售货员实际上是微笑着说这话的，这表明他有些佩服西福德的策略。"我们不卖次品。我再和经理谈谈。"

1分钟后售货员回来宣布："您赢了这场艰苦的谈判。"就这样，西福德用325美元买到了地球仪。西福德骄傲地拿着这个不只是装饰品的地球仪回到了妻子身边。

谈判的核心道德问题

西福德赢了那次讨价还价，但他是靠捏造不存在的价格目录才战胜对手的。他的行为符合道德规范吗？显然他自己是这么认为的，并且全世界有无数这样的人，如果他们知道这样的谎言不管怎么说都是违背道德的，将会感到惊讶。当这些人买卖东西时，他们会编造各种各样的事实来证明自己的要求合理。而且，本章开篇引用的古希腊人阿那卡雪斯的话表明，人们采取这样的做法已有数千年历史了。可以说在任何文化中，撒谎都无可争议地成为社会日常生活的一个特征。

第 11 章　与恶人谈判而又不丧失灵魂：谈判中的道德标准

20 世纪 90 年代，哈佛商学院做过研究，要求超过 750 名来自世界各地的 MBA 学生给一长串值得置疑的谈判策略排位。这些策略涉及面很广，从谈判开始时的虚张声势，为了巩固本方立场而撒谎，到通过贿赂手段从别人那里获取对手谈判立场的信息。学生非常愿意采用调查者所称的传统竞争型谈判策略，例如在底线问题上虚张声势，提出初始要求，时间限制及引入其他竞争者。他们甚至同意，为了让对方做出实质性让步，可以承诺以发展未来关系作为回报，尽管这种承诺并非他们的真实想法。

西福德的行为似乎完全可以归入哈佛商学院这项研究中定义的传统竞争型谈判策略范畴。他的做法应该无可非议吧？

也许是的。但很多道德高尚的人会认为西福德的做法存在明显问题：他撒谎完全是为自己谋利。而大多数高效率的"合作型"谈判者——杰拉尔德·威廉姆斯（Gerald Williams）教授这样称呼他们，在谈判中则希望"按照道德规范谨慎行事"，这是他们的一个重要基本目标。这些谈判者一般不认为谈判是博弈，反对将撒谎视为谈判过程中的合理行为。

因此，一些人对西福德的撒谎行为即使没到愤怒的程度，至少也感到厌恶。他们会提出一些难以回答的问题。

如果说西福德撒谎可以让人接受，那么什么时候这样的行为无法让人接受？假设售货员欺骗西福德，宣称如果西福德不买这个地球仪，一个事实上不存在的"感兴趣的买家"打算当天晚些时候花 350 美元或更多钱买走，这样的行为是否也合乎道德呢？

也许最有说服力的问题是，如果经常撒谎，难道不会成为习惯吗？纽约一家猎头公司的总裁估计，与他面谈过的商业人士大约有 25% 是"长期撒谎者"。下面的结论似乎并不牵强：也许这些人在职业生涯中变为撒谎者，一定程度上是因为他们为了实现不那么重要的私人目标而养成了撒谎的习惯。撒谎不难。如果在与客户协商小问题时撒谎能产生良好效果，为什么不可以在涉及更重要利益的情况下，例如应聘时撒谎呢？这样的话，过不了多久，个人的成功很大程度上就要归因于撒谎，讲真话反倒成了可有可无的奢侈行为了。

西福德的谎言微不足道，却引出了一个核心问题，这个问题是我们在谈判过程中努力按道德规范行事时要面对的。密歇根大学法学院的詹姆斯·J. 怀特（James J. White）教授对该问题做了如下概述："谈判者最基本的任务是，在不偏离道德轨道的前提下被动地误导对手，使其无法知悉本方的底牌。"

怀特的表述反映出许多人想按照道德规范谈判时所产生的矛盾心理。我们总是在谈论，通过符合道德标准的方式误导对手以实现自己的目标，但这真的可行吗？怀特所说的"被动"欺骗指的是什么？在小事上主动欺骗对方，例如西福德编造目录价格，难道会比在数十亿美元交易的重大问题上被动欺骗对方更不道德吗？要回答这些问题并不容易。律师、内科医生、会计师及从事其他类似职业的人更讲究职业道德，对于他们来说，问题更加复杂了。

把道德摆在第一位，而不是最后

虽然道德话题放在本书最后讨论，但你在每一次谈判中，应该把按道德标准行事的信念放在第一位。道德是人性中至关重要的部分，只要有机会，你可以试试在谈判中完全脱离你在生活中其他时间里表现出的人性。你永远不会成功的。在谈判桌前的"你"，就是每天早上在镜子里的那个"你"。

你对个人道德信念的坚持程度不同，付出的代价就不同：在给定谈判情境中，道德标准越严格，你愿意为坚守道德所付出的代价就会越高。你的道德标准越宽松，就越有可能变得声名狼藉。另外，如果你的固定谈判对象道德水平越低，为了保护自己并维护本方利益，你花费的时间和精力就会越多，行事越谨慎。

现在来谈谈我对这个问题的看法。我认为，如果谈判涉及道德问题时，你应该对自己有更高的要求。我倾向于认为西福德可以找到更好的方法赢得那次讨价还价。在第 1 章中我曾提到，诚实的品质是谈判老手保持高效率的最重要的四个要素之一。对高效率谈判的研究表明，认为诚实品质是谈判高手重要特征的人，不仅有威廉姆斯所说的"高效率合作型"谈判者，还包括其他行业人员，从会计师到合同管理者，从银行家到职业采购员和销售员，不一而足。

听起来不错。问题是，怎样定义个人的诚实品质？难道因为西福德向店主撒谎说在别处见到过更便宜的价格，我就认为他是不诚实的人吗？

不是的。下面我要重复第 1 章讨论过的诚实品质在谈判中的定义。我当时说，我们可以相信，看重"诚实品质"的谈判者会"秉持始终如一的谈判原则，运用一系列经过深思熟虑的个人手段来谈判，这些手段具备正当性，必要时他们可以为之辩解"。这个定义把道德规范的评价标准交给了作为个人的他者，而非作为定义人的自我。很久以前我就明白了，向别人灌输价值观的最好方法是：提出尖锐的问题，帮助他们思考，最后摆脱这些问题的困扰。

尽管西福德撒了谎，并非如我所愿，后来他还是成功地获得了我的好感。他发表了一篇文章，坦白了自己的行为。这篇文章被广泛传阅和讨论。如果你本人在谈判中的表现经受得住那样大范围的深刻讨论，那么你就是我在书中提到的拥有"诚实品质"的人。也许我不同意你的做法，但我们的分歧是开诚布公的，是基于不同原则的分歧。

本章的目标不在于教导你什么是道德，而是帮助你掌握某些方法做出西福德那样的选择。理智的人在道德问题上表现不一，但是只要你经过深思熟虑做出的符合道德的选择能够通过我的"辩解"的考验，那么你就拥有了我所说的诚实品质。我们探讨了哪些事情是你自己应该承担的责任，下面来讨论一下，当别人用不符合道德的战术来对付你时，你怎样做才能维护自己的利益。

最低标准:遵守法律

不论人们如何看待道德问题,他们都有责任遵守那些规范谈判过程的法律。当然,国家和文化不同,与谈判相关的法律也不同,但不同法律体系所包含的规范有一些共同的重要特征。这里我将简单提及美国法律对欺骗行为的规定,作为法律在谈判中所起作用的例子。但不是说只有美国这样,谈判行为的公平和慎重原则是全世界共通的,而非一国独有。

美国法律拒绝承认商业协定谈判中存在任何一般性的"诚意"(good faith)责任。一位美国法官曾经写道:"在商业交易中,假定双方都试图获得最佳收益……谈判桌上没有(对无耻行为的)正当追索权,当事方不能就谈判中的'不诚实'(bad faith)行为提起诉讼。"不过,这条一般性法规有一个前提,就是双方没有从事诈骗性质的犯罪活动。我们将会谈到,谈判行为错综复杂,会大量涉及诈骗罪的相关法律。

诈骗行为包含 6 个要素。法律这样界定谈判中的诈骗行为:谈判者①故意②虚假陈述③重要④事实,受害方⑤合理地依据陈述内容进行交易,结果⑥遭受损失。

汽车销售员将公司一辆汽车上的里程表复原为零,然后作为新车出售给消费者,这时他就犯了诈骗罪。该销售员明知这辆车是旧车,却向买车人虚报车况;车况不仅仅是评价,更是事实,而且是对交易产生重要(第 3 条)影响的事实。买车人合理地依据里程表记录的英里数买车,于是造成损失。同样,人们出售自己的企业时,如果在企业债务数额和种类的问题上撒谎,他们也犯了诈骗罪。

在商业谈判中,有些人在关系到交易核心问题的重要事实上撒谎,这一点大家都有所了解。但大多数谈判者用不着律师或伦理学家告诫他们应该避免歪曲事实的行为,这样的行为就是诈骗,一目了然。谁试图欺骗你,谁就是骗子。

分析一下诈骗罪相关法律难以管制的灰色地带,我们可以发现更多关于撒谎的有趣问题。假设汽车销售员说另一位买车人准备明天买走这辆车，建议你最好今天就买，你该怎样判断？也许他说的是事实，但是重要事实吗？这似乎像西福德关于目录价格的小谎言。我们认为西福德买地球仪时撒谎不构成诈骗罪，难道我们应该采用不同的法律标准来评判这位职业汽车销售员的行为吗？他谎称有其他买家，这是诈骗，还是灵机一动呢？

假设卖主不陈述事实，而是提出措辞巧妙的建议，又该如何判断？出售企业的人也许会说，你收购了该企业后，巨额债务"可以重新协商确定"。如果卖主知道债权人根本不考虑重新协商，他的建议能否被视为严重误导，应归入诈骗行为呢？

下面我们简单谈谈诈骗罪相关法律的各个要素，分析法律界限在哪里。令人吃惊的是，尽管我们都偏爱于了解概述法律责任的条款，这样的条款直接易懂，但是这还不足以使我们成为守法的好公民。谈判中常常存在很多灰色领域，在这些领域中，某些行为不可避免地受到影响，变得像谈判本身一样普遍，并且具有多面性，需要我们多加注意。知道法律条款的内容，有助于你依法办事，但还不够，你仍然需要提高对正确行为和错误行为的判断力。

要素 1："故意"

谈判者从事诈骗活动，必须对其要歪曲的事实保持特定的心理状态，也就是说，他的错误陈述必须是"故意的"。因此，对陈述者来说，一个消除诈骗行为的方法就是避免与可能导致"故意"心理的信息直接接触。

例如，某家公司的总裁怀疑公司财务状况堪忧，但因他尚未了解最新的财务季度报表，所以还是"故意"装着不知道这一点。当顾问请求召开会议讨论最新报表时，他告诉这些人会议暂缓举行。这位总裁正在考虑与一位重要的供应商谈判，他希望能诚实地说，到目前为止他了解到公司财务状况正常。这样的话，他不算是欺骗了吧？也许如此。不过，许多法院已扩展了"故意"行为的范围，像本例中的这位总裁这样，刻意地或草率地忽视事实的陈述也被列入其中。

草率地忽视事实不一定会受到相关法律的惩罚。某些情况下，由于疏忽大意甚至口无遮拦而导致事实的歪曲，受害方也许还会因祸得福。这些歪曲事实的行为并不被视为诈骗。确切地说，它们使人们认识到，有时协议是阴差阳错而达成的。

要素2："虚假陈述"

一般而言，在谈判者确实做了歪曲事实的陈述后，人们才能依据法律判断此人是否犯有诈骗罪。因此，商业谈判者须知的一条基本法律规则是"沉默就会安全"。

当然，在实际谈判中，如果你的对手很精明，善于提问，你很难保持沉默。当面对不方便回答的问题时，谈判者常常被迫转移话题，或者一问三不知，比如可以说："我不清楚此事。"如果被再三追问，可以回答："我没时间讨论该问题。"如果对方提出尖锐问题，试探你的谈判立场的强硬程度，你选择以谎言回答，这就立刻增加了承担法律责任的风险。不过，我们在下文中将会看到，有些谎言不"重要"，而且你可以指控对方隐瞒了一部分他们被告知的事实。

奇怪的是，有些情况下，即使对方没有向你询问某条信息，你也可能因为未披露该信息而被控诉犯有诈骗罪。谈判者在什么情况下有义务主动公布那些可能危及其谈判立场的事项呢？美国法律规定了在下面四种情况下谈判者负有明确的事实披露义务。

（1）谈判者披露了部分事实，而根据全部事实来看，被披露事实正在或将要误导对方。如果你宣称自己的公司处于盈利状态，你必须披露是否使用了可疑的会计方法来支持你的陈述。如果发现下一季度出现亏损，你应该修正之前的陈述，这样谈判才能继续进行。

（2）谈判双方是相互信托关系。在受托人和受益人、结成伙伴关系的合伙人、小公司的股东或者家族企业成员之间进行的谈判中，双方负有义务完全公开真实信息,"沉默就会安全"的方法在这里不适用。

（3）未披露信息一方掌握此次交易的至关重要的信息,而对方无处得知该信息。通常,卖方比买方更有义务披露所出售物品的隐患,这样做是为了让对方知道被隐藏的"潜在收益"。住宅出售人必须告知买房人其家中是否存在白蚁虫害,但石油公司在与农场主谈判土地收购事宜时,不需要主动告诉对方其土地下蕴藏石油。这是个例外,不值得借鉴,最好的榜样还是那些按照道德规范和公正原则进行的谈判。

（4）法律明文规定在某些特定业务上承担信息披露义务,例如保险合同或者证券的公开发行。有时,立法机关会为某些特定的交易专门规定信息披露义务。例如,美国有许多州现在要求住宅出售人公开所出售房屋的全部已知问题。

如果目前的谈判与上述四种特殊情况都不符合,双方都不会因为拒绝披露事实而承担诈骗罪的法律责任。两边都可以保持沉默,消极地等待对方单方面公开信息。

要素3:"重要的"

假定某家画廊的所有者已得到一位画家授权,出售该画家的一幅作品,价格只要高于1万美元即可。如果画廊所有者在同收藏家谈判时说"价格不能低于1.2万美元",这是诈骗行为吗？实际上,画廊所有者得到的确切授权是该画在1万美元以上的任何价位都可出售,因此这里存在对事实的故意歪曲。再假定买家其实愿意出1.1万美元买这幅画,但却宣称"我用于买画的预算是9000美元",这是否也是对事实的故意歪曲？同样是的。这两种行为是否属于诈骗,还存在相同的法律疑点,即这些事实是否是"重要"事实。

它们不是重要事实。其实,在底线要求和底线价格上撒谎在谈判中非常普遍,以至于许多职业谈判者认为,这样的虚假陈述行为不属于撒谎,他们更喜欢用"虚张声势"这个词来定义这样的行为。

为什么呢？这是因为，这种陈述让谈判双方有机会表明本方偏好的合理性，并划定谈判范围，同时避免产生利益损失风险。而且，在底线价格和底线要求上做出误导对方的陈述，还能使双方互相试探对方对公开表明的偏好的执着程度。

美国的律师们有些过分，在该行业流传的《职业行为典型规则》手册中美化了这种手段，将其奉为圣典。该手册规定，"对交易目标价格或价值的预估，或者谈判一方是否有意愿接受某项要求的解决方案"，不应被视为"重要"事实，这是为符合一条道德准则而预设的前提，该准则禁止律师对第三方做虚假陈述。

因此，如果你虚报愿意支付的金额，或者谎称在本次谈判的若干议题中有一个是你最关心的，并不会招致法律上的麻烦。从法律角度来看，底线价格和底线要求对交易本身而言，并非"重要"信息。

当谈判者不仅虚报能够接受的价格，而且进一步以肯定的口吻编造为什么要求这个或那个价格的具体理由时，他的行为就具有更大的诈骗嫌疑。例如，要给你的报价寻找理由，一个常用方法是像西福德那样声称"我可以在其他地方买到更便宜的货"，这种方法全世界的消费者都用过。谈判者常常在其可选择的余地上撒谎，这是诈骗行为吗？

当顾客对店主撒谎说，自己能在本镇的另一头买到更便宜的相同商品时，她并不是在陈述"重要"信息。毕竟，一般认为卖主对其所售物品的了解（或应有的了解）绝不会比买主少。如果卖主愿意以低于初始要价的价格出售该物品，还有谁能比卖主更清楚合理价格是多少呢？

现在将撒谎者的角色调换位置。假定卖主谎称，现在的买主必须和其他买家竞争，这是诈骗吗？我们通过下面这个历史更为久远但仍有重要意义的例子来讨论这一点，该例讲述的是发生在马萨诸塞州的一起诉讼。

一位从事租房业务的房东在购得新房后，和租用其店面的玩具商就续签租约进行谈判，因为这名租赁人的租约已经到期了。玩具商竭力讨价还价，拒绝向房东支付其要求增加的1万美元租金。于是房东告诉玩具商，有其他租赁人愿意支付这1万美元。然后他威胁说，如果现在这位租赁人不能很快接受新的租价，谈判将立即结束。玩具商还是支付了那笔钱，但是后来得知，房东的威胁只是虚张声势，根本没有其他租赁人。于是这位租赁人以诈骗罪起诉房东，并赢得了诉讼。

另一个案例发生在俄克拉何马州。法院判决一名房地产销售员犯有诈骗罪，并要求其对受害人进行巨额赔偿。此人为了迫使购房人按指定价格购买一栋住房而编造谎言，宣称其他买房人——其实是该住宅的建造商愿意按要求支付购房款，而且当天晚些时候就会来付钱。

画廊所有者说"价格不能低于1.2万美元"，购物者称"我可以在其他地方买到更便宜的货"，这些都不属于诈骗行为，而上面例子中的撒谎行为却被定性为诈骗，为什么法律会区别对待呢？我认为，这种区别对待与下面这一事实有关：后两个例子中的受害者属于"弱势方"，一个是小企业主，一个是消费者，他们受到了谈判老手的不公平对待，被迫同意后者的要求。从买方观点出发，卖方宣称存在其他竞争者，这属于"重要"信息。这些虚假信息编造得有板有眼，且带有最后通牒性质，买方不可能调查核实。

我相信，如果上述交易中双方都是消费者或老练的谈判专家，法院不会做出相同的判决。而且我认为，在美国这样以消费者为主导的富裕国家之外的地方，类似的诉讼不会得到同样的判决结果。要补充的是，记住存在这样的案例是有意义的，它们提醒那些有经验的卖家和买家，在同普通民众进行交易时，要保持一定程度的谨慎。

要素4：事实

表面上看，似乎只有对客观事实做虚假陈述才会招致法律制裁。因此，愿意依法办事的商人在谈判中很注意言论，他们会提出自己的观点，做出预测，或表达意图，就是不陈述事实。另外，他们还可以频繁地夸大自己商品的优点，或吹嘘其潜在性能有多么优良。买方和卖方都知道这是买卖过程的正常部分，不可能全部当真。

然而，不深入了解相关法律的本质，可能会被其表面意思误导。有时法院面对性质极为恶劣的案子，也会判定被告对意图或建议的陈述为诈骗行为。法律对诈骗罪的判定标准不在于有待裁决的陈述是否纯属事实，而在于谈判者的陈述是否成功地隐瞒了一系列他不愿公开的事实。

假设你向叔叔借钱，告诉他你计划把这笔钱用于交大学学费，其实你是打算买一辆价格昂贵的新车。这是诈骗吗？很可能是的。

一位著名的英国法官曾说过这样的话，很值得回味："人的思想状态也属于客观事实，正如他的食物消化状态一样。"法律甚至还给虚假陈述意图的行为规定了专门的术语：诈骗。判定诈骗案的关键在于找到证据，证明陈述人在做承诺的时候已经知道他无法兑现承诺。换句话说，他嘴上一套，心里一套。如果你是受害者，还必须证明，对方的意图与此次交易的核心问题息息相关，也就是说，对方表达出来的意图是"重要"信息。

如果谈判者是在表达自己的观点，情况又如何？在谈判桌前，从自身利益出发介绍本方商品的价值或者产品和公司的质量，这是正常的合法行为。但是，当谈判者陈述的观点明显与交易目标的已知真实情况相矛盾时，他们可能被指控犯有诈骗罪。例如，纽约曾出现过一个案例，当时一家机械设备制造企业对有意向的收购人说，他将"轻而易举"地从该企业的最大客户那里接到业务。实际上，这家企业还欠客户一笔钱，企业主希望从这次交易中得到足够的钱还清那笔债。该企业承诺的业务其实不存在，因为它们的制造技术臭名远扬。后来这位收购人成功证明，他受到卖方诈骗性质的陈述诱导而进行收购，并遭受损失。

上述案例的重点似乎在于非公平性问题。如果谈判一方陈述的意图和观点隐瞒了谈判方案的关键事实，导致对手无法准确评估方案合理的价值和风险范围，因而不能根据评估结果确定价格，这可能就是诈骗行为。

要素5："依据陈述内容"

撒谎的谈判者有时会这样为自己辩护，实际上，"只有不聪明的人才会相信我的话。对方无权依靠我获取真实信息，他本应该自己调查"。

我们在讨论谎称存在竞争者的问题时发现，这套辩词很有说服力，因为此时双方基本处于同一起点。但是当某一方拥有决定性的优势时，例如老练的买家或卖家同消费者或小企业主交易时，美国法院一般认为，受害者依据谎言进行的交易则是合情合理的。

此外，法院还同情那些怀着善意谈判的人，他们中有些人相信对方在谈判过程中会公平对待自己，有些人信任比自己强大的企业，而后者却试图利用这种信任窃取交易秘密和其他信息。例如，在不少案例中，独立的发明家在谈判过程中为了出售自己的发明而透露技术秘密，法院允许他们和其他有类似经历的人撤销交易。这些案例中，潜在的买家都是典型的大公司，企图通过谈判过程从对手那里不劳而获。不过，如果在信息交换阶段必须披露秘密信息或企业计划，谨慎的谈判者总是会签订一份明确的保密协议。

如果谈判的操控者歪曲了重要事实或在交易动机上做虚假陈述，他可以想出花招来避免承担法律责任，就是在最后协议中写入真实的交易细则和付款条件。在诈骗案中，如果受害者没有阅读合同内容就签字同意，将来他在声称自己是合理依据先前的虚假陈述进行交易时会遇到很大的困难。

举例来说，假定你与一家大型医疗产品企业谈判，出售自己公司的重要资产——一台电子医疗设备。在谈判过程中，该企业保证他们会努力销售该设备，这样你就可以获得专利权使用费。但是，最后的合同明确规定，如果该公司想停止销售你的产品，他们拥有这样的合法权利。出售转让后，该公司决定将你的产品闲置起来。后来你了解到，这家公司根本就没打算销售你的设备，他们只是为了让它退出市场，因为它和该公司的其他几种产品争夺市场。

对于这样的案子，法院认为原告难以取胜，因为最后的书面合同的条款对你不利。教训是显而易见的：阅读合同内容后再签字；如果合同措辞出现变动，导致交易内容变化，对方保证这只是技术上的需要或遵照律师要求，要对该保证保持警惕。

要素6："遭受损失"

如果对方的虚假陈述或遗漏没有给你造成损失，你就不能起诉对方犯有诈骗罪。有时虽然对方谈判者不顾道德，说出令人恼火的谎言，但没有造成损失，如果人们对要素6缺乏了解，还是会认为撒谎者的行为违法。也许这种看法没错，但前提是撒谎行为给受害者造成了一定程度的可计算的经济损失。如果没有造成这样的结果，那么你的正确行动是退出此次谈判（如果可以的话），而不是起诉对方。

法律之外的道德

也许你已注意到，道德原则的影响在规范谈判行为的法规中随处可见。例如，拥有巨大谈判优势的专业谈判者同非专业谈判者或消费者谈判时，依照的法律标准很高，而同水平相当的人谈判时就不需要那么高的标准。如果谈判双方存在特殊关系，如委托人关系或伙伴关系，他们会更重视法律规定的信息披露义务。同样是撒谎，一种情况是为了防止有关交易目标的重要事实泄密，另一种情况是在选择余地或底线要求上做虚假陈述，法律对两种情况的处理是不同的。如果对方无法了解某项重要事实，你必须告知对方，不能隐瞒不说。

西福德对售货员谎称在一本目录上看到另外的价格，这是诈骗行为吗？显然不是。他的确是说了谎话，但就那次交易而言，谎话的内容算不上重要事实。那家商店也无权从西福德那里获取价格信息。而且，如果商店认为那份价格目录很重要，他们可以轻而易举地对该信息进行核实。

我们知道，在这个例子中，如果是商店对西福德谎称有其他买家，法律标准就没有那么宽松了。回想一下，那位房地产经纪人对顾客宣称存在其他买房人，而实际上根本没有，后来房地产经纪人不得不对该顾客予以赔偿。

我们的结论是：西福德不用承担法律责任，而那位售货员做买卖时必须小心翼翼，如履薄冰。在谈判中，你的道德准则的底线就是不逾越法律规定吗？答案取决于你对谈判这一生活中的行为的看法。

西福德对谈判的看法很特别，他认为谈判者在法律允许的范围内可以撒谎。他曾经写道，"夸大事实"就是"谈判的游戏方法"。随着阅历日益丰富（要知道，买地球仪是他的第一次讨价还价），西福德的观点也许发生了变化。他可能认识到，撒谎在某些情况下可行，但在其他情况下是被禁止的。他也可能断定，做诚实的人，需要建立一套适合自己的道德标准，对不同情况下如何保持诚实做出详细区分。

我想给你出个难题：什么是你自己的道德观念。为了帮助你树立道德观，我将简单地介绍三种在谈判中常用的道德标准，大约有数百位学生和管理人员与我谈论过这些标准。你可以从中选择合适的，或者博采众长，建立自己的标准。

在探讨这个问题的过程中，请记住：几乎所有人都真诚地相信自己在大多数时间里品行端正，但却常常认为别人要么行为幼稚，要么不守道德，这要视他们的道德观和所处情境而定。因此，应当提醒自己注意他人的道德观。你有自己的道德标准，它能让你在谈判桌前提高自信，消除紧张感，但不要期望其他人完全赞同你的道德观。谨慎一些总没错。

谈判道德观的三种理论

我想介绍三种关于谈判中的道德标准的理论供你参考：①纸牌游戏派（poker school）的"这只是一个游戏"理论；②理想主义派（idealist school）的"即使受损也要坚持原则"理论；③实用主义派（pragmatist school）的"可用才用"理论（what goes around comes around）。

我们依次来讨论。在分析这些理论时，试着判断哪些方面最符合你自己的想法。明白你目前的道德观后，再花一点时间想想那是否就是你应有的道德观。我建议你尽可能严格要求自己，与你真正的谈判理念保持一致。在压力重重的现实世界中，人们倾向于降低而不是提高道德标准。

纸牌游戏派的"这只是一个游戏"理论

道德标准的纸牌游戏理论认为，谈判是一场包含某些规则的"游戏"。这些规则由法律确定，例如我们在前文提到的那些法规。依据这些规则做事就符合道德规范，反之则不符合。

现代纸牌游戏理论的创建人是艾尔伯特·Z. 卡尔（Albert Z. Carr），他是已故总统哈里·杜鲁门（Harry Truman）的特别顾问。卡尔在20世纪60年代写过一本名为《商业游戏》（*Business as a Game*）的书，书名恰好点出了这个理论的要义。在发表于《哈佛商业评论》（*Harvard Business Review*）的相关文章中，卡尔声称，虚张声势和其他具有误导性但合法的谈判策略是"（谈判）游戏不可或缺的部分，未掌握（这些）技巧的管理人员不太可能获得巨大的财富或权力"。

纸牌游戏理论的拥护者乐于承认谈判和纸牌游戏不尽相同，但又指出，要想在这两种竞技场上有出色表现，关键都在于使用诡计。而且，老练的参与者在谈判和纸牌游戏中都是现实主义者，显示出对其他游戏者强烈的不信任感。卡尔认为，谈判双方狭路相逢时，出色的参与者应该忽略"要求友谊的呼声"，"狡猾地运用欺骗和隐瞒事实的诡计"打败对手。游戏结束时，纸牌理论的拥护者将更加重视对手，因为后者的欺骗诡计大获成功了。实际上，因为纸牌理论的拥护者认为谈判中双方使用的欺骗策略是合法的，所以他们会佩服对手的狡猾，并且发誓下次要更好地准备策略。这样，双方的信任感又少了一层。

我们知道怎么玩纸牌游戏，但是究竟如何玩谈判"游戏"呢？剥掉这个游戏的外衣，我们看到其核心部分：一方开局，接着游戏者轮流提出协议条款；你赞成哪些条款，可以给出支持这些条款的论据；在每一回合中，你可以提出自己的条款；也可以接受对方的条款，你参与游戏的目标是让对方同意与你的最终方案尽可能接近的条款。

在谈判游戏中，双方都有可能采取虚张声势策略，这是可以理解的。虚张声势策略可以掩饰你的如下软肋：提供的选择方案受到制约或缺乏吸引力，因而只能从谈判桌上撤下来；无力影响对方的选择；缺乏论据证明你的要求合理。与玩纸牌游戏的人不同的是，如果在谈判游戏中谈判者占据优势，他们总是试图表现出来。因此，最有效的虚张声势手段是提出多种方案供对方选择，这些方案虽然是编造出来的，但符合实际，具有吸引力，并且难以检验真伪；还可以编造权威标准来支持你的要求。经验丰富的谈判者知道如何使用这种诡计，因此，谈判游戏的关键技能之一就是，判断什么时候对方没有夸大他们提供的选择和论据。如果你采用虚张声势策略，对方识破了，并威胁退出谈判或提出可信的最后通牒，你就输掉了这次谈判：要么是本应达成协议时却没有，要么是最后的价格更接近对方的最终报价。

如上所述，纸牌游戏理论赞成遵守法规。在纸牌游戏中，不允许藏牌、同其他玩家联手作弊和撤回赌注，但可以欺骗其他人，使他们无法推断你有什么牌。如果靠一手烂牌赢了赌注，或者在拿到好牌后骗得其他玩家下重注，你就是最出色的玩家。在谈判中，你不应当使用一目了然的诈骗手段，那样可能招致起诉，而且你应当对任何有诈骗嫌疑的行为保持警惕。

我认为纸牌游戏理论有三个主要问题。其一，纸牌游戏理论假定所有人都将谈判视为游戏。可惜的是，经验告诉我们，人们不完全赞同这一点。例如，理想主义者和实用主义者及其他谈判者更多地就不同意谈判是一场游戏。这个问题难不倒纸牌游戏理论，该理论的拥护者坚持认为，他们甚至可以在对方不同意这个前提的情况下按照游戏规则进行谈判。

其二，该理论假定所有人都遵守统一的规则。这是不可能的，因为不同行业和不同国家的法规各不相同。

其三，即使是在单一的国家管辖权内，法律也远非三言两语就能说清。尽管你现在对法律如何处理诈骗行为有所了解，你仍然需要一位懂行的律师帮助你确定行为框架。

理想主义派的"即使受损也要坚持原则"理论

理想主义派认为谈判是社会生活的一个方面，并非拥有独一无二规则的特殊行为。人们应该将处理家庭纠纷时依据的道德标准照搬到谈判过程中。如果说解决日常矛盾时撒谎和误导他人是错误行为，那么在谈判中同样如此。如果日常生活中某些特殊情况下撒谎是可以接受的，例如为了稳定某人的情绪，在谈判中出现同样的情况时也可以撒谎。

理想主义者不完全排斥谈判中的欺骗行为。举例来说，如果对方认为你占尽优势，从来不直接问你如何看待目前的谈判情境，你也不必主动提供这方面的信息，因为那样做会削弱你的谈判立场。而且，理想主义者认为可以拒绝回答某些问题，尽管这样的例外情况让他们感觉不安。理想主义理论的支持者更希望在谈判桌前表现得坦率诚实，即使这么做意味着放弃某些策略上的优势。

理想主义理论从哲学和宗教信仰中寻求支持。例如，伊曼纽尔·康德（Immanuel Kant）认为，我们希望他人遵循的道德规范，自己也应该完全遵循。他争辩说，如果大家总是撒谎，社会生活将陷入混乱。康德还反对将别人完全视为实现个人目标的垫脚石。谈判中的撒谎行为是自私的表现，用来达到个人目的，因此这种行为违背道德，任何时候都是。很多宗教还劝导信徒不要为了个人利益而撒谎。

理想主义者承认，谈判中的欺骗行为很少让人义愤填膺，除非出现这样的情况：谎言破坏了朋友间的信任，让受托人丧失责任感以及损害了没有能力保护自己的老弱病残者的利益。如果避免某些可怕危害的唯一方法是撒谎，那就这么做吧。但是，尽管撒谎很少令人义愤填膺，而且有时撒谎者可以找到理由为自己辩护，这些事实并不意味着谈判中的欺骗行为是正确的。

理想主义强烈反对这样的观点：谈判应该被视为"游戏"。他们认为，谈判是重要的交流方式，应该严肃对待。人们通过谈判解决分歧，这样社会将为所有人造福。因此，人们应当按照普遍的标准对自己的一切行为负责，包括谈判方法。

理想主义者认为纸牌游戏理论的支持者掠夺成性、自私自利。纸牌游戏理论的支持者认为理想主义者幼稚无知，甚至有些愚蠢。这两派的支持者坐到同一张谈判桌前时，双方会大动干戈。

理想主义理论的一些拥护者最近正尝试从哲学上寻找依据，证明在底线要求上虚张声势的行为合理。这些努力是否成功地证明了从道德观来看虚张声势的行为是合理的，人们还没有达成共识。但有一点确定无疑：按照理想主义原则，编造有其他竞争者和更好的价格，这样明显的撒谎行为是违反道德规范的。

理想主义理论存在显而易见的大问题：理想主义者有时受到其道德标准的约束，很难以现实的方式进行谈判。此外，除非理想主义理论的支持者对他人的谈判风格保持适当的警惕，否则持有其他道德标准的谈判者很容易利用这一理论来获利。特别是当理想主义者必须代表其他人谈判时，这些问题会造成很大的麻烦。

尽管存在这些问题，我还是喜欢理想主义理论。也许因为我是学者，所以我由衷地相信，生活中的不同部分其实是一个整体。我欣赏那些我能长期坚守的道德标准，也承认有时没有严格按照理想主义的原则行事，但我希望在道德标准上严格要求自己，为自己找到坐标，保持个人基本的诚实品质。

我承认了对理想主义理论的偏爱，你应该知道在本次讨论中我持何种立场了吧。我也认识到，你的经历和工作环境也许让你无法以理想主义理论作为自己的道德标准。没关系，我希望我的论述能够让你明白，理想主义并非谈判中的唯一道德标准。

实用主义派的"可用才用"理论

实用主义理论是我们讨论的最后一个谈判道德标准,既包含前面两个理论的某些要素,又有自己独特的内容。这个理论与纸牌游戏理论相同的是,都认为欺骗是谈判过程不可或缺的部分。不同之处在于,实用主义理论倾向于认为,如果存在其他实用可行的方法,就不要采用误导性陈述和公开撒谎的手段。它的独特之处是考虑到了欺骗行为对谈判双方当前和未来关系可能造成的危害。从这个意义上说,不宜采取撒谎和其他值得置疑的策略,不是因为这些策略是"不道德的",而是因为使用者的长期成本要大于短期收益。

我最后的评述暗示了,人们支持这个理论,更多的是出于谨慎,而不是为了坚持理想主义。撒谎和其他误导性行为可能严重损害使用者的信誉。在产生实质性结果的谈判中,不论是保持工作关系,还是维护个人在市场或社会群体中的名誉,信誉都是重要资源。我把这种谨慎心理归纳为实用主义理论的核心:可用才用。纸牌游戏理论不是那么担心名誉问题,而更关注在"游戏"规则内赢得每一次谈判交锋。

实用主义理论和理想主义理论的区别在哪里?简单地说,实用主义者比理想主义者撒谎的频率高一些。例如,实用主义者有时能很好地区分两种情况下的撒谎行为:一种是谈及交易的核心事实时撒谎,这通常是草率并且违法的行为;一种是做误导性陈述以便为自己的立场寻找合适的理由,这是可以的。某位支持实用主义理论的汽车推销员认为,销售二手车时在车况的任何问题上撒谎都是非常不道德的。但这位推销员想说"经理要求我以不低于1万美元的价格出售这辆车"时也许不会犹豫,即使他知道经理愿意以9500美元出售该车。实用主义者勉强可以接受虚假的辩解和理由,是因为对一次交易来说,它们通常不像交易目标的核心事实那样重要,并且更加难以查明。

如果需要采用所谓的回避技巧(blocking technique)——用来避而不答某些可能暴露谈判一方弱势的问题的战术,实用主义者也会稍稍放宽要求。举例来说，当被问及你确实知道但说出来会削弱你方力量的事情时，回答"我不知道"符合道德原则吗？理想主义者可能拒绝回答此类问题，或试着转换话题，而不会撒谎说"我不知道"。实用主义者视情况而定，如果他掌握信息的实际情况难以查明，而且撒谎不太可能对他与对方的关系造成危害，他就会说："我不知道。"

实用主义者会如何评论西福德谎称看到其他价格目录呢？我猜想，他们不会把这种行为视为道德问题。西福德的小谎言不会危及他与对方的关系。这里不存在建立良好工作关系的问题，也没有损害名誉的担忧，而且售货员似乎确实知道西福德的为人，并未减少对他的信任。相反，理想主义者会因为道德的缘故反对西福德的策略，因为他撒谎是为自己牟利。关于这个问题，后面不再讨论了。

道德理论的实际运用

我们举一个简单的例子来检验道德理论的运用情况。假设你与人谈判，出售一座商业建筑，对方问你是否有其他竞争者。实际上只有一个买家。这三种理论会给你什么建议呢？

纸牌游戏理论支持者也许建议你撒谎。这次交易中双方都是生意场上的老江湖，因此谎称有其他选择很可能被法律认定是"不重要的"信息。但在这样做之前，纸牌游戏理论的拥护者希望弄清两个问题。

其一，这种谎话是否容易被戳穿？如果是的，撒谎就是一步蹩脚的棋，因为不仅发挥不了作用，还会使对方对自己要编造的其他谎言保持警觉。其二，谎称有其他买家是促使买家决心购买的最佳方法吗？也许在其他问题上，例如最后期限，撒谎是更好的选择。

假设这次撒谎无法查明且的确收到效果，如何与对方交谈呢？

买方：有其他买家吗？

支持纸牌游戏理论的卖方：是的，一家沙特阿拉伯的公司今天上午给我们报价×××美元，我们必须在48小时内回复他们。保密制度不允许我们说出这家公司的名称，但其他人会让你相信确有此事。你们对此事有什么想法？

理想主义者如何处理这种情形？他们会有好几个回答，但没有一个是在撒谎。下面是其中一种回答。

买方：有其他买家吗？

支持理想主义理论的卖方1：这是一个有趣的问题，对此我无法回答。

自然，拒绝回答本身就让买方知道了答案。另一些理想主义者将根据一项关于"其他买家"问题的规定来回答。

买方：有其他买家吗？

支持理想主义理论的卖方2：这是一个有趣的问题，很多人问过了。我想这样回答你。你如何评估这笔资产的价值，取决于你的需求和对市场的了解。对所有买家我都尽最大努力保守秘密。我不会与别的买家讨论你的报价方案，也不会告诉你别人的方案。那么你是否决定报价呢？

当然，只有当这位理想主义者的确要遵守这样的规定时，他的回答才能发挥作用，因为如果有值得公开的其他报价信息，这种回答会造成很大的损失。

理想主义者处理这种情形时还有最后一种方法，就是据实回答。理想主义者不能撒谎或故意误导他人，但允许在不偏离事实的前提下做最有利于己的回答。

买方：有其他买家吗？

支持理想主义理论的卖方3：老实说，我们目前没有别的买家。不过，不久以后我们有望收到其他报价方案。现在就报价，在竞争者推高价格之前买走这笔资产，也许符合你们的利益。

实用主义者会怎样建议呢？他们也许会建议使用更狡猾的甚至可能是欺骗性的回避技巧。这些技巧将维护使用者的优势，同时保证其工作关系不受损害。我们再次假设买方提出"其他买家"的问题，而你没有别的买家。实用主义者也许会提出5种建议教你如何回避这个问题，避免在没有其他买家这一事实上公开撒谎，同时使你的优势所遭受的损失最小化。这些回避技巧中有一些对理想主义者也适用。

- 指出该问题超出你的权限范围。"公司有规定，禁止在这种情况下谈论其他买家的话题。"注意，如果没有这样的规定，你就是撒谎者，但是这个回答难以证实，因此你的名誉受损的风险不会很大。如果公司确实有这样的规定，理想主义者可以采用这种方法回避对方的问题。
- 答非所问。"我们希望尽快售出这笔资产，因为市场行情在变，我们的计划也在不断改动。"同样，如果你撒谎，这也只是陈述虚假的"理由"。这对实用主义者的困扰要比对理想主义者的困扰小。
- 绕开问题。"更重要的问题是你们是否会报价，什么时候报。"
- 反问对方。"目前你们在考虑哪些选择？"
- 转换话题。"我们还要开会，已经迟到了。你们今天报价吗？"

这种回避技巧具有实用性，可以达到这样的目的：为你保持一些优势（尽管不像纸牌游戏理论那样多），同时降低被冠以骗子恶名的风险。关系和名声很重要。即使很久以后你在一次谈判中又遇到这一次你对其说谎的那个人，或者是与他互通信息的某人，再次有机会撒谎，实用主义者认为你还是不应该那么做。

说了这么多，你支持哪种理论？或者你自成一派，比如"实用理想主义派"？我要重复前面的话：我的建议是严格要求自己。现实谈判中压力重重，常常会使我们所有人抛开道德规范。当你把道德标准降至纸牌游戏理论以下时，非常有可能触犯法律，甚至犯罪。

同恶人谈判：自卫的艺术

不论你支持哪种谈判道德理论，你总会遇到几个不择手段的对手。即使纸牌游戏理论的拥护者有时也要绞尽脑汁对付骗子。你能找到可靠的自卫手段保护自己，并将危险降至最低吗？本节将提供一些建议，指导你如何在谈判桌前运用有效的自卫手段来对付不道德的策略。

首先，我要讲述几个故事，分析一些值得置疑的谈判行为，让你明白面临危险的谈判者是如何避免灾难的。然后我们将探讨，他们如何处理危险以得到更好的结果。之后，我会列举并分析一些更常见的不道德策略，如果有人用其中一种策略对付你，你可以识破他们的诡计。

那就是我的个人价格

第一个故事讲述的是某人购买二手车的经历。圣路易斯市一家报刊的记者戴尔·辛格（Dale Singer）去为女儿买二手车。逛了几家车店后，他发现一家豪华车经销店的旧车区停放着一辆非常合适的车。标签上的价格是9995美元。辛格和售车员讨价还价起来，价格很快降到了9000美元。他要求价格再降一点，售车员请他稍等片刻，然后去请示销售经理。几分钟后售车员带着问题回来了。

"你愿意今天以8500美元买下这辆车吗？"售车员问。

辛格对这个价格感到满意，但决定再看看别的车。他告诉售车员，再逛一会就回来。

一整天下来，没有一辆车比开始那辆更吸引辛格。到了傍晚，辛格给那位售车员回电话，要求价格降到8300美元。"我认为他很可能不会变动8500美元的报价，但我知道谈判游戏就是这么玩的。"后来他解释说。

售车员冷静地回答，现在价格到了8900美元。当辛格表示不满时，售车员解释说，8500这个数额是他的"个人价格"，但销售经理没有同意。辛格提醒他，8500美元是在他请示经理后才提出的。售车员未予否认，但只能以8700美元出售那辆车，这是他的价格底线。

辛格火冒三丈，要求亲自同经理交谈。那位经理接过电话，解释说

8500美元是他购车的成本，因此8700美元是最终价格。辛格要求对方提供这家经销店总经理的姓名，得到回答后挂断了电话。

几分钟后电话铃声再次响起，是那位经理。他说，因为双方在价格上显然存在误解，所以辛格可以用8500美元买下那辆车。

辛格买了车，但后来这家经销店以价格低为由拒绝向他提供该车完整的售后保证服务。虽然最后辛格以他愿意支付的价钱买到了一辆性能齐全的汽车，但他感到困惑："为什么消费者要费尽气力才能得到公正的待遇？"他觉得受到了侮辱，心中愤愤不平。

辛格没有意识到，那家经销商向他"虚报低价"，诱使他因为价格便宜而对那辆车恋恋不舍，然后利用辛格对该车不断增大的兴趣稍稍提高价格。虚报低价是一种典型的、被证明行之有效的销售操控技巧，建立在一种不易察觉的心理基础之上。辛格抱有足够的警惕心，抵挡住了这种技巧的进攻，但很多消费者未能幸免。

报价战

第二个故事发生在1997年，当时纽约的住宅房地产市场出现迅猛发展的势头。派克大街上一所带3个卧室的合住式公寓上市后，价格为170万美元。唯一的申购名单在阿什福思·沃伯格协会（Ashforth Warburg Associates）的邦妮·查耶特（Bonnie Chajet）那里。

按照查耶特女士所述，没过多久名单上就填入了顾客的名字，当时有人和他的经纪人一同前来，看了看公寓，提出140万美元的购买价，全部用现金支付。卖主拒绝了这个报价，告诉买家这个价格差得太远。之后这个人再也没出现。

四天过去了，这所公寓仍无人问津。然后，第二个有意向的买家在另一位经纪人的陪同下考察了公寓。他的报价是130万美元，卖主也拒绝了。至少有一点让查耶特感到满意：有这么多经纪人出现在申购名单上。

又过了三天，没有新的买家，最后，第三位买家出现了，一起前来的经纪人也是新面孔。这位买家报价 127.5 万美元，卖主还是不同意，并且开始怀疑查耶特没有正确评估公寓的价格。

在查耶特的委托人质疑评估价格后，她做了一些调查。不久，事实证明第二位和第三位买家是第一位的朋友。"他们联手行骗，"查耶特解释说，"企图使卖主相信，他最好接受三者中的'高'价。"几天后公寓按初始价格售出。

查耶特和她的委托人受到申购人舞弊行为的困扰，这是一种可耻的欺骗方式。和虚报低价一样，虚假申购意在对那些没有察觉自己正受到欺骗的人施加微妙的心理压力。

应对不道德策略的技巧

我们从这两个故事中学到了哪些技巧来"同恶人谈判"？来看看我们能否列出一张有效自卫的表。

在"交易情境"中保持警觉

某些情境中出现不道德行为的可能性要比其他情境中高。上面这两则故事以及达雷尔·西福德的故事属于交易情境（见第 7 章），这绝不是巧合。当价格是主要问题且谈判双方未来关系前景不明朗时，发生道德问题的可能性会上升。

人们原本希望辛格故事中那家汽车经销店把这次出售视为发展未来关系的一部分，而不仅仅是一次交易。然而即使是这样一家豪华车经销商，有时其旧车销售部门也会聘用只关心赚取佣金的职员，这些人几乎完全不考虑与消费者的关系。对消费者来说，不论何时，只有利益重要而其他的都无足轻重，就要提高警觉。

如果存在激烈竞争，那么出现不道德行为的可能性还要更高。研究表明，谈判双方优势上的不平衡鼓励了不道德行为的发生。有趣的是，强势方和弱势方都有撒谎与欺骗对手的动机。一些研究者做完试验后总结说："实力弱小的谈判者不愿接受实力强大的一方提出的要求时，使用欺骗手段对付后者符合他们的利益。"另一些学者发现，在对阵双方实力不平衡的情境中，强势方可能因为具有优势而"忘乎所以"。这些学者提出这样一个观点，即"总体而言，实力占优的谈判者更有可能滥用自己的优势，采取不太道德的战术"。

尽可能依靠关系

寻找谈判搭档时，利用你的关系网（第4章）来建立优势。努力获取别人的推荐、提名或介绍，让对方知道和你建立关系很重要。这样的步骤能稍微减少不道德行为的动机，如果不采取这些步骤，不道德行为就会增加。

如果辛格买车之前考察一下那家汽车经销店，而不只是买汽车，也许就能减少自己的苦恼。他本可以向朋友请教，了解一些名声不错的经销商，他们服务优良，交易公平。他还可以按照受到重视的知名消费者的指点分析那家经销店，这样可以部分减少对方不道德行为的危害。

关系对查耶特没有用处，因为在房地产市场中卖主必须与所有申购人打交道。但值得注意的是，在这次交易中卖主依靠与其经纪人查耶特本人的工作关系避免了损失。没有经纪人的帮助，卖主可能会在这场欺骗游戏中败北。

研究表明，通常当人们展望当前关系的前景时，他们会提高自己的道德标准。正如一位学者所言："当谈判者认为用不着'承受'不道德策略的后果时，他们会有极大的意愿采取这样的策略。"

调查，调查，再调查

要警惕谈判中可能发生的欺骗行为，大多数人在判断某些话是否属于谎言时，更愿意相信说话人没有撒谎。这种心理倾向有益于大部分社会交换,对关系型和默认协作型谈判也有帮助。但是,当利益是谈判的主要因素时,这样的心理会造成重大损失。

如果你像辛格和查耶特那样感觉对方言行可疑,一定要查个水落石出。查耶特对虚假报价行为进行了调查,使她的委托人免遭欺诈。她很可能是通过询问关系不错的同行做到这一点的,他们是那些假买主雇来的经纪人,对虚假报价行为并不知情。精明的谈判家弗朗西斯·培根爵士在1597年写成的《关于谈判》这篇杂文中指出:与奸猾之人谋事,唯一刻不忘其所图,方能知其所言。

如果辛格知道这样的观点,他可以做得更好。的确,售车员在价格上误导辛格,但不是只有售车员的诡计给他造成麻烦,他对售车员的假设也让自己深受其害。售车员说得明明白白,而且措辞谨慎:"您愿意今天以8500美元买这辆车吗?"辛格本应顺着这个措辞古怪的问题进一步落实是否可以在那个价位买到车,而不要匆忙下结论。"您确定以这个价格可以买到那辆车吗?"他本可以这样反问。

调查将有助于你深刻了解对方陈述是否前后一致,但不要期望对方会明白无误地承认其言行不道德。你必须观察对方的行为,并做出判断。相关研究认为,我们很难发现别人是否撒谎,即使你察觉到了,也难以辨明他们在什么问题上撒谎。你应该尽可能多地分析信息,再做出确定的结论。

如果发现对方行为不轨,你应该指出来吗?也许应该,如果那样能帮助你增加收益的话。但我认为,直言不讳会导致尴尬场面出现,是否有必要这么做值得商榷。例如,假设查耶特案例中第一个来报价的人其实是唯一有兴趣的买主,这样看来他的140万美元的报价还不算坏,而且全部以支票支付。如果是你,应该立即成交还是当面指责他有不道德行为?我想我会立即成交,当然一定要在支票全部兑现后再给他房产证。

表现果断自信和坚持不懈的品质

当他人行为不道德时,是否保持公平正直取决于你自己。辛格坚持不懈，要求对方重新报价，反对他们虚报低价的伎俩，最终以满意的价格买到了车。查耶特的卖主也拒绝接受对方的报价，他没有因为不断下降的报价而慌忙卖出自己的房子。

坚持自己的标准：不要为他人的标准所动

当对方使用不合道德规范的策略时，我们很容易采取以牙还牙的做法。我们会被愤怒冲昏头脑，开始滑向不道德的深渊。

你要绕开这样的陷阱。第一，不论你支持谈判道德理论的哪一派，都必须防止自己的记录出现污点，这样既是为了保持自尊，也是为了避免被认为是不可信的交易者。第二，只要你开始行为不轨，就失去了抗议他人不道德行为的权利。他们的行为也许让你可以合法地要求他们让步，或者出现诉讼时为你提供依据。一旦与他们一起堕落，你就会丧失道德和法律上的优势。

表 11-1 提供了一些建议，帮助你学会如何避免使用欺骗手段。你必须自己确定表中的建议是否符合你的个人道德标准。据我所知，到目前为止，表中所有选项都是合法的，因此，那些发现自己处于撒谎也不管用的窘境中的纸牌游戏理论支持者可以放心采纳这些建议。对实用主义者来说，如果关系至关重要，他们通常更喜欢采用撒谎以外的策略，因此表中的建议对他们也有用。理想主义者可以使用表中任何方法，这些方法指导人们在不误导对方、不偏离对方问题的情况下运用明白清晰的回避技巧说真话。

记住，在谈判中你完全不必遵守"你应当回答所有问题"这样的训导。作为一名有所为有所不为的理想主义者，我认为遵循下面的原则是有益的：无论何时你想在某件事上撒谎，克制自己，思考一下，用其他真实信息——任何相关信息都可以，来搪塞对方。如果对方询问你的选择余地或底线要求，你可以顾左右而言他，谈谈自己的目标、预期和利益方面的真实情况。

表 11-1　撒谎的替代策略

在什么问题上想撒谎	替代策略
（1）底线要求	回避技巧： • 询问他们的底线 • 回答"这和你无关" • 回答"我无权披露这个信息" • 谈论关于你的目标方面的真实信息 • 强调你的困难或需求
（2）缺乏权限	目前只获得部分权限。获得更大权限需要本集团的批准
（3）选择余地	努力扩大自己的选择余地。强调机会和不确定性。对当前状况表示满意
（4）对现有立场的执着	对总体目标的执着 对某种标准的执着 执着地询问对方利益所在
（5）虚假议题	引入具有真正价值的新问题，或者提供一份真实愿望的列表
（6）威胁	要求对方冷静一段时间。暗示有第三方相助。讨论是否应该遵守某项原则
（7）意图	只承诺能够兑现的事情，并坚守该承诺
（8）某些实情	强调该实情的不确定性，谨慎措辞，表达你的看法

无赖策略一览

在本章内容的最后部分，我将提供一些在谈判桌上更常见的操控策略。前文已经述及其中一些策略，但为了便于读者参考，这里再做一次概述。注意，这些策略中只有一部分属于公开欺骗。

我没有将这些策略称为"不道德策略"，是因为它们中的大多数完全处于纸牌游戏理论的界定范围内，在不考虑关系的情况下有些甚至对实用主义者也适用。

在底线要求和选择余地上撒谎

我们已谈论过这类谎言，它们是最常见的虚假信息。除非你了解并信任对方，或者你拥有全部的王牌且对方关于选择余地的声明无关紧要，否则对任何此类陈述都要将信将疑。

虚报低价

在那家汽车经销商企图通过"价格太好以至于显得不真实"的报价诱使辛格购车的例子中，我们看到过虚报低价策略。对手在告诉你真正的全部成本之前，会想方设法地让你陷入交易不能自拔。你表示"同意"之后，他们知道你想要他们兜售的东西，于是回过头来增加条款，使价格朝着有利于他们的方向变动。

不要以为这种策略只在交易中发挥作用。你遇到过这样的情况吗：一名儿童足球教练提出诱人条件让你同意自己的孩子在他的队中踢球，结果却发现这支足球队在每天晚餐时间训练，星期天早上 6 点比赛。这就是虚报低价行为。

虚假议题

谈判大师罗杰·道森（Roger Dawson）称虚假议题为"诱捕"（decoy）或"障眼法"（red herring）技巧。谈判一方列出四五个议题，声称这些议题非常重要甚至是至关重要，但实际上只有一两个重要，其余的都是虚假议题。该谈判方努力推动整个议程，使谈判面临陷入僵局的严重危险，然后在所有虚假议题上放宽要求，以换取对方在真正重要的问题上做出重大让步。

下面说一个虚假议题策略的例子，其中的人物我们在前文中谈到过。盛田昭夫的索尼公司于 1989 年以 50 亿美元收购哥伦比亚影视公司（Columbia Pictures），同时还与乔恩·彼得斯（Jon Peters）和彼得·古博为一笔 2 亿美元的附带交易进行谈判，希望收购这两人拥有的古博 - 彼得斯娱乐公司以经营索尼新购入的电影业务。这次谈判只有一个困难：古博和彼得斯已经和华纳兄弟公司及华纳公司的老板史蒂夫·罗斯签订了收购合同。

古博和彼得斯让索尼放心，他们已与罗斯达成口头协议，如果索尼收购哥伦比亚影视公司成功，罗斯将解除与两人的合同。不过两人暗自担心罗斯可能会制造麻烦，后来果然如二人所料，罗斯起诉索尼，要求后者为此事赔偿10亿美元。古博和彼得斯的团队需要尽可能多的时间进行谈判，保证合同顺利解除。

古博和彼得斯在最后一轮与索尼就合同草案进行谈判时抛出了三个议题：其中两个是虚假议题，剩下的议题与时间有关，他们希望在索尼-哥伦比亚影视公司交易完成后有足够的时间同华纳解除合同。他们整夜谈判，所有三个议题一起谈。到了早上7点，古博和彼得斯团队使出最后一招。"议题1，我们放弃。"他们的律师说，"议题2，我们也放弃。议题3，关于时间安排的议题，你们应该让步。"于是索尼让步，给了他们一整月的时间来解除与华纳的合同。

假冒权限策略

关于职权的撒谎行为表现为两种形式。第一种，人们没有职权时却谎称有。那名售车员请示销售经理后就向辛格提出8500美元的价格，本质上就是假冒权限的行为。这些谎言通常是为虚报低价策略服务的，人们难以与撒谎者斗争。一般而言，如果对方报价时你存有疑虑，要求对方提供权限证明是不错的做法。

第二种撒谎形式是人们实际上握有某种职权时却宣称没有。律师和其他代理人、经纪人经常这样做。如果你的报价在他们的权限许可范围内，他们会谎称没有权力接受你的报价，因为还不够高（或低）。解决这种问题的方法是，只要可以就不要同代理人交易，直接将你的报价传达给有权力说"行"或"不行"的人。

最后，注意第3章中讨论过的假冒权限策略的例子，对方向你出示一份写满"标准条款"的合同，并声称他们的老板要求所有人都同意。如果有必要，就接受有权限者的说法，但要确定其权限不是假冒的。

过分执着

这种策略在第 10 章中详细讨论过。其本质是，对方的谈判者拖延谈判过程，使你基于谈判将会成功的假设而耗费大量时间精力。在最后时刻他会提高（或降低）价格，或者增加新的条款。他相信，你投入了这么多，不愿看到谈判失败，因而会说"行"。对付这种策略的最佳方法是，留心你的投入，问问自己对方的投入是否和你一样多。

红脸白脸

第 9 章介绍过这种策略。它运用对比效应使得本来不合理的条款和条件看起来合理。白脸提出令人难以接受的苛刻条款。他的同伴红脸赞成你的意见，主张白脸退回到稍微强势的位置。你和红脸联手对付白脸。最后，你赢了辩论，却输掉了谈判。应对这种策略的最佳方法是识破红脸的伎俩，予以揭露，并拒绝与之共事。

一致性陷阱

第 3 章讨论过这种策略。一致性陷阱作用过程如下：对方谈判者设法让你同意某项空洞无意义的标准或规范，然后向你表明，他的方案是你承认该项标准或规范的必然结果，就这样，陷阱设好了。要对付一致性陷阱，你应该要求对方在你同意某项标准之前拿出方案，并确保自己不受该标准约束。

互惠策略

在谈判过程中，双方轮流提出问题，回答，然后做出让步。要警惕某些人，他们要么拒绝在谈判中接受互惠原则，要么只是表面同意而实际上并没有做出实质性让步。互惠原则使你有权在谈判中采取以牙还牙的做法，应该坚持这种原则。

小赠品

我们在第 10 章中讨论了这种策略。谈判双方在协议即将达成之际要求对方再提供一些小利益。他们提出附加议题或要求，这些要求本身微不足道，似乎不值得讨论，但提出要求者没有付出代价，其要求便能得到满足，因此他们获得的是纯收益。热衷于实施小赠品战术的人通过这种方式可以使其合同收益增加 3% ~ 5%。这种战术能够奏效，是对比效应和过分执着心理作用的结果。怎样对抗这种战术呢？只要说"不行"就可以了，或者每当采用小赠品战术者要求让步时，你也要求他做出某些让步作为交换。

小结

道德困境是许多谈判交锋的中心问题。人们根本无法回避这一事实，即欺骗是谈判过程的一部分。同时，人们也完全不能否认在谈判桌前与人打交道时保持个人诚实品质的重要性。在道德问题上，一时失足会导致你在很多交易中失去别人的信任。老练的谈判者极为重视个人诚信的问题，而低水平的谈判者则忽视这个问题。

如何在这两种互相矛盾的因素中寻求平衡？我提供了三种理论帮助你思考道德问题：纸牌游戏理论、理想主义理论和实用主义理论。我个人认为，尽可能坚持说真话对你更有利。有时我会因为对撒谎有所顾虑而失去优势，但作为补偿，我更加安心，且能更好地保持自尊感。

当然，你坚持怎样的道德标准，由你自己决定。我唯一要告诫你的是下面的话，这些话在第 1 章中就出现了，在本章前面重复过：人们可以相信，重视个人诚实品质的谈判者行为始终如一，遵循一系列经过深思熟虑的个人道德标准，必要时他们可以为这些道德标准辩解。

道德问题一览表

- 判断你属于哪种谈判道德派别。
- 判断在一场交易中你是否可以通过关系来抵消别人的不道德行为造成的危害。
- 不厌其烦地调查。不要从表面意义去理解听到的信息。
- 回答问题前先停下来思考。记住：不必回答所有问题。
- 不要撒谎，相反，要想办法用真话为自己获利。

BARGAINING
FOR
ADVANTAGE

| 第12章 |

结论：如何成为出色的谈判者

一种东西的味道不要太鲜美，否则容易被人吃光；也不要太苦涩，否则人们入嘴即吐。

——普什图[一]民谚

每个人都在出售某种东西用以谋取生活。

——罗伯特·路易斯·史蒂文森

当听到"谈判"这个词时，我们一般会联想到正式的甚至是戏剧性的场景，想到外交家、政治家、体育界和娱乐界名人、总裁、华尔街交易商及工会律师。这些谈判具有"轰动效应"，是由训练有素、经验丰富的专业人士为维护特定群体的利益而进行的分阶段竞赛。

这些惹人注意的谈判竞赛固然重要，但终归是比较少见的情景，即使对卷入其中的专家来说也是如此。我们大多数人所遇到的谈判只是发生在日常生活中的无数寻常事件，除了我们自己和最接近我们的人外，其他人一般看不到。这些很少被人注意的谈判包括：医务人员和病人家属在医院

[一] 一种伊朗语言，是阿富汗和巴基斯坦西部的部分地区的方言。——译者注

走廊上为如何护理所爱的人进行的谈判，长期不和的商务伙伴为争夺控制权和职权而秘密进行的讨价还价，公司管理层召开的关于哪些部门将缩小编制的气氛紧张的协商会议，还有父母和孩子在厨房餐桌旁反复讨论如何有效地定义诸如"独立"和"责任"这样的词汇。

这些谈判的重要性丝毫不亚于那些"大谈判"。卷入其中的人是一些试图做好本职工作并推动生活前进的理智之人，他们需要掌握关于谈判过程的可靠的专业知识，帮助自己成为更老练的谈判者。这就是我写这本书的原因：帮助你利用谈判这个现成的工具来实现职业生涯、社会生活和个人生活等方方面面的目标。

我曾经收到一封信，来自过去一名向我学习如何操作谈判的学生，名字叫比尔·西格尔（Bill Siegel）。比尔在美国东北部拥有自己的小公司，几年前曾是我们学校沃顿经理谈判研讨班的学员。参加沃顿计划之前，他就对谈判有着天生的焦虑感，不能肯定自己的能力，确信向沃顿这位"牙科医生"请教将有助于提高自身的谈判水平。西格尔在信中谈到了他在提高谈判能力方面的最新进展。

"十年的从商经历仍然让我四处碰壁，"他开玩笑说，"不过，商务谈判事实上既有挑战性又很有趣。"他对自己的销售联盟和伙伴公司进行了一番评论，然后讲述了一个有趣的故事，这个故事说明的很多道理与我试图在本书中表达的观点是一致的。

西格尔是一家非营利组织的成员，这家组织的宗旨是为他所在的社区注入新活力。他听说本市打算花费 45 万美元拆除市中心一座拥有 125 年历史的华丽建筑。

西格尔认为这毫无意义，准备表示反对。谈判培训课上所学的知识立刻派上了用场。

计划的第一步自然是制订清晰明确的目标。比尔确信自己想拯救那座建筑物，使之重新发挥作用，并且可能的话，在这个过程中为自己挣得一份收益。经过调查，他发现，尽管市政府把恢复该建筑的商业税基础放在优先考虑位置，但没有一名官员花时间挽救这座建筑，也没有人知道如何挽救。

完成这个初始步骤后，比尔开始第一步行动。他通过关系找到了负责拆除那座建筑的市政府官员，使其相信，如果市政府能以支付的最低费用与西格尔达成一笔交易，也就是向西格尔支付45万美元用于翻修该建筑，要比花钱毁掉这笔资产更有意义。

西格尔拿到了45万美元，开始寻找感兴趣的合作伙伴，后者也许能帮他筹集到更多资金。一位朋友告诉他，也许可以向州政府申请用于此类市中心重建计划的拨款，不久他就从一项计划中获得了金额为27万美元的州政府拨款，该计划旨在帮助保留有历史意义的市中心建筑。最后，他说服市里的税收官员同意，给他找来的所有商业承租人提供大幅减税条件。以减税作为吸引人的条件，西格尔找到了3名有意向的商业承租人和一家老牌财团，该财团有意重新利用那座翻修后的建筑。

最后一步是确保自己在此次计划中的个人目标得以实现，那就是获得一笔收益。他同政府谈判签订一份契约，租用该建筑99年，授权费为1美元。然后他将整份契约转手卖给一家专业地产开发商，金额巨大。于是，这笔交易中的所有参与者都能拿到钱，足够让他们乐一阵子了。

西格尔的故事中值得注意的部分是他如何通过自己的谈判技巧让所有参与者的收益更优，这些参与者包括市政府、州政府、承租人、地产开发商和他自己。他利用业余时间为这笔交易谈判，要知道，他从事的是咨询行业，而不是地产行业。

西格尔的故事告诉我们，一旦掌握谈判发挥作用的基本知识并开始表现出与众不同的能力时，你会有怎样的收获。作为一名教师，我不断地感受到谈判技巧给那些试图实现自己目标的人带来的巨大推动力，通常能帮助他们抓住重大机会。如果你对自己的谈判能力有了信心，困难将变成机会。

关于有效性的最后分析

我们来看看比尔·西格尔的故事能从哪些方面帮助我们复习所学的谈判知识。要改进你的谈判方式，第一步是下决心进入这个领域。一旦决定了，就要心无旁骛，集中精力增强我在第 1 章中讨论的 4 个有效性要素：准备策略的意愿、高目标预期、倾听他人观点的耐心以及坚守个人的诚实品质。这些要素是最出色的谈判者最佳实践的总结，不论你身处怎样的谈判情境，也不论你是谁，都能按照这 4 个要素获得更好的谈判结果。西格尔在市中心改造计划中的表现就展示了这 4 个要素。

6 个基本要素也给良好的谈判操作指明了基础性的通用标准：了解自己的谈判风格，审视自己的目标，列出主要的预期，寻找适用的标准，建立并利用自己的关系网，研究对方的利益所在，谈判开始前继续加强本方的优势。我最后的建议是：运用第 7 章给出的情境矩阵进行有效的情境分析，每次交锋前都要为信息交换阶段、开始和让步阶段及结束和承诺阶段制订计划。根据不同情境和对手选择正确的策略，这对你的成功是至关重要的。此外，在整个谈判过程中，你要在严格的道德标准的基础上保持自信的态度。

在得出结论之前，我想在你的谈判"工具箱"里放入最后一个工具：精心编制一份操作方法表单，使你的谈判潜力发挥到极致。下文将谈到两份不相同的操作方法表单：一份适合本性喜欢合作的人，另一份为更喜欢竞争的人量身定做。选出适合你本人的那份表单，带着它进入下一次谈判会议。

适合合作者的 7 种工具

如果你本性喜欢合作，通情达理，在谈判中你需要变得更加果断、自信和谨慎，这样才能更加有效地谈判。怎样才能做到这一点？在可能具有对抗性的谈判情境中变得强硬起来，有时是世界上最难办到的事。

下面提供 7 种特别的工具帮助你改善谈判操作方法。

（1）**不要花过多的时间关注你的底线，多用一些时间准备目标，设定高预期水平**。你是合作型性格的人，常常首先考虑他人的需求。你关注自己的底线，试图让最后的结果比底线稍好一些。猜猜结果如何？你的所得恰好就是你的底线。相关研究确定了这一事实，即期望更多的人得到的也更多。所以，你要将思维重新聚焦到自己的目标和预期上，花更多的时间认真思考你需要什么，为什么需要。

（2）**寻找其他特殊选择，作为谈判失败时的退路**。合作型性格的人在谈判桌前不给自己留后路，这种情况实在太多了。如果谈判失败，由于事先没有计划好，他们找不到其他选择。

注意：如果你无法退出谈判，就不能说"不行"。

回忆一下第 6 章讲述的"珍妮铁路"这个故事：休斯敦一家公用事业公司的主管修建公司自己的铁路，当时她正和一家铁路公司就运送煤炭进行交易，该公司拒绝向她提供有竞争力的运价。这个故事给人的启发是：总会找到其他的选择方案。如果找到这样的选择，将它带到谈判桌前，你将感到更加自信。

（3）**聘用代理人，委派他为你完成谈判任务**。如果你对竞争型谈判者心存畏惧，你就处于劣势。找到竞争意识更强烈的人担任你的代理人，或者至少让他加入你的团队。这不是承认你失败了或缺乏能力，而是谨慎和明智的表现。

（4）**代表他人或其他组织谈判，而不是代表你自己**。当人们代表自己的利益进行谈判时，即使是竞争型谈判者也会感到有些力不从心。至于合作型谈判者，如果他们坚持某个有利于自己的要求，更会有自私感。

那好，设想自己是代表别人来谈判的。稍停片刻，想出其他人和理由，比如你的家庭、员工，甚至是将来"退休的你"，这些人依靠你作为代理人，从这次谈判中"带熏肉回去"。这样你就是为他们谈判的。研究表明，当人们担任代理人，为其他人的利益谈判时，立场将更加强硬。

（5）**创造观众**。研究显示，当其他人在一旁观看时，谈判者的态度更加坚决。这就是劳工谈判者立场如此强硬的原因，他们知道工会的普通成员在注视着自己的一举一动。

利用这种效应。告诉某些人，你了解这次谈判；对他们说明你的目标以及你打算如何进行；许诺谈判一结束就向他们报告结果。

（6）**说这样的话**："恐怕您不得不做得更好些，因为……"合作型性格的人总是准备对他人提出的几乎任何看似可行的建议都说"好"。为了改进，你需要练习在对方提出某个建议后略微表示异议。

有一句简单的套话能起到这样的作用："恐怕您不得不做得更好些，因为……"（加上理由）。理由越有说服力，你提出异议时感觉越自然，就像陈述任何真实的理由一样。

研究表明，如果你以通情达理的口吻提出要求，并且加上"因为……"这样的话，许多人会以积极的态度给出响应。一位哈佛大学的心理学家做过一项有名的研究，当她向别人提出要求时会"虚构"一些理由，结果得到肯定答复的比例增加了50%～100%。她使用图书馆的一台复印机做试验，让试验对象排队等候复印，她则试图插队。

当她只是请求复印5页书时，大约60%的人听到"对不起，我有5页书要复印，可以让我先使用复印机吗"后表示同意。当请求达到20页时，同意的比例自然降到了24%。

然后这位心理学家在请求后加上这样的话："因为我赶时间。"现在这个请求变成这样："对不起，我有5（20）页书要复印，因为我赶时间，可以让我先使用复印机吗？"成功率大大增加，5页请求的成功率为94%，20页请求的成功率达到令人振奋的42%。

在商店、学校、机场或者通电话时，不管什么场合，试试这个技巧，然后将它运用到谈判桌上。记住，理由越有说服力，你越感觉自然，实现目标的可能性就越大。你也可以按照理想主义者的方法运用这个技巧：使用真实的理由。

（7）**坚决要求承诺，而不只是约定**。合作型性格的人认为别人像他们自己一样好心肠。他们对别人过于信任，认为约定足以确保对方履行承诺。

不要如此轻信他人。如果你有充分的理由相信对方言出必行，约定就足够了。但是你要保证的确存在那样的理由，以免在谈判中的一切投入最后落得竹篮打水一场空。如果不是很了解对方谈判者，或者怀疑他们的可信度，那么在约定中加入某些条款，使得对方在未能执行约定的情况下会遭受一定的损失。

适合竞争者的 7 种工具

如果你本性喜欢竞争，但还算通情达理，你非常需要更多地了解别人及其合理需求。怎样才能做到这一点？克服对他人动机的固有疑虑，有时是世界上最难办到的事。当你同合作型谈判者打交道时，他们毫无保留地信任你，让你难以抵挡利用这种信任的诱惑。

下面提供 7 种特别工具帮助你改善谈判操作方法。

（1）**考虑双赢，不要只考虑一方赢**。我知道，在本书开始我曾认为，双赢是空谈，是说给性格宽容、乐于合作的人听的。对喜欢竞争的人来说，双赢思想极好地提醒他们注意对方的重要性。努力达成这样的交易：双方都获得更好的收益，而你的收益最大。

（2）**不要认为自己应该了解的问题就这么多，要多提问**。竞争型性格的人喜欢获取足够的信息，分析可能存在收益的地方，然后突然发动进攻，企图利用开局为本方建立优势。用不着这么匆忙，其他谈判者的需求多种多样，并不总是与你相同。如果你能理解对他们而言什么才是真正重要的，他们将向你提供更多你所关心的东西。

（3）**依据标准**。理智的人很会利用以他们的标准规范为基础的论据。当以标准为基础的谈判方法同样可行时，不要急于采用以优势为基础的方法。如果未来关系不可忽视，合理的论据也比强硬手段更加有用。

（4）**雇用公关经理**。当关系很重要时，如果你将谈判中的关系处理问题委托给比你更善于交际的人，你将获得更好的收益。这不是无能的表示，而是谨慎明智之举。

（5）**保持他人对你的完全信赖**。言出必行。也许在胜利在望时，你会倾向于走捷径。但如果你食言，即使是很小的事情，其他人也会注意到。他们有着和大象一样的记性。

保持完整的可信度记录，别人会更加信任你。当人们相互信任时，财富就会滚滚而来。

（6）**如果可以协商，就不要讨价还价**。你会忍不住在每个问题上讨价还价，试图大获全胜。其实在错综复杂的谈判中，妥当的方法是把部分利益留给对方。

在复杂情境中试试综合式谈判的方法：在小问题上大让步，在大问题上小让步。处理好你优先考虑的问题。使用第9章讨论过的"如果……那么……"公式，综合考虑如何进行利益交换。

（7）**始终承认对方的长处，维护他的自尊**。人们都是有自尊心的，乐于听到你说他们掌握了某些优势，即使他们没有任何优势时也应该这么说。

当你处于强势地位时，不要洋洋自得，要向对方谈判者表示适当的尊重。这么做不用付出多少代价，而且对方会心存感激。将来某天他们会掌握那种优势，同时他们会带着友好的心情回忆起你。

最后的话

我在前文中曾提到自己写本书的目的是：向你表明如何以现实的、巧妙的方法谈判，同时不丢弃自尊。现在你可以判断我是否达到了这个目的。

在我看来，有效的谈判由 10% 的技巧和 90% 的心态构成。要调整好心态，你必须具备前文提及的三个要素：现实主义态度、才智和自尊。

除非你以现实的眼光看待谈判过程，否则你不会成功。谨慎小心、做好准备工作的谈判者才能取得最好的成绩。不择手段的人企图欺骗你,不要让他们得逞。

谈判时要精明一些。记住,谈判成功的关键在于信息。使用收集到的信息巧妙地与人周旋。建立模式化的策略,使之既适用于你所处的情境,又可用于应付对手。不要带着这样的想法与人谈判:制订一条万能策略,就可以让你一路坦途。运用你的计划工具,想想应该先从哪里入手。

最后一点,要走高尚的道路。失去了自尊心,就等于失去了成功的希望,也失去了他人的尊重。在谈判中需要做出巨大努力来保持诚实品质,但这样的努力是值得的。

我研究谈判,是因为它是人类社会生活中的一个让人着迷的部分,总是带给我惊喜。我教授这门课程,是因为当我看到人们像比尔·西格尔一样掌握谈判知识后,以自己的方式进行实践,并实现自己的目标时,我会感到无比的满足。本书是我从事这项工作的部分结晶。和我一起,在日常生活的实验室中更多地了解这个非同寻常的过程吧。你将找到工具,不断提高自己的谈判水平。

现在,将所学知识用于实践吧。

BARGAINING
FOR
ADVANTAGE

| 附录A |

谈判风格测试表

按照下面 4 个步骤判断你的个人谈判风格偏好。

步骤 1：谈判风格调查

在较短的时间内思考下面所述内容，然后请在每组选项中选择一个，不要因为任何原因修改答案。你认为面对谈判或者与他人存在分歧时，哪个选项更准确地反映你的风格，就选择这个选项，即使你认为两个选项都不是很准确或者都很准确，也必须且只能选择一个。将下面列举的情境扩展开来，不要局限于工作或在家的情境。不要选择你"应该"同意的陈述，你内心深处认为哪些陈述在大部分时间里更符合自己的风格，就选择它们。

有些陈述重复了，但不用担心答案是否前后一致的问题，继续回答。所有答案都是"正确"的。

扫码测测谈判风格

1. E. 我尽力保持同对手的关系
   B. 我试图确定潜在的问题   我选 ___
2. D. 我设法缓和紧张局面
   A. 由于我坚持立场，对手做出让步   我选 ___
3. E. 我关注如何解决对方的问题
   D. 我试图避免不必要的冲突   我选 ___
4. C. 我寻求公平的妥协
   E. 我努力保持关系   我选 ___
5. C. 我建议达成公平的妥协
   D. 我避免个人对抗   我选 ___
6. C. 我谋求在双方立场的中点达成共识
   B. 我探寻导致分歧的症结所在   我选 ___
7. D. 我巧妙地解决了很多分歧
   C. 在谈判过程中我希望"有付出，有收获"   我选 ___
8. A. 我清楚地表明了自己的目标
   B. 我集中注意力考虑对方的需求   我选 ___
9. D. 我更希望避免与他人发生冲突
   A. 我拿出强有力的论据说服对方   我选 ___
10. C. 我通常愿意妥协
    A. 我喜欢使别人让步   我选 ___
11. B. 我坦率地说出双方存在的分歧
    E. 与迫使对方做出最后让步相比，我更在乎关系   我选 ___
12. D. 我试图避免不必要的个人冲突
    C. 我寻求公平的妥协   我选 ___

13. C. 我做出让步，期望对方同样如此
    A. 我努力实现所有的谈判目标   我选 ___
14. A. 我喜欢迫使对方让步，而不是自己让步
    E. 我尽力维持关系   我选 ___
15. E. 我迁就对方的要求，以便维持关系
    D. 只要有可能我就会和对方发生对抗   我选 ___
16. E. 我试图满足对方的需求
    A. 我努力实现所有目标   我选 ___
17. A. 我一定会和对方讨论我的目标
    D. 我强调双方的共同之处   我选 ___
18. E. 我总在寻求建立关系
    C. 我做出让步，期待对方同样如此   我选 ___
19. B. 我指明双方的所有分歧，并和对方讨论
    D. 我试图避免冲突   我选 ___
20. A. 别人做了让步
    E. 我尽力维持关系   我选 ___
21. B. 我指明双方的所有分歧，并和对方讨论
    C. 我寻求也许能缩小分歧的妥协   我选 ___
22. E. 我同对方建立良好关系
    B. 我提供包含双方利益的选择   我选 ___
23. C. 我寻找中点
    A. 我尽力在谈判中实现目标   我选 ___
24. B. 我指出双方所有的分歧，寻求解决方案
    D. 我试图避免不必要的冲突   我选 ___
25. E. 我试图同对手保持关系
    C. 我寻求公平的妥协   我选 ___
26. D. 我强调双方在哪些问题上取得共识

　　　　B. 我说出双方未能取得共识的问题　　　　　　　我选 ___
27. A. 我努力实现目标
　　　　B. 我关注对方的需求　　　　　　　　　　　　我选 ___
28. C. 我寻求公平的妥协
　　　　B. 我试图确定所有潜在的困难　　　　　　　　我选 ___
29. D. 我避免不必要的争论
　　　　E. 我集中精力解决对方的问题　　　　　　　　我选 ___
30. A. 我努力实现目标
　　　　B. 我设法满足对方的需求　　　　　　　　　　我选 ___

步骤 2：选择的结果

将前文所有的 A、B、C、D、E 答案次数相加，并记下总数：

A = ___

B = ___

C = ___

D = ___

E = ___

___总数（必须等于 30）

步骤 3：在坐标图上标出你的得分

找出坐标图（见图 A-1）中与你每一个字母得分相符的数字，并划圈。找到图左的第 1 列，在"竞争型——A"的字样下面给选 A 的得分划圈。在第 2 列"合作型——B"字样下给选 B 的得分划圈。依此类推，直到右边的最后一列，该列表示 E——也就是"迁就型"的得分。

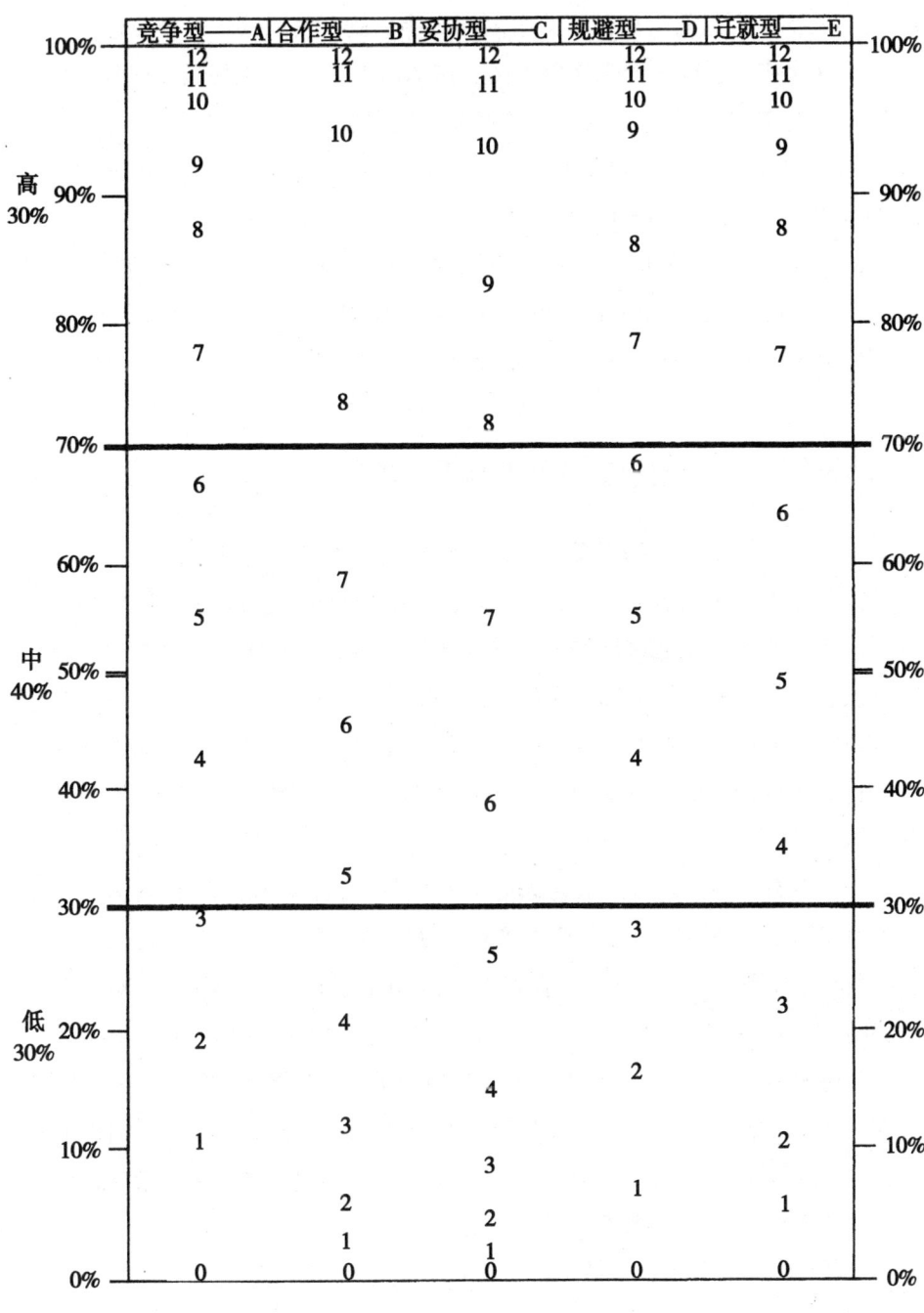

图 A-1 坐标图

只要在坐标图的每一列都有划圈数字，就用直线将这5个圈连接起来，这样你就制成了一张简单的图。在70%以上的是你的最强谈判风格倾向。通常在30%以下的是你的最弱谈判风格倾向。在30%和70%之间的是适合你的谈判风格倾向。数字越大，在普通谈判中你采用该方法的可能性越大，反之越小。

要想进一步了解谈判风格，研究它们的来龙去脉和含义，请继续阅读附录A。初次阅读本书的读者也许可以回到第1章，从那里了解谈判风格，稍后再对这个主题做更深入的研究。

步骤4：深入分析你的个人谈判风格

对个人谈判风格的兴趣和运用工具对这种要素进行评估的做法由来已久，几乎与正式的谈判同时出现。原因很简单：谈判风格在谈判中起到决定性作用。企业家唐纳德·特朗普以坚持自己的核心目标著称，他本人也引以为豪。有线新闻网（Cable News Network）的名人拉里·金（Larry King）以热情、好相处而闻名，他也以此为荣。如果这两人准备进行一场谈判，采取行动前，双方都会明智地考虑到自己和对方的谈判风格。

在我看来，在谈判交锋中表现出来的谈判风格是相对稳定的行为模式和反应，由个性驱动。这些模式重复出现，是因为人们受到家庭、文化、性别和早期职业经历的影响，在谈判中容易陷入特定的行为过程。有些人能够轻而易举地表现出多种风格，便于解决谈判中的困难。其他人对某些谈判行为感觉轻松自在，而对另外一些行为的感觉就要糟糕得多。要判断你的谈判风格，最好的方法是观察你采取各种策略时的情绪反应：当你出色地运用了哪些策略时，你真正地感到满意，甚至是享受？哪些策略总是让你感到焦虑、沮丧、烦躁不安或恼怒？

我设计了谈判风格评估工具，帮助实施我的谈判试验计划。评估坐标图以百分制形式记录了参加我的管理试验的企业管理者报告各自不同分数的频率。这种评估坐标图允许你标示自己的偏好程度，同 1500 名以上抽样而来的全球各地管理者进行对比，这些管理人员的职业领域相当广泛。下面，我将简述评估工具中分析的 5 种包含相互矛盾的两方面的风格，看看它们被视为是综合谈判风格的某些方面时会导致什么后果。我观察了很多管理者，有趣的是，他们有时表现出很强的采取多种策略的偏好，有时这种偏好又很弱。这两个极端常常导致谈判者在不同情境中有规律地表现出强硬和软弱。

表现出 5 种谈判风格的谈判者的特征

多年来，我同成千上万个管理者和其他职业人士简单地讨论过谈判风格。在这些讨论中，我证实了各种以谈判风格为基础的假设，也证伪了一些。下面，我将对这些讨论进行总结。对于这 5 种包含相互矛盾的两方面的风格，我用相对高分值（70 分或更高）表示谈判者强偏好，用相对低分值（30 分或更低）表示弱偏好。为了简略表达，我用谈判风格本身的称谓分别表示不同特点的谈判者，例如，"强迁就型谈判者"（high accommodator）或"弱妥协型谈判者"（low compromiser）。这样，在下面的评述中，我假定了评估对象只是在涉及当前讨论的风格时才具有"强"或"弱"的意义，而"不强不弱"表示评估对象可能属于其他任何风格。这种假设与其说与实际相符，不如说是为了讨论方便，但它可以使我分析每种特性的某些重要含义。不同的人也许对几种策略表现出不同程度的偏好，自然，这些偏好的互动将影响他们在任何给定情境中感受和控制谈判行为的方法。

迁就型

首先谈谈强迁就型谈判者。有强烈迁就倾向的谈判者十分乐于解决对方的困难。他们通常善于建立关系，对他人的情绪状态、肢体语言和言辞上的暗示比较敏感。这在下列情况下是很有用的特点：在团队内部协商解决问题，以"与顾客关系管理者"的身份参加谈判以及为顾客提供多种服务。

就强迁就型谈判者的弱点而言，有时他们更多地关注谈判的关系，而对情境理应予以的关注较少。那样的话，他们在竞争性更强的人面前就显得脆弱不堪。有些经历了那种情境的强迁就型谈判者感到自己的利益被对方剥夺了，也许会心怀怨恨，这进一步削弱了他们的谈判能力。

再来看看弱迁就型谈判者。迁就程度低的谈判者有一种倾向，他们坚持认为谈判中出现的问题能找到"正确"的解决办法。他们在自己的思维坐标系中打转，认为自己的解决方案客观上是正确的。简而言之，有时弱迁就型谈判者考虑得更多的是保持"正确性"，而不是说服力。某些场合中，弱迁就型谈判者作为专家，对谈判中出现的问题比其他参加者了解得更透彻，他们的那种特点一定会使本方组织消耗大量时间考虑客观上"最佳"的结果。不过，其他人可能会认为弱迁就型谈判者过于顽固，几乎到了不可理喻的地步。这种认知可能会干扰有效的组织决策过程。此外，迁就性更强的人也许会误以为，弱迁就型谈判者由于痴迷于"正确"答案而对他人的情感缺乏注意，表明弱迁就型谈判者不注重他人。这也会降低人们的合作意愿。

妥协型

强妥协型谈判者。有强烈妥协倾向的人在谈判中通常急于"弥合差距"，达成协议。他们分析谈判情境，寻找能帮助他们尽快完成谈判的公平标准和方案。如果时间仓促，或者相关利益不大，妥协倾向可能是优点，其他人会认为强妥协型谈判者是"通情达理之人"，很好相处。但是，强妥协型谈判者常常会不必要地加快谈判进程，过快地让步。他们毫不怀疑自己的假设存在问题，也很少向对方提出足够的问题以获取充分的信息。他们也许还满足于以第一份公平标准作为达成协议的基础，不再考虑其他同样公平的标准，而这些标准可能有助于达成更有利的协议。

弱妥协型谈判者。我们几乎可以这样定义，妥协倾向弱的人是原则性强的人。当谈判中某些严肃的原则和惯例面临破坏的危险时，弱妥协型谈判者能够投入热情坚守这些原则和惯例，这就是他们巨大力量的来源。他们的主要缺点是，喜欢对任何事情"上纲上线"，认为这些问题涉及原则；在别人眼里，只有与钱有关或相对方便的问题，不存在原则问题。由于在别人认为次要的事情上争论不休，弱妥协型谈判者很可能被别人视为顽固分子——更关心赢得争论，而不是完成交易。弱妥协型谈判者厌恶平分差距这样随意的分配规则，这也使得他们难以在缺乏时间的情况下达成协议。

对弱迁就型谈判者和弱妥协型谈判者进行比较，可以给我们一些启示。弱迁就型谈判者会比大多数人更快地陷入自己偏好的"正确"解决方法而不能自拔。与之比较，弱妥协型谈判者则沉迷于自己偏好的"正确"原则和公平问题的争论中。他们的共同之处是，都可能激怒别人，招来顽固不化的名声。

规避型

强规避型谈判者。强规避型谈判者善于拖延和避开谈判的矛盾。其他人可能认为规避倾向是一种积极的品质，可作为体面的战术和交际手段运用于谈判。当谈判各方面对导致组织内部混乱的难以解决的个人分歧时，规避倾向还有助于组织内部更好地运作。强规避型谈判者熟练运用一些减少冲突的方法，如制订明确无误的规则，确定决策权归属和划分决策层次，来替代谈判。强规避型谈判者还擅长通过电子邮件、备忘录、雇用代理人和其他中间人的方式使面对面交锋的必要性降至最低。当个人冲突是组织或群体生活中确实不可避免的部分时，强规避型谈判者便成为一种障碍，限制了关于个人偏好强烈程度的重要信息的传递。当个人冲突加深时，强规避型谈判者有时会加剧形势的恶化，导致各种问题的出现。最后一点，当别人非常愿意满足强规避型谈判者的需求时，他们会错过许多提出请求的机会，这些机会本可以让他们获得更好的收益。这也许会使他们在某些情境中感到不满意，其实在这些情境中，他们只要提出要求，对方就可以满足。

弱规避型谈判者。弱规避型谈判者几乎不惧怕个人冲突，实际上，在某些情况下他们可能还乐于见到这样的冲突。作为谈判者，他们完全能承受各不相让的坦率的讨价还价。他们会在整个白天努力回击谈判对手，到了晚上，又会和同一个人共饮美酒，共享人生。弱规避倾向对某些职业是有帮助的，例如，处理劳资关系、诉讼及企业合并和收购。但要注意：弱规避倾向者有时缺乏策略，常常被认为对抗性过强。在官僚体系中，弱规避型谈判者可能被视为拒绝墨守成规的惹是生非者。弱规避型谈判者对官僚政治和办公室政治极为反感，与那样的环境格格不入。

合作型

强合作型谈判者。谈判对强合作型谈判者来说是一种享受，因为他们喜欢以融合不同利益的互动方式来解决难题。他们天生擅长通过谈判发现冲突表象后面隐藏的基本利益、认知和新的解决方案。他们希望谈判过程保持连续性，鼓励所有人参与。他们过于自信，真诚地致力于为所有人找到最佳解决方案。出于同样的原因，合作倾向强的人有时为了表现他们的能力，会制造不必要的麻烦，使相对简单的形势变得更加复杂，尽管会更加有趣。这可能会激怒其他人，这些人中有些想结束谈判，有些没有时间解决新的问题，有些不希望冒险，为了一个小而烦人的问题引发个人冲突。强合作型谈判者还需要其他合作性不大的技巧来获取他们参与创造的一部分应得收益。非常缺乏竞争意识的强合作型谈判者面对竞争意识很强的对手时，可以说是羊入虎口。

弱合作型谈判者。弱合作型谈判者讨厌将谈判过程变为发挥创造力的论坛。这些谈判者喜欢在谈判开始前详细确定要面对的问题，一旦谈判开始，就会坚持按议程进行，抓住既定目标不放。他们常常有条不紊，周密计划，每一步行动必定清晰明了。当谈判中出现的问题具有内在的复杂性时，临场应变是推动谈判的最佳方法，此时弱合作型谈判者也许会成为阻碍因素，延缓谈判的进行。弱合作型谈判者有一个弥补这个缺陷的方法，就是规定谈判过程中可自由暂停谈判过程，以便他们集思广益，重新制订策略。

竞争型

强竞争型谈判者。同强合作型谈判者一样，强竞争型谈判者也视谈判为享受，但他们的原因不同：谈判提供了赢和输的可能，他们喜欢赢。出于这个原因，强竞争型谈判者更喜欢将谈判归入游戏中，他们在游戏中的行动有得有失，这有赖于双方的能力对比状况。强竞争型谈判者对优势、最后期限、如何开局、如何提出最后方案、最后通牒和传统谈判中的其他类似战术有很强的直觉。竞争型谈判者在利益攸关的交易型谈判中精力充沛，动力十足。不过，因为具有竞争型风格的人可能操控谈判过程，因此难以同对方建立关系。例如，谈判博弈中的"失败者"也许会感到被剥夺了利益、受到胁迫或侮辱，这会影响未来的交易。此外，竞争型谈判者本能地将注意力集中在最容易定输赢的问题上，比如金钱。他们也许会忽视也可以产生价值的非定量问题。

弱竞争型谈判者。竞争倾向弱的人认为谈判不仅仅与输赢有关。他们并不是将谈判视为博弈，而是看成双人舞。在共舞中，双方的目标是相互公平对待，避免不必要的冲突，解决困难及建立互信关系。人们通常认为与竞争性得分低的人相处，特别轻松。这种特性对许多职业具有很大的帮助，在这些职业中，获取信任的能力是一种关键性的才能。然而，如果涉及重大利益，弱竞争型谈判者将处于劣势。

一些常被问及的有关谈判风格的问题

学生和管理者使用谈判风格评估工具时，向我提出大量问题，有些问题重复出现。下面，我将一些更常见的问题连同我的回答写出来，与大家共同探讨。

1. 对谈判者而言，存在"最佳"风格吗

答案是否定的。不存在保持谈判有效性的"正确"的风格偏好。事实上，对于5种风格中的任何一种，不论是天生偏好或者厌恶某一类风格的人，都容易表现出有规律的强和弱。从另一个角度看，这种强和弱，不论是有益还是有害，都因谈判情境和对手而异。对于把从事交易型谈判作为职业的人，更高的竞争性得分和合作性得分表明他们喜爱自己的工作。而对长期从事以关系为基础的销售工作或咨询工作的人来说，更高的迁就倾向和妥协倾向也许说明，他们对自己的工作感到惬意。与这些人相比，职业外交家有时在规避冲突方面的得分比一般人高。

换句话说，你的得分只是表明你的风格在多大程度上恰好与你谈判的行业领域"相匹配"。但不存在对所有谈判者都最合适的单一风格。

2. 偏好多种风格会产生什么后果

每个人都有独一无二的偏好组合。许多人对多种风格都有着强烈的偏好。人们喜欢评价对手，分析面对的谈判情境，判断他们最偏好的（因此也是最熟悉的）风格是否适用，然后再行动。如果他们最偏好的风格不合适（例如，他们是强规避型谈判者，现在却要销售旧车），往往会换成次偏好的风格。当谈判进行到一半时，如果偏好的风格无助于推动谈判进程，人们也可能会改变风格。

某些风格组合能产生显著效果。举例来说，兼具竞争倾向和合作倾向的人往往在很多关系到重大利益的谈判情境中游刃有余，正如前文提到的

那样。而同时具备竞争倾向和规避倾向的人作为谈判者来说，稍微有些缺乏大气，他们喜欢表现出这样的态度："要么按我说的做，要么我就走人。"如果这样的人无法采用其他的策略，就往往会退出谈判，或委托他人来谈。与之相反，迁就倾向和妥协倾向都很强烈的人高度重视关系，当他们在解决对方困难和争取简洁公平的利益分配之间灵活周旋时，常被视为比较容易相处的人。

3. 如果有人得分总是在百分比中间位置，这意味着什么？是否说明此人没有任何强烈偏好

得分在百分比中间位置通常表明，所有被评估的风格对评估者来说都是比较容易采取的，根据情境需要而定。有些人在5种风格上得分都处于中等，说明他们在大多数情境中能表现出非常适用的风格。不过，这样的谈判者在对付同样经验丰富但偏好非常有限的对手时，也许仍然会处于相对不利的境地。例如，"中等"竞争型谈判者在适合采用竞争型策略的谈判情境中面对强竞争型谈判对手时，也许要使出浑身解数才能与对手保持同步。在这种情况下，对手承受的压力更小，可以"行动自如"。

4. 我的谈判风格影响我对其他谈判者的认知吗

毫无疑问会。研究表明，大多数人相信他人和自己一样。老话说得好："盗贼言天下皆盗。"合作型性格的人认为别人也乐于合作。因此，当竞争型性格的人在谈判桌上遇到合作型性格的人时，双方都很可能误判对方的类型，陷入巨大的混乱中。一开始，合作型谈判者也许会交流信息，提出公平的初始方案，并努力做到理智开明，以为对方会投桃报李。竞争型谈判者则认为对方这些努力要么是幼稚之举，要么是企图诱使自己放弃优势筹码，并利用形势确定有利于他们的立场，然后来个突然袭击，将自己的利益一扫而光。竞争型谈判者的言行让合作型谈判者感到自己的好意被辜负了，于是做出愤怒的回应。这样的行为让竞争型谈判者更加相信自

己的初始判断：对手实际上完全是在为自己谋利。就这样，形势急转直下。

换句话说，竞争型谈判者的以己度人有时会充当一种要自我实现的预言（self-fulfilling prophesy）。反之，合作型谈判者相信别人和他们一样具有合作精神，有时也会导致同样的过程：他们的对手降低警惕心，以更理性的有益的方式谈判。当然，这个过程是否会发生，还有赖于谈判桌对面坐的是什么类型的人。

与之相反，两个风格相近的谈判者对阵时，会立即形成友好气氛。竞争意识极强的唐纳德·特朗普1987年写了一本名为《交易的艺术》（*The Art of Deal*）的书，他在书中谈道："有时，当（竞争型性格的人）不同意时，你可以说服他不要这么做。你大喊大叫，他以吼叫回敬，最后你们完成了交易。"两个合作型性格的人谈判时，会出现同样的"风格匹配"现象。

总而言之，我建议在谈判开始前花一点时间揣摩你的对手，判断他属于哪种风格。要做到这一点，你可以从小问题开始谈，并分析对方的反应，然后再进入主要议题。他们行事谨慎，对你的每一步行动都做出友善回应吗？如果是的，表明对方乐于合作。或者他们似乎密切注意信息，不放过任何"保持主动权"的机会？如果是这样，你也许应该找善于竞争的人作为帮手。不论是哪种情况，不要试图使对方向你偏好的风格转变，那是在浪费时间。面对他们本来的风格吧，努力实现你的目标。

5. 得分会随时间变化吗

风格得分是人们用以充分展示谈判者的时间和情境的函数。如果有人最近和别人发生了激烈冲突，导致关系破裂，也许他会对此事感到抱歉，倾向于做出更迁就对方的选择；如果没有发生这场冲突，他是不会这么迁就对方的。同理，如果有人最近在一场艰巨的谈判中保持合作态度，却被人加以利用，那么他的风格得分可能反映出他渴望扭转不利形势，方法就是在陈述时不像平常那么诚实，以便自己更具竞争力。

如果使用评估工具的人保持思想"中立"，只是全神贯注地在每组选项中选出最能准确表达他们整体偏好的陈述，那么他们的得分应该比较稳定，不随时间变化。最起码，这些得分发生变化的方向应该保持相对稳定。从这种变化中可以看出，评估人十分偏好的策略正反映了他们的思想偏好本身，不过偏好程度随时间变化逐渐降低。举例来说，这么多年来我本人的得分没发生大的变化。但如果是更年轻或缺乏经验的谈判者，情况可能就不是这样。他们在职业生涯的一个阶段对自己进行风格评估，经过多年，阅历大大丰富后，评估的结果迥然不同。

6. 谈判风格评估工具与本书第 1 版中的托马斯 – 基尔曼冲突模式测评工具有何不同

谈判风格评估工具与我在第 1 版中推荐的托马斯 – 基尔曼冲突模式测评工具（Thomas-Kilmann Conflict Mode Instrument，TKI）结构相同。两种评估工具都以根据"强迫选择"理论（forced choice）创立的症状自评量法（self-reporting）为特点，这种方法被广泛用于心理测验中。此外，两种评估工具都综合了布莱克（Blake）教授和莫顿（Mouton）教授在 20 世纪 60 年代中期提出的 5 种谈判风格：竞争型、合作型、妥协型、迁就型和规避型。

不过，谈判风格评估工具中使用的陈述及其排列顺序与 TKI 中使用的陈述不同，前者与谈判的联系比后者的许多选项更直接。我们鼓励读者从 TKI 的所有者——咨询心理学家出版社（Consulting Psychologists Press, Inc.）网站 CPP.com 上订购一份资料，并对两种自我评估的结果进行比较，以便判断哪种方法更好。

扫码下载制作你的谈判计划表

参 考 文 献

Alston, Jon P. *The Intelligent Businessman's Guide to Japan.* New York: Charles E. Tuttle, 1990.
Axelrod, Robert. *The Evolution of Cooperation.* New York: Basic Books, 1984.
Babcock, Linda, and Sara Laschever. *Women Don't Ask: Negotiation and the Gender Divide.* Princeton, N.J.: Princeton University Press, 2003.
Bazerman, Max. *Judgement in Managerial Decision-Making,* 4th ed. New York: John Wiley & Sons, 1998.
———, and Margaret A. Neale. *Negotiating Rationally.* New York: Free Press, 1992.
Blau, Peter M. *Exchange and Power in Social Life.* New York: John Wiley & Sons, 1964.
Bok, Sissela. *Lying: Moral Choice in Public and Private Life.* New York: Vintage, 1978.
Byrne, D. *The Attraction Paradigm.* New York: Academic Press, 1971.
Carnegie, Dale. *How to Win Friends and Influence People,* rev. ed. New York: Pocket Books, 1981.
Cialdini, Robert B. *Influence: The Psychology of Persuasion.* New York: William Morrow, 1984.
Cohen, Herb. *You Can Negotiate Anything.* New York: Lyle Stuart, 1980.
Cross, John G. *The Economics of Bargaining.* New York: Basic Books, 1969.
Dawson, Roger. *Roger Dawson's Secrets of Power Negotiating.* Hawthorne, N.J.: Career Press, 1995.
Douglas, Ann. *Industrial Peacemaking.* New York: Columbia University Press, 1962.
Fisher, Roger, and Daniel Shapiro. *Beyond Reason: Using Emotions When You Negotiate.* New York: Viking, 2006.
Fisher, Roger, and Scott Brown. *Getting Together: Building a Relationship That Gets to Yes.* New York: Houghton Mifflin, 1988.
Fisher, Roger, William Ury, and Bruce Patton. *Getting to Yes,* 2d. ed. New York: Penguin, 1991.

Frank, Robert H. *Passions Within Reason.* New York: Norton, 1988.
Freund, James C. *Anatomy of a Merger.* New York: Academic Press, 1975.
———. *The Acquisition Mating Dance.* Clifton, N.J.: Prentice-Hall, 1987.
———. *Smart Negotiating.* New York: Simon & Schuster, 1992.
Gardner, Howard. *Leading Minds: An Anatomy of Leadership.* New York: Basic Books, 1995.
Gulliver, P. H. *Disputes and Negotiations: A Cross-Cultural Perspective.* New York: Academic Press, 1979.
Jones, Edward E., and C. Wortman. *Ingratiation: An Attributional Approach.* Morristown, N.J.: General Learning Press, 1973.
Karrass, Chester L. *The Negotiating Game*, rev. ed. New York: HarperBusiness, 1992.
Kennedy, Gavin, John Benson, and John McMillian. *Managing Negotiations.* Englewood Cliffs, N.J.: Prentice-Hall, 1982.
Kolb, Deborah, and Judith Williams. *Everyday Negotiations: Navigating the Hidden Agendas in Bargaining.* New York: Jossey-Bass, 2003.
Kramer, Roderick M., and David M. Messick. *Negotiation as a Social Process.* Thousand Oaks, Calif.: SAGE Publications, 1995.
Kramer, Roderick M., and Tom R. Tyler. *Trust in Organizations: Frontiers of Theory and Research.* Thousand Oaks, Calif.: SAGE Publications, 1996.
Lax, David A., and James K. Sebenius. *The Manager as Negotiator: Bargaining for Cooperation and Competitive Gain.* New York: The Free Press, 1986.
Lewicki, Roy J., et al. *Negotiation*, 2d. ed. Burr Ridge, Ill.: Irwin, 1994.
Locke, E., and G. Latham. *A Theory of Goal Setting and Task Performance.* Englewood Cliffs, N.J.: Prentice-Hall, 1990.
McCormack, Mark H. *On Negotiating.* Los Angeles: Dove Books, 1995.
March, Robert M. *The Japanese Negotiator: Subtlety and Strategy Beyond Western Logic.* Tokyo: Kodansha International, 1989.
Menkel-Meadow, Carrie, and Michael Wheeler eds. *What's Fair: Ethics for Negotiators.* San Francisco: Jossey-Bass, 2004.
Miller, Abraham H. *Terrorism and Hostage Negotiations.* Boulder, Colo.: Westview Press, 1980.
Mnookin, Robert, Lawrence Susskind, and Pacey C. Foster. *Negotiating on Behalf of Others.* Whitehall, N.J.: Sage, 1999.
Mnookin, Robert, Scott Peppet, and Andrew S. Tulumello. *Beyond Winning: Negotiating to Create Value in Deals and Disputes.* Cambridge, Mass.: Harvard University Press, 2004.
Morley, Ian, and Geoffrey Stephenson. *The Social Psychology of Bargaining.* London: George Allen & Unwin Ltd., 1977.
Murnighan, J. Keith. *The Dynamics of Bargaining Games.* Englewood Cliffs, N.J,: Prentice-Hall, 1991.
Neale, Margaret, and Max Bazerman. *Cognition and Rationality in Negotiation.* New York: The Free Press, 1991.
Newcomb, T. M. *The Acquaintance Process.* New York: Holt, Rinehart, and Winston, 1961.

Nierenberg, Gerard I. *Fundamentals of Negotiating*. New York: Hawthorn/Dutton, 1973.
Nixon, Peter. *Mastering Business in Asia: Negotiation*. New York: Wiley, 2005.
Osgood, Charles E. *An Alternative to War or Surrender*. Urbana, Ill.: University of Illinois Press, 1962.
Pruitt, Dean. *Negotiation Behavior*. New York: Academic Press, 1981.
———, and Jeffrey Z. Rubin. *Social Conflict: Escalation, Stalemate, and Settlement*. New York: Random House, 1986.
Rahim, M. Afzalur, ed. *Theory and Research in Conflict Management*. New York: Praeger, 1990.
Raiffa, Howard. *The Art and Science of Negotiation*. Boston: Harvard University Press, 1982.
Rosenberg, Morris. *Conceiving the Self*. New York: Basic Books, 1979.
Roth, Alvin E., ed. *Game-Theoretic Models of Behavior*. Cambridge: Cambridge University Press, 1985.
Rubin, Jeffrey Z., and B. R. Brown. *The Psychology of Bargaining and Negotiation*. New York: Academic Press, 1975.
Schelling, Thomas C. *The Strategy of Conflict*. London: Oxford University Press, 1960.
Schuster, Camille P., and Michael J. Copeland. *Global Business: Planning for Sales and Negotiations*. Fort Worth, Tex.: The Dryden Press, HarcourtBrace College, 1996.
Shapiro, Ronald, and Mark Jankowski. *The Power of Nice*. New York: Wiley, 2001.
———. *Bullies, Tyrants, and Impossible People: How to Beat Them without Joining Them*. New York: Crown Business, 2005.
Singer, Linda. *Settling Disputes: Conflict Resolution in Business, Families, and the Legal System*. Boulder, Colo.: Westview Press, 1990.
Stark, Peter B. *It's Negotiable*. Amsterdam, The Netherlands: Pfeiffer & Company, 1994.
Susskind, Lawrence, and Jeffrey Cruikshank. *Breaking the Impasse: Consensual Approaches to Resolving Public Disputes*. New York: Basic Books, 1987.
Thaler, Richard H. *The Winner's Curse: Paradoxes and Anomalies of Economic Life*. New York: The Free Press, 1992.
Thompson, Leigh. *The Mind and Heart of the Negotiator*. Upper Saddle River, N. J.: Prentice-Hall, 1998.
———. *Negotiation (Frontiers of Social Psychology)*. New York: Taylor & Francis, 2005.
Trump, Donald J. *The Art of the Deal*. New York: Random House, 1987.
Ury, William. *Getting Past No*. New York: Bantam, 1991.
Walton, Richard E., and Robert B. McKersie. *A Behavioral Theory of Labor Negotiations*. New York: McGraw-Hill, 1965.
Wenke, Robert A. *The Art of Negotiation for Lawyers*. New York: Law Distributors, 1985.

Williams, Gerald R. *Legal Negotiation and Settlement.* St. Paul, Minn.: West Publishing, 1983.

Woolf, Bob. *Friendly Persuasion: How to Negotiate and Win.* New York: Berkley Books, 1990.

Zartman, I. William. *The Negotiation Process: Theories and Application.* Beverly Hills, Calif.: SAGE Publications, 1978.

致　　谢

像这样一本书，如果没有来自许多人的帮助是不可能完成的，其中有三个人发挥了特别关键的作用。首先，也是最重要的，我要感谢我的妻子罗比，感谢她耐心而又细致的编辑工作。作为一名职业记者和编辑，她引导着我的文笔表达朝清晰而生动的方向发展，并且避开学术词汇和枯燥无味的解释。其次，我应该感谢我的经纪人迈克尔·斯奈尔（Michael Snell），感谢他的鼓励、乐观的态度和细心的照顾，使我们得以将这一项目从最初的设想变为最终成功的现实。同时，他也是出版行业公认的指导人。最后，我想要感谢的是我的编辑，即 Viking Penguin 公司的简·冯·梅伦（Jane Von Mehren），感谢她对本书的信任，感谢她以编辑的视角改进了本书，同时在整个过程中提供了有益而专业的帮助。她的幽默感提醒我要保持自己的风格。

在书稿阶段，许多朋友和同事慷慨地腾出时间阅读并对草稿做出细致的评论。应该特别感谢的是西蒙·奥斯特（Simon Auster）、彼得·卡佩利（Peter Cappelli）、埃里克·沃茨（Eric Orts）、莫里斯·施韦策（Maurice Schweitzer）和迈克尔·惠勒（Micheal Wheeler）。此外，拉里·萨斯坎德（Larry Susskind）、詹姆斯·怀特（James J. White）、罗伯特·西奥迪尼（Robert Cialdini）、汤姆·邓菲（Tom Dunfee）、艾伦·斯特德勒（Alan Strudler）、斯图尔特·戴蒙德（Stuart Diamond）、霍华德·昆鲁斯（Howard Kunreuther）、鲍勃·米特尔施泰特（Bob Mittelstaedt）、迈克尔·斯坦（Michael Stein）、莱斯利·古德（Leslie Goode）和托德·伊布拉希姆（Tod Ibrahim）也读了全部或者部分书稿，并且提出了有益的建议。沃顿商学院1997年秋季和1998年春季在我的谈判课程班上课的MBA学生，以及相同时期及早些时期参加沃顿经理谈判研讨班的主管人员们，都给了不少评论，并且提供了作为阐述观点之用的令人难忘的故事。乔恩·比约恩森（Jon A. Bjornson）在本书的图形设计上给了我帮助。

沃顿法律研究部办公组的两位成员——我们的业务管理人员塔玛拉·英格利希（Tamara English）和我的行政助理安德里亚·金（Andrea King），他们不辞辛劳地、耐心地打字、校对，书稿才得以成形。对他们诚心诚意的帮助，我深表感激。杰里米·巴加（Jeremy Bagai）、伯纳黛特·斯皮纳（Bernadette Spina）、特蕾西·丹顿（Tracy Denton）和布赖恩·奥凯（Brian Okay）在研究上也给予了出色的帮助。

本书既是一部著述，也是学术征程上的一种探索。我特别应该感谢的是罗伯特·西奥迪尼教授，他的著作《影响力：说服心理学》（*Influence: The Psychology of Persuasion*）使我的视野开拓到社会心理学的研究上，结果证明这一学科与谈判研究特别有关系。西奥迪尼的著作也为我们进行社会科学研究提供了一个模板：既要具有可读性，也要有趣。此外，我的同事斯图尔特·戴蒙德和我一起给沃顿经理谈判研讨班上课，他总是挑战我对谈判的一些观点，坚持认为每日练习、个性风格和标准在谈判中的重要性。由此，引导我更加深入地考察谈判训练和效率这些方面的因素。如果没有他，我就不可能去做这些研究。

最后，在过去的10年里，与谈判及冲突解决领域的领先人物的专业合作也让我受益匪浅。特别有意思的学术经历就是在1993～1994学年作为哈佛谈判项目访问学者的经历。我也特别感谢麻省理工学院的拉里·萨斯坎德、达特茅斯商学院的莱恩·格林哈尔希（Len Greenhalgh）、哈佛商学院的霍华德·雷法（Howard Raiffa）、西北大学凯洛格商学院的马克斯·巴泽曼和俄亥俄州立大学的罗伊·刘易金（Roy Lewicki）。这些学者引导我进入学术背景下的谈判学科，在写作初期慷慨地与我共享教学材料，并且向我指出了那些使该学科变得如此有趣的学术与实际问题。

理查德·谢尔

管理人不可不读的经典
"华章经典·管理"丛书

书 名	作者	作者身份
科学管理原理	弗雷德里克·泰勒 Frederick Winslow Taylor	科学管理之父
马斯洛论管理	亚伯拉罕·马斯洛 Abraham H.Maslow	人本主义心理学之父
决策是如何产生的	詹姆斯 G.马奇 James G. March	组织决策研究领域最有贡献的学者
战略管理	H.伊戈尔·安索夫 H. Igor Ansoff	战略管理奠基人
组织与管理	切斯特·巴纳德 Chester I.barnard	系统组织理论创始人
戴明的新经济观 (原书第2版)	W. 爱德华·戴明 W. Edwards Deming	质量管理之父
彼得原理	劳伦斯·彼得 Laurence J.Peter	现代层级组织学的奠基人
工业管理与一般管理	亨利·法约尔 Henri Fayol	现代经营管理之父
Z理论	威廉 大内 William G. Ouchi	Z理论创始人
转危为安	W.爱德华·戴明 William Edwards Deming	质量管理之父
管理行为	赫伯特 A. 西蒙 Herbert A.Simon	诺贝尔经济学奖得主
经理人员的职能	切斯特 I.巴纳德 Chester I.Barnard	系统组织理论创始人
组织	詹姆斯·马奇 James G. March	组织决策研究领域最有贡献的学者
论领导力	詹姆斯·马奇 James G. March	组织决策研究领域最有贡献的学者
福列特论管理	玛丽·帕克·福列特 Mary Parker Follett	管理理论之母

推荐阅读

清华大学经济管理学院领导力研究中心主任
杨斌教授 担当主编 鼎力推荐

应对不确定、巨变、日益复杂且需要紧密协作挑战的管理沟通解决方案
沙因组织与文化领导力系列

谦逊的魅力
沙因 60 年咨询心得

埃德加·沙因（Edgar H. Schein）

世界百位影响力管理大师 斯坦福社会心理学硕士哈佛社会心理学博士

企业文化与组织心理学领域开创者和奠基人

恰到好处的帮助

人际关系的底层逻辑和心理因素，打造助人与求助的能力，获得受益一生的人际关系

谦逊领导力

从人际关系的角度看待领导力，助你卸下独自一人承担一切的巨大压力

谦逊的问讯

以提问取代教导，学会"问好问题"，引导上下级的有益沟通，帮助组织良性运作，顺利达成目标

谦逊的咨询

回顾 50 年咨询案例，真实反映沙因如何从一个初出茅庐的实习生成长为成功的咨询大师，感受谦逊的魅力，为组织快速提供真正的帮助

领导变革之父约翰 P. 科特 经典之作

约翰 P. 科特

领导变革之父，全球一致公认的领导和变革权威，哈佛大学教授
20世纪对世界经济发展最具影响力的50位大师之一，《纽约时报》畅销作者

科特教授自1972年开始任教于哈佛商学院。1980年，他在33岁的时候，被授予哈佛终身教职，是有史以来在哈佛商学院获此殊荣的最年轻的一位，因撰写最佳《哈佛商业评论》文章而两次获麦肯锡奖。科特还是一名实践者，曾任雅芳、花旗、可口可乐、通用电气、美林、雀巢、飞利浦、普华永道等国际知名公司的顾问。

《认同：赢取支持的艺术》

怎样让你的好主意赢得支持并达到预期效果？赢取认同的关键，不在回击反对者，而是保持尊重并坚持己见，争取更多中立的人。

《变革之心》

以变革的8个步骤为主线，精选34个案例，向人们展示了成功变革的模式。

《领导变革》

被《时代》杂志评选为最具影响力的25本管理图书之一。

《权力与影响力》

应当如何运用自己的现有权力与影响力来得到别人的帮助以顺利地完成工作。本书充满了创新性的思想和专家建议，对组织运作进行了精辟分析。

《变革加速器》

帮助企业建立"双元驱动体系"，即把企业原来层级体系和更灵活的网络结构结合起来，构建灵活的战略以适应快速变化的世界。荣获麦肯锡商业/管理领域世界最实用与最具突破性思想奖。

《总经理》

专门研究总经理这一特殊职位的专门著作，对于指导人们担当总经理这一职位，取得事业的成功，以及甄选、培养、安置这方面的人才，都具有实践和学术的价值。

欧洲管理经典 全套精装

欧洲最有影响的管理大师
（奥）弗雷德蒙德·马利克 著

超越极限
如何通过正确的管理方式和良好的自我管理超越个人极限，敢于去尝试一些看似不可能完成的事。

转变：应对复杂新世界的思维方式
在这个巨变的时代，不学会转变，错将是你的常态，这个世界将会残酷惩罚不转变的人。

管理成就生活（原书第2版）
写给那些希望做好管理的人、希望过上高品质的生活的人。不管处在什么职位，人人都要讲管理，出效率，过好生活。

管理：技艺之精髓
帮助管理者和普通员工更加专业、更有成效地完成其职业生涯中各种极具挑战性的任务。

战略：应对复杂新世界的导航仪
制定和实施战略的系统工具，有效帮助组织明确发展方向。

公司策略与公司治理：如何进行自我管理
公司治理的工具箱，帮助企业创建自我管理的良好生态系统。

正确的公司治理:发挥公司监事会的效率应对复杂情况
基于30年的实践与研究，指导企业避免短期行为，打造后劲十足的健康企业。